普通高等教育"十二五"规划教材

基础会计学

（第二版）

主　编　黄东坡

副主编　张汨红　黄永华

编　写　李　萌　许瑞林

主　审　周晓静

中国电力出版社

CHINA ELECTRIC POWER PRESS

内 容 提 要

本书为普通高等教育“十二五”规划教材。

本书在第一版的基础上做了内容更新，更加注重学生实践能力的培养。在内容上，本着“夯实基础、拓宽知识面”的要求，除了包括一般基础会计学的主要内容外，还专设章节对会计委派制、会计机构和会计人员、会计法规、会计电算化等内容作详实介绍；在形式安排上做了精心设计和大胆尝试，力求主线清晰、内容完整、有所突破，为便于教与学，在最后列出了练习题的参考答案。

本书可作为应用型本科院校及高职高专院校财经类专业教材，也可作为相关专业在职人员的参考用书。

图书在版编目（CIP）数据

基础会计学/黄东坡主编．—2版．—北京：中国电力出版社，2012.5

普通高等教育“十二五”规划教材

ISBN 978-7-5123-3023-8

Ⅰ.①基…　Ⅱ.①黄…　Ⅲ.①会计学－高等学校－教材　Ⅳ.①F230

中国版本图书馆CIP数据核字（2012）第094463号

中国电力出版社出版、发行

（北京市东城区北京站西街19号　100005　http：//www.cepp.sgcc.com.cn）

汇鑫印务有限公司印刷

各地新华书店经售

*

2008年5月第一版

2012年7月第二版　　2012年7月北京第四次印刷

787毫米×1092毫米　16开本　15.5印张　371千字

定价 **27.50** 元

前 言

本教材于2008年5月发行第一版，承蒙读者厚爱，该教材得以多次印刷。

第一版教材在编写的过程中，新的会计准则刚刚实施，还有一些问题需要在会计实践中摸索。随着会计实践的发展和准则的实施，原来模棱两可的内容逐渐清晰。结合读者的反馈意见，对第一版《基础会计学》进行了修订。

和第一版相比，修订工作主要涉及以下几个方面。

(1) 内容的更新。首先是“待摊费用”和“预提费用”两个账户不再使用。涉及这两个账户的相关业务核算采用了“制造费用”、“管理费用”、“销售费用”、“应付利息”等相关账户；其次是将使用“现金”账户的经济业务完全修订为“库存现金”账户。

(2) 更加注重学生实践能力的培养。第三～八章增加了大量的练习题，这将有助于学生实践能力的培养，做到有学有练。

(3) 提高了对师生的服务意识。为了便于师生的教与学，第二版特意增加了练习题答案。

本书由黄东坡担任主编，张汨红、黄永华担任副主编。河南工程学院黄东坡编写第一～三章、第七章、第八章和第十一章，郑州大学西亚斯国际学院张汨红编写第四章，河南工程学院李萌编写第五章，河南工程学院黄永华编写第六章、第九章第三节，河南商业高等专科学校许瑞林编写第九章第一节、第二节、第四节、第五节和第十章。

本书由北京建工学院周晓静担任主审。在修订本书的过程中，参考了许多学者的研究成果和文献资料。在此一并致谢。

由于作者能力所限，第二版仍然会有错漏或不妥之处，敬请广大读者批评指正。联系信箱：hdp316@163.com。

编 者

2012年2月

第一版前言

为贯彻落实教育部《关于进一步加强高等学校本科教学工作的若干意见》和《教育部关于以就业为导向深化高等职业教育改革的若干意见》的精神，加强教材建设，确保教材质量，中国电力教育协会组织制订了普通高等教育"十一五"教材规划。该规划强调适应不同层次、不同类型院校，满足学科发展和人才培养的需求，坚持专业基础课教材与教学急需的专业教材并重、新编与修订相结合。本书为新编教材。

由于我国经济体制改革是渐进式的，"摸着石头过河"就成为我国经济体制改革的主要特征，与之相适应的会计改革进程也就不可能一步到位，特别是随着我国证券市场的建立和快速发展，国有企业的股份制改造、上市和现代企业制度的建立、运作和完善，又迫切要求加快会计改革的进程和力度。为此，财政部 1992 年出台《企业会计准则》后，先后又颁布了 16 项具体会计准则和《企业会计制度》以规范国有企业，特别是上市公司的会计行为。随着经济体制改革的深入、社会主义市场经济的建立日臻完善，会计改革取得了关键性的突破。财政部对 1992 年颁布的《企业会计准则》以及原先的 16 项具体会计准则进行了修订，并制定了一些新的具体会计准则，总共 38 项具体准则，这标志着我国会计准则体系的整体框架已经建立，会计改革迈向了一个新的台阶。2006 年 2 月，财政部已经正式对外颁布所有的会计准则，并于 2007 年 1 月 1 日实施。因此，我国高等院校的会计教材的彻底更新迎来了又一个大好时机。

与同类教材相比，本教材有以下特点：

（1）全面吸收反映我国会计准则体系建设已取得的巨大成就和会计理论研究成果。会计准则框架体系已经建立和实施，因此本教材以此为蓝本对内容作了相应的充实和更新。比如，对会计的目的、会计信息质量要求、会计要素、会计法规、会计报表等变化较大的内容，都进行了及时的更新。

（2）本着"夯实基础、拓展知识面"的要求，本教材除了包括一般基础会计学所包括的主要内容外（会计等式、会计科目、会计账户、复式记账法、分类账、会计凭证、会计账簿、会计报表、账务处理程序等），同时还专设章节对会计机构和会计人员、会计法规、会计电算化等内容作比较翔实的介绍。特别是会计委派制这种 20 世纪 90 年代初才尝试使用的减少假账的新的会计人员管理体制，本教材也专门作了介绍。

（3）本书在形式安排上做了精心设计和大胆尝试，力求主线清晰，内容完整，有所突破。会计有句行话——"实质重于形式"，从教材内容和形式之间的关系看，教材内容是第一位的，反映内容的形式是第二位的。虽然教材内容决定教材质量的高低，但形式同样是不可忽视的。因此，本教材在注重内容的同时，在教材的表现形式上力求能够体现西方教材的形式特点，与西方教材的形式相"接轨"。比如，每一章分为学习目标、学习内容、本章小结、复习与思考。这种形式创新与突破，既反映了高等院校教材建设的改革与创新，也体现了我国会计改革开放的时代要求。

总之，本书在内容方面根据新的会计准则做了及时的更新，在形式设计上亦有所创新，它的推出非常及时。

本书由黄东坡担任主编，张汨红、黄永华担任副主编。黄东坡编写第一、二、三、七、八、十一章，张汨红编写第四章，李萌编写第五章，黄永华编写第六章、第九章第三节，许瑞林编写第九章第一、二、四、五节和第十章。本书由黄东坡负责提纲的拟定、初稿的补充和定稿，全书由北京建工学院周晓静主审。

在编写本书的过程中，得到了河南工程学院财务会计系以及教务处领导的大力支持，同时书中参考了许多学者及同行的大量研究成果和文献资料，在此一并表示感谢。

由于本书以 2006 年颁布的新会计准则为依据编写，可供参考的资料不够翔实，再加上能力有限，书中仍然会有不足和问题，敬请读者批评、指正。

编 者

2007 年 12 月于河南工程学院

目 录

第一章 总 论

学习目标

(1) 了解会计的产生与发展过程。
(2) 掌握会计的职能和含义。
(3) 理解并掌握会计对象、会计要素和会计等式。
(4) 理解并掌握会计核算的基本假设和会计信息质量要求。
(5) 理解会计确认过程中要遵循的一般惯例。
(6) 掌握会计计量的属性。
(7) 掌握会计的核算方法。

第一节 会计的含义

一、会计的产生与发展

会计是适应社会生产的发展和经济管理的需要而产生和发展的。会计最初是作为"生产职能的附加部分"，即在"生产时间之外附带地把收支、支付日期等记载下来"。只有当社会生产力发展到一定水平，出现剩余产品之后，会计才从生产职能中分离出来，成为独立的职能，由专职人员从事管理工作。根据马克思的考证，在远古的印度公社中，簿记已经独立为一个公社官员的专职。在我国，早在西周时代就设置了"司会"，专门掌管朝廷财务税赋收支，并进行日记岁会。可见，无论在外国还是在我国，会计很早就存在着。

会计作为一种实践活动，有着源远流长的发展史，但会计理论的建设远远落后于会计实践。在西方，11 世纪到 13 世纪的十字军东征，促进了意大利商业城市的兴起。随着贸易的发展，使意大利城市积累了大量的财富，出现了资本主义的萌芽。从此之后，个体经营方式逐渐被代理经营和合伙经营方式所取代。在此背景下，1494 年意大利的数学家卢卡·帕乔利出版了《算术、几何、比及比例概要》一书。在这本书中，对复式簿记从理论上进行了系统的概括和论述。这是借贷记账法形成的重要标志。此前为古代会计阶段，之后进入近代会计阶段。

复式记账法产生之后，从 16 世纪到 18 世纪大约 300 年间存在着一个会计停滞时期。其主要原因是由于会计核算的内容一直是个体或合伙经营的商业业务，并不需要复杂的会计技术。直到 19 世纪末 20 世纪初，英国在产业革命的影响下，成为世界上经济最强大的国家，产生了适应大生产需要的公司组织，企业的经营权和所有权明显分离。企业管理水平的不断提高对簿记提出了更高水平的要求，即不仅要求记账、算账、提供经济信息，而且要能审核账目，查错防弊；不仅要能解释信息，说明问题，而且要研究资产的估价方法及其有关理论。在这一背景下，英国会计学者将簿记学（即记账、算账、报账）推进到会计学（即会计核算、会计分析和会计检查）。当时英国是全世界会计理论的研究中心。

经过第一次世界大战，美国的经济资源不仅保持完整无缺，而且大发战争财，它的经济实力迅速超过英国，会计研究理论中心也随之由英国转移到美国。随着资本主义竞争的加剧和股份公司这种经济组织的形成和发展，企业规模越来越大。在这种情况下，为了提高经济效益，加强对经济活动的控制，企业管理当局对会计的要求越来越高，不仅要求会计事后的记账、算账，更重要的是要求会计进行事前的预测与决策。为适应这一要求，在美国，管理会计逐渐发展并完善起来。从 20 世纪 50 年代初起，西方的管理会计成为与财务会计并列的企业会计，这标志着会计进入现代会计阶段。

在历史上，由于我国经历了漫长的封建社会，经济发展缓慢，经济管理也比较落后，因此，会计在相当长的时期内，只是对财产物资的收支进行简单的实物数量记录和计算。到了唐宋时期，在生产力发展的基础上，逐步形成了一套记账、算账的古代会计的基本模式，创立了“四柱清册”的记账方法。所谓“四柱”是指“旧管”（相当于上期结存）、“新收”（相当于本期收入）、“开除”（相当于本期支出），“实在”（相当于本期结存），这四部分之间的关系是：旧管＋新收＝开除＋实在。通过这一平衡公式，既可以检查日常记账的正确性，又可以系统地反映经济活动的全貌。这是我国古代会计的一个杰出成就。到了明末清初，出现了“龙门账”。所谓“龙门账”是指将经济事项按照经济性质分为进、缴、存、该四大类。“进”是指全部收入，“缴”是指全部支出，“存”是指全部资产，“该”是指全部负债和业主投资。年度终了，通过“进”与“缴”的差额和“存”与“该”的差额平行计算盈亏。“进”与“缴”的差额应当等于“存”与“该”的差额。这种双轨计算盈亏并检查账目平衡关系的方法，称为“龙门账”。

上述表明，我国会计在历史上曾有过辉煌的一页。新中国成立后，我国借鉴国外的会计理论和方法，建立起我国的会计体系，它曾在我国社会主义建设中发挥过巨大作用。后来，由于文化大革命十年内乱，我国会计不仅没有发展，而且倒退到了崩溃的边缘，很多企业出现了无账会计。党的十一届三中全会以后，经过拨乱反正，使经济建设成为我国一切工作的核心。随着生产力的迅猛发展和改革开放的扩大，我国大量引进和学习西方会计的先进经验，对原有会计进行了不断改革。为了进一步适应改革开放和发展社会主义市场经济的需要，于 1993 年 7 月 1 日起在全国范围实行《企业会计准则》和《企业财务通则》，改变过去按所有制、分部门、分行业设置会计制度的模式，使我国的会计基本上与国际会计惯例接轨。近几年来，随着我国经济体制改革的深入、社会主义市场经济的建设日臻完善，会计改革取得了关键性的突破。财政部对 1993 年实行的《企业会计准则》以及原先的 16 项具体会计准则进行了修订，并制定了一些新的具体会计准则，总计 38 项具体会计准则。这标志着我国会计准则体系的整体框架已经建立，会计改革迈向了一个新的台阶。2006 年 2 月 15 日，财政部已经正式对外颁布所有的会计准则，并于 2007 年 1 月 1 日开始实施。

从上述国内外会计发展的历史看，会计是随着社会生产的发展和经济管理的需要而不断发展的。会计的发展反过来又促进了社会生产的发展和进步，它对任何社会都是必要的。人类社会数千年的实践证明：管理离不开会计，经济越发展，会计越重要。可以预见，随着我国社会主义市场经济体制的进一步建立和完善，我国的会计将进入一个新的发展阶段，它在我国现代化建设中将发挥更大的作用。

二、会计的职能

会计的职能是指在经济管理中会计所具有的功能。尽管会计的职能随着社会经济的发展和管理要求的提高而不断增多，但其基本职能是核算和监督。

（一）会计的核算职能

会计的核算职能就是对单位的经济活动进行确认、计量、记录和报告的行为。通过核算，客观地反映经济活动过程和结果，为企业管理当局和投资者以及债权人提供系统的信息。会计核算职能是最原始、最重要的职能。其主要特点如下。

（1）会计核算主要以货币为计量单位，从价值方面反映各单位的经济活动情况。计量单位有三种，即劳动量度、实物量度和货币量度。劳动量度有工作月、日、时；实物量度有件、辆、米、吨、箱等。这两种计量单位的衡量基础各不相同，它们只能表示个别的数据而不能进行综合和比较，不能满足会计进行全面的、综合的核算的要求。在商品经济条件下，货币具有一般等价物的作用，它是衡量一切有价物的价值的共同尺度。以货币作为主要的统一的计量单位来进行核算，就可以将不同类、不同质的物品折合为货币加总在一起全面地反映企业资产的数量。当然，在会计核算中有时也用到实物量度和劳动量度，但它们只起辅助计量的作用。

（2）会计核算具有完整性、连续性和系统性。所谓完整性是指对属于会计对象的全部经济活动都要进行确认、计量、记录和报告，不能有任何遗漏；所谓连续性，是指对经济活动应当按照发生的时间顺序依次进行计量、记录和报告，而不能有任何中断；所谓系统性，是指会计提供的数据资料必须相互联系，并要进行科学的分类。

（3）会计核算以真实合法的凭证为依据。会计核算所收集的经济信息必须真实可靠，有根有据，要取得或填制凭证，进行严格审核，确认真实合法后才能据以编制记账凭证，登记账簿。

（二）会计的监督职能

为了使单位的经济活动符合规定的要求，达到预期的目的，必须进行会计监督。会计监督职能就是在全面系统地反映经济活动的同时，依据国家财经法规，对企业经济活动的合法性、合理性和有效性进行检查和督促。

会计监督是一个过程，它分为事前监督、日常监督和事后监督。事前监督主要是预测和分析经济活动可能达到的预期结果，看是否与单位的计划目标一致。对违反政策、法令的各项活动要加以限制和制止。日常监督主要是采用审核的方法，对正在进行的各项经济活动，按照规定的标准进行审核分析，及时总结经验，纠正偏差，使其按照规定的要求和预期的目标进行。事后监督主要是采用检查的方法，对结束的工作进行检查和分析，总结经验教训，挖掘内部潜力，拟定以后加强企业经济管理、提高经济效益的措施。

总之，会计核算主要是为经营管理提供信息，是经济管理必不可少的工具。会计监督职能主要是对经济活动加以促进、控制、考核和指导。因此，会计又是经济管理的重要组成部分。会计核算与会计监督这两个基本职能密切联系，相辅相成。核算是监督的前提，监督是核算的保证。运用会计来管理经济，要通过核算为监督提供依据，通过监督保证会计核算提供的信息质量。只有这样，才能为企业经营管理者及投资者、债权人、股东及政府提供真实可靠的会计信息。

三、会计的含义

自新中国成立以来，对会计定义的讨论一度是会计理论研究中的主要内容。大约到 20 世纪 50 年代中期，会计界逐步倾向于将会计定义为经济管理的工具。20 世纪 70 年代末到

80 年代初，我国会计界对会计定义的讨论达到顶峰，逐步形成了各种观点，但最具有代表性的观点主要有“信息系统论”和“管理活动论”。前者认为，会计是一个信息系统，会计对经济活动中占有财产物资和发生劳动耗费的原始数据进行加工，产生以财务信息为主的经济信息，供信息使用者决策之用，所以会计是一个信息系统。后者认为，会计的特点是主要用货币量度对经济活动过程中占用的财产物资和发生的劳动耗费进行系统的计算、记录、分析和检查，但这并不是会计的目的，而是会计所用的手段，凭借这些手段，对经济活动进行管理，会计的主要目的是管理，所以会计是一种管理活动。

会计同其他任何事物一样，都在不断地发展和变化。随着社会生产的发展，会计的概念也在不断地完善。本书对会计含义的理解包括会计既是一个信息系统，也是一种管理活动，具体可以概括如下：会计是以货币为主要计量单位，运用一定的专门方法，对一个单位、一个地区、一个行业乃至国家的经济活动，进行全面、连续、系统、综合的核算和监督，为信息使用者提供以财务信息为主的经济管理信息，以提高经济效益的一种管理活动。它既是一个经济信息系统，又是经济管理的一个重要组成部分。本书主要是从一个单位的角度阐述会计相关内容。

第二节 会计对象、会计要素和会计等式

一、会计对象

会计对象就是会计所要核算和监督的内容。由于会计是以货币为主要计量单位，对企业和行政事业单位的经济活动进行核算和监督。所以，会计对象就是一切可以用货币表现的经济活动或者资金运动。由于企业和行政事业单位在社会再生产过程中所处的地位不一样，担负的任务不同，其经济活动的内容就不同。例如，工业企业从事商品的生产活动，商品流通企业从事商品的流通经营活动。

（一）企业的会计对象

企业是组织生产经营活动的基本单位，是自主经营、自负盈亏、独立进行生产活动的经济实体。按照企业在社会再生产过程中的地位和作用的不同，可以划分为工业企业、商品流通企业、农业企业、交通运输企业、建筑施工企业、旅游饮食服务企业、邮电通信企业、金融保险企业、对外经济合作企业等。它们的经济活动各有其特点，其中工业企业和商品流通企业的经济活动具有代表性。

1. 工业企业的会计对象

工业企业的主要任务是生产并销售产品，在生产过程中，一方面为社会提供有用的产品满足国民经济发展的需要；另一方面，上缴国家税金，为企业自身提供利润，满足简单再生产和扩大再生产的需要。

工业企业为了进行正常的生产经营活动，必须具有一定的资产，如厂房、机器设备、材料物资等。为了加强对资产的管理，保护资产的安全完整，了解它们的使用和消耗情况，在会计上必须对它们进行核算和监督。工业企业的资产有的是国家、其他企业、个人或外商投入的，称为所有者权益；有的是向银行或其他金融机构借入的或在结算过程中暂时欠其他企业、单位或个人的，称为债权人权益或负债。为了了解各种资产的来源渠道和增减变动情况，正确处理企业与各方面的关系，必须对企业的各项负债和所有者权益进行核算和监督。

工业企业的生产经营可以分为三个阶段：供应阶段、生产阶段和销售阶段。在供应阶段，企业运用银行存款和现金等货币资产购买材料和其他物资，支付各种材料及物资的采购费用，材料及物资的买价加上采购费用形成采购成本。采购过程结束，材料及物资入库，形成生产储备。在生产阶段，要领用材料，支付工人工资，计提固定资产折旧费，支付水电费及其他因生产产品而发生的费用，这些因为生产产品而发生的各种资产耗费，构成产品的生产成本。生产过程结束，产成品入库，形成销售储备。在销售阶段，企业一方面将生产的产品出售取得货币资金，形成销售收入；另一方面要支付各种销售费用、销售税金等。产品销售收入抵补已销产品的生产成本、销售费用、销售税金及附加后，形成产品销售利润。产品销售利润加上其他业务利润，减去管理费用、财务费用等期间费用，形成营业利润。营业利润加上营业外收支净额，构成利润总额。企业的利润总额一部分以所得税的形式上缴国家，一部分留归企业，剩下的对投资者进行分配。随着企业再生产的进行，这些经济业务就会不断地发生。这些就构成了工业企业会计对象的具体内容。

2. 商业企业的会计对象

商业企业是专门从事商品流通的经济实体，担负着社会商品交换的任务。其经济活动的核心是商品购销活动，其他经济活动都围绕着商品购销活动展开。与工业企业相比，商业企业的经济活动没有生产阶段，所以不用计算生产成本，其他经济活动内容与工业企业相似。

（二）行政事业单位的会计对象

行政事业单位包括国家行政机关，司法机关，各党派团体和科研、教育、文化机构等单位。这些单位不直接从事物质资料的生产和销售，但它们是社会再生产的组织者和服务单位，离开这些单位，社会再生产就无法进行。

行政事业单位与企业有所不同，一般来说它们不从事物质生产经营活动，因而不计算成本和盈亏，也不缴纳税金。但是为了完成行政事业任务，需要一定的经费。行政事业单位的经费由国家拨付，用于工资发放和各种经费开支，以及购建办公用房、设施配备等从而形成一定的资产，有时还要发生一定的负债，资产减去负债为净资产。因此，经费收入和经费支出构成行政事业单位的主要经济活动，这就是行政事业单位的会计对象。

会计对象总括来说就是各个单位的经济活动或者资金运动。具体来说，企业会计对象的内容是资产、负债、所有者权益、收入、费用和利润六大要素。行政事业单位会计对象的内容是资产、负债、净资产、收入和支出五大要素。

二、会计要素

会计要素是会计核算对象的基本分类，是设定会计报表结构和内容的依据，也是进行确认和计量的依据。对会计要素加以严格的定义，就能为会计核算奠定坚实的基础。会计要素主要包括资产、负债、所有者权益、收入、费用和利润。

1. 资产

企业从事生产经营活动必须具备一定的物质资源，或者说物质条件。在市场经济条件下，这些必要的物质条件表现为货币资金、厂房场地、机器设备、原材料等。这些货币资金、厂房场地、机器设备、原材料等，称为资产，它们是企业从事生产经营活动的物质基础。除上述货币资金、厂房场地、机器设备、原材料等以外，资产还包括不具备物资形态但是有助于生产经济活动的专利权、商标权等无形资产。另外，资产还包括对其他单位的投资。

具体来说，资产是指企业过去的交易或者事项形成的、由企业拥有或者控制的、预期会给企业带来经济利益的资源。资源确认为资产时，除了符合该定义，还应同时满足以下条件：与该资源有关的经济利益很可能流入企业；该资源的成本或者价值能够可靠地计量。资产有以下特征。

第一，资产能够直接或者间接地给企业带来经济利益。

所谓经济利益，是指直接或者间接地流入企业的现金或现金等价物。预期会给企业带来经济利益，是指直接或者间接导致现金和现金等价物流入企业的潜力。资产导致经济利益流入企业的方式多种多样，比如，单独或与其他资产组合为企业带来经济利益；以资产交换其他资产；以资产偿还债务等。资产之所以称为资产，就在于其能够为企业带来经济利益。如果某项目不能给企业带来经济利益，那么就不能确认为企业的资产。例如，货币资金可以用于购买所需要的商品或用于利润分配；厂房场地、机器设备、原材料等可以用于生产经营过程，制造商品或提供劳务，出售后收回货款，货款即为企业所获得的经济利益。

第二，资产是企业所拥有的，或者即使不是企业所拥有，也是企业所控制的。

企业拥有资产，就能够排他性地从资产中获取经济利益。有些资产虽然不为企业所拥有，但是企业能够支配这些资产，因此同样能够排他性地从资产中获取经济利益。如果企业不能拥有或者控制资产所带来的经济利益，那么就不能作为企业的资产。例如，对于以融资租赁方式租入的固定资产来说，虽然企业并不拥有其所有权，但是由于租赁合同规定的租赁期相当长，接近于该资产的使用寿命；租赁期满，承租企业一般有优先购买该资产的选择权；在租赁期内，承租企业有权支配资产并从中受益。所以，以融资租赁方式租入的固定资产应视为企业的资产。对于以经营租赁方式租入的固定资产来说，由于企业不能控制它，所以，以经营租赁方式租入的资产不应视为企业的资产。

第三，资产是由过去的交易或事项形成的。

资产必须是现实的资产，不能是预期的资产。只有过去发生的交易或事项才能增加或减少企业的资产，而不能根据谈判中的交易或计划中的经济业务来确定资产。例如，已经发生的固定资产购买交易会形成企业的资产，而计划中的固定资产购买交易则不会形成企业的资产。

资产可以按照不同的标准进行分类。按照流动性对资产进行分类，可以分为流动资产和非流动资产。流动资产是指可以在1年或者超过1年的一个营业周期内变现或耗用的资产，主要包括现金、银行存款、短期投资、应收及预付款、存货等。有些企业经营活动比较特殊，经营周期可能长于1年，如造船企业、大型机械制造企业等，其从购买原材料到建造完工，从销售实现到收回货款，周期比较长，往往超过1年，此时，就不能以1年内变现作为流动资产的划分标准，而是将经营周期作为流动资产的划分标准。除流动资产以外的其他资产，都属于非流动资产，如长期股权投资、长期债权投资、固定资产、无形资产等。

按照有无实物形态对资产进行分类，可以分为有形资产和无形资产。如存货、固定资产等属于有形资产，因为它们具有物质实体；货币资金、应收账款、短期投资、长期股权投资、长期债权投资、专利权、商标权等属于无形资产，因为它们没有物质实体，而是表现为某种法定权利或技术。一般来说，通常将无形资产作狭义的理解，仅将专利权、商标权等不具有物质形态，能够为企业带来超额利润的资产称为无形资产。

2. 负债

负债是指企业过去的交易或事项形成的、预期会导致经济利益流出企业的现实义务。现实义务确认为负债时，还应同时满足以下条件：与该义务有关的经济利益很可能流出企业；未来流出的经济利益的金额能够可靠地计量。负债具有以下特征。

第一，负债的清偿预期导致经济利益流出企业。

清偿负债导致经济利益流出企业的形式多种多样，如用现金偿还或以实物资产偿还；以提供劳务偿还；部分转移资产部分以劳务偿还；将负债转为所有者权益，如我国目前试行的国有企业债转股业务。

第二，负债是由过去的交易或事项形成的。

作为现实义务，负债是过去已经发生的交易或事项所产生的结果，是现实的义务。只有过去发生的交易或事项才能增加或减少企业的负债，而不能根据谈判中的交易或事项或计划中的经济业务来确认负债。如银行借款是因为企业接受了银行贷款而形成的，如果企业没有接受贷款，则不会发生银行贷款这项负债；应付账款是因为企业采用信用方式购买商品或接受劳务而形成的，在购买商品或接受劳务发生之前，相应的应付账款并不存在。

按照流动性对负债进行分类，可以分为流动负债和长期负债。流动负债是指将在1年或者超过1年的一个营业周期内偿还的债务，包括短期借款、应付票据、应付账款、预收账款、应付职工薪酬、应付股利、应交税费、其他暂收应付款项、1年内到期的长期借款等。长期负债是指偿还期在1年或者超过1年的一个营业周期以上的负债，包括长期借款、应付债券、长期应付款等。

3. 所有者权益

所有者权益是指所有者在企业资产中享有的经济利益，其金额为资产减去负债后的余额。它具有以下特征。

第一，除非发生减资、清算，企业不需要偿还所有者权益。

第二，企业清算时，只有在清偿所有的负债后，所有者权益才返还给所有者。

第三，所有者凭借所有者权益能够参与企业利润的分配。

所有者权益在性质上体现为所有者对企业资产的剩余权益，在数量上也就体现为资产减去负债后的余额。所有者权益包括实收资本、资本公积、盈余公积和未分配利润。其中，盈余公积和未分配利润又合称为留存收益。

4. 收入

收入是指企业在销售商品、提供劳务及让渡资产使用权等日常活动中形成的、会导致所有者权益增加的、与所有者投入资本无关的经济利益的总流入。收入不包括为第三方或客户代收的款项。它具有以下特征。

第一，收入从企业的日常经营活动中产生，而不是从偶发的交易或事项中产生。

所谓日常活动是指企业为完成其经营目标而从事的所有活动，以及与之相关的其他活动，例如，商业企业从事商品销售活动、金融企业从事贷款活动、工业企业制造和销售产品等。企业所进行的有些活动并不是经常发生的，比如工业企业出售作为原材料的存货，这些活动虽然不是经常发生的，但因与日常活动有关，也属于收入。但是有些交易或事项虽然也能为企业带来经济利益，由于不属于企业的日常经营活动，所以，其流入的经济利益不属于收入，如工业企业出售固定资产净收益。

第二，收入可能表现为企业资产的增加，或者负债的减少，或者二者兼有。

收入为企业带来经济利益的形式多种多样，既可能表现为资产的增加，如增加银行存款、形成应收账款；也可能表现为负债的减少，如减少预收账款；还可能表现为二者的组合，如销售实现时，部分冲减预收的货款，部分增加银行存款。

第三，收入能引起企业所有者权益的增加。

由于收入是经济利益的总流入，所以收入能引起所有者权益的增加。但是，收入与相关的成本费用配比后，则可能增加所有者权益，也可能减少所有者权益。

第四，收入只包括本企业经济利益的流入，不包括为第三方或客户代收的款项。

企业为第三方或者客户代收的款项，如增值税、代收利息等，一方面增加企业的资产，另一方面增加企业的负债，因此，不能增加企业的所有者权益，也不属于本企业的经济利益，不能作为本企业的收入。

按照企业所从事日常活动的性质，收入有三种来源，一是销售商品，取得现金或者形成应收账款；二是提供劳务；三是让渡资产使用权，主要表现为对外贷款、对外投资或者对外出租等。

按照日常活动在企业所处的地位，收入可分为主营业务收入和其他业务收入。其中，主营业务收入是企业为完成其经营目标而从事的日常活动中的主要项目所取得的收入，如工商企业的销售商品、银行的贷款和办理结算等取得的收入。其他业务收入是主营业务以外的其他日常活动所取得的收入，如工业企业销售材料、提供非工业性劳务等取得的收入。

5. 费用

费用是指企业销售商品、提供劳务等日常活动所发生、会导致所有者权益减少的、与向所有者分配利润无关的经济利益的总流出。它具有以下特征。

第一，费用是企业在日常活动中所发生的经济利益的流出，而不是从偶发的交易或事项中发生的经济利益的流出。

商业企业从事商品采购活动、金融企业从事存款业务、工业企业采购原材料所发生的经济利益流出，属于费用。有些交易或事项也能使企业发生经济利益的流出，但由于不属于企业的日常经营活动，所以其经济利益的流出不属于费用，如工业企业出售固定资产净损失。

第二，费用可能表现为资产的减少，或者负债的增加，或者二者兼有。

费用的发生形式多种多样，既可能表现为资产的减少，如用现金支付管理人员工资、用现金支付广告费；也可能表现为负债的增加，如负担长期借款利息；还可能是二者的组合，如购买原材料支付部分现金，同时承担债务。

第三，费用将引起所有者权益的减少。

按照费用与收入的关系，费用可以分为营业成本和期间费用。其中，营业成本是指所销售商品或提供劳务的成本。营业成本按照所销售商品或提供劳务在企业日常活动中所处的地位可以分为主营业务成本和其他业务成本。期间费用包括管理费用、营业费用和财务费用。管理费用是企业行政管理部门为组织和管理生产经营活动而发生的各种费用；营业费用是企业在销售商品、提供劳务等日常活动中发生的除营业成本以外的各项费用以及专设销售机构的各项经费；财务费用是企业筹集生产经营所需资金而发生的费用。

6. 利润

利润是指企业在一定会计期间的经营成果，包括收入减去费用后的净额、直接计入当期利润的利得和损失等。从构成层次上看，利润包括营业利润、利润总额和净利润。

营业利润是企业在销售商品、提供劳务等日常活动中所产生的利润，为主营业务收入减去主营业务成本和主营业务税金及附加，加上其他业务利润，减去营业费用、管理费用和财务费用后的金额。利润总额是指营业利润加上补贴收入、营业外收入，减去营业外支出后的金额。其中，补贴收入是指按照规定实际收到的补贴收入（包括退还的增值税），或按销量或工作量等以及国家规定的补助定额计算并按期给予的定额补贴。营业外收入是指企业发生的与其生产经营无直接关系的各项收入，如固定资产盘盈、处置固定资产净收益、非货币性交易收益、罚款净收入等；营业外支出是指企业发生的与其生产经营无直接关系的各项支出，如固定资产盘亏、处置固定资产净损失、出售无形资产损失、债务重组损失、计提的固定资产减值准备、计提的无形资产减值准备、计提的在建工程减值准备、罚款支出、捐赠支出、非常损失等。净利润是指利润总额减去所得税后的金额。

三、会计等式

（一）会计等式的含义

会计等式是各会计要素之间基本关系的恒等式。由于会计等式表明一定日期企业资产、负债和所有者权益的平衡关系，所以会计等式也称为会计平衡式。

（二）会计等式的表现形式

企业要进行正常的生产经营，首先必须得拥有一定数量的经济资源。这些资源（或者称财产物资）的货币表现，从占用形态来说是企业的资产；从来源来说为负债和所有者权益。负债是债权人的权益，所有者权益为投资者的权益，二者统称为权益。从数量上看，资产与权益实际上是同一经济资源的两个方面，反映了它的来龙去脉，有一定的来源必然有一定的占用。在所有者权益金额一定的情况下，从债权人手中取得多少金额的资金，必然使企业的资产按同一数额增加；在负债金额一定的情况下，所有者向企业投入多少资金，也必然使企业的资产按同一数额增加。所以，资产的价值必然等于负债与所有者权益之和，这一基本平衡关系用公式表示出来，就是会计等式，即：资产＝负债＋所有者权益。

企业的目标是从生产经营活动中获取收入，实现利润。当企业开始经营后，在一个会计期内，企业会取得一定的收入，同时必然发生相应的费用。通过收入与费用的比较，就可以确定当期实现的利润。收入、费用、利润这三个会计要素之间的关系用公式表示出来，即：收入－费用＝利润。

由于企业是所有者投资建起来的，企业实现的利润也只能是属于所有者，利润的实现表明所有者在企业中的权益数额增加；反之，企业经营发生的亏损，只能由所有者承担，表明所有者权益数额的减少。将公式“收入－费用＝利润”代入“资产＝负债＋所有者权益”就可以得到会计等式的扩展公式，有

资产＝负债＋(所有者权益＋利润)

＝负债＋(所有者权益＋收入－费用)

这一会计等式表明，企业的财务状况与经营成果之间的相互联系。财务状况表现为企业在某一特定日期资产的来源与占用情况，反映一定日期的存量。而经营成果则表现为企业一定期间净资产的增加或减少情况，反映一定期间资产的增量或减量，因此企业的经营成果最终影响到企业的财务状况。企业实现利润，将使企业资产增加或负债减少；企业亏损，将使企业资产减少或负债增加。

（三）会计等式恒等的原理

一个企业的生产经营活动是由成千上万项种类繁多的业务活动所构成的，但从会计上看，只有企业的经济业务才是会计所要确认、记录、计量、报告的对象，经济业务之外的其他事项不是会计核算的内容。所谓经济业务又称经济交易，是指能引起会计要素发生变化并能用货币计量的经济活动，也称会计事项。例如，企业购买材料、办公用品，生产领用材料，支付员工薪酬、水电费，产品生产完工入库，产品销售收回货款等业务活动都属于经济业务，至于在交易会上签订的订货合同、销售合同，与其他企业订立的加工合同，代其他单位存储的财产物资等，它们虽属于业务活动，但不属于经济业务。经济业务可以划分为外部经济业务和内部经济业务。外部经济业务是一个企业与其他企业、单位之间经济往来而发生的经济业务；内部经济业务是企业内部业务活动和账务处理的事项，又称经济事项。

对一个企业来讲，任何一项经济业务只会引起“资产＝负债＋所有者权益”这一会计等式中左方资产或右方权益某一项目的增加，同时另一项目等额减少；或者引起会计等式左右两方有关项目发生等额的增加或减少。但无论怎样也不会破坏会计等式的平衡关系。举例说明如下。

假定某公司期初资产总额为 1 000 000 元，负债为 300 000 元，所有者权益为 700 000 元，本期（5 月份）该公司发生下列几笔经济业务。

（1）5 月 2 号收到投资者投入的资本 200 000 元，当即存入开户银行。这项经济业务使资产方面的银行存款项目增加了 200 000 元，同时所有者权益方面的实收资本项目也增加了 200 000 元。它表明企业所增加的银行存款是由所有者投资形成的。发生这类业务一方面使资产增加，另一方面使所有者权益等额增加，即会计等式两方同时等额增加，资产总额仍与负债总额和所有者权益总额相等。

（2）5 月 5 日购入某企业甲材料 100 000 元，贷款尚未支付。这项业务使资产方面的原材料增加 100 000 元，同时负债方面的应付账款项目也增加了 100 000 元。它表明，企业在取得原材料这项资产时，因赊销而对供货单位欠下一笔债务。发生这类业务一方面使资产增加，另一方面又使负债等额增加，即会计等式双方同时等额增加，双方总额依然相等。

（3）5 月 8 日开出支票，用银行存款 20 000 元归还所欠供货单位甲公司货款。这项业务使资产方面的银行存款减少 20 000 元，同时又使负债方面的应付账款也减少 20 000 元。它表明企业一部分资产偿还了一部分债务。发生这类业务，一方面使资产减少，另一方面负债也等额减少。会计等式左右两方同时等额减少，两方的总额依然相等。

（4）该公司依法以银行存款退回 A 投资者原投资 50 000 元。这项业务使资产要素的银行存款项目减少 50 000 元，同时又使所有者权益要素的实收资本项目也减少 50 000 元。发生这类业务，一方面使资产减少，另一方面使所有者权益也等额减少。会计等式两方同时等额减少，总额仍相等。

（5）5 月 10 日购入甲材料一批计 80 000 元，开出支票以银行存款支付货款。这项业务使资产方的原材料项目增加 80 000 元，另一项资产项目银行存款减少 80 000 元。这项业务表明企业取得一项资产的同时，放弃了另一项资产。发生这类经济业务使资产方的某一项目增加，另一项目减少，即会计等式的资产方项目有增有减，增减金额相等，不涉及会计等式右边的负债和所有者权益，所以会计等式两边的总额不变。

（6）5 月 14 日企业向银行借入短期借款 20 000 元，直接借得的款项归还应付供货单位的账款。这项业务使负债中的短期借款增加 20 000 元，同时又使负债中的应付账款减少 20 000元。它表明，企业举借一笔新债，偿还原有的一部分旧债。发生这类业务，负债方某一项目增加，另一项目减少，即会计等式中负债的有关项目有增有减，增减金额相等，并没有涉及资产和所有者权益。所以，会计等式两边的总额仍保持不变。

(7) 5 月 20 日经批准将资本公积 100 000 元转增实收资本，有关手续已经办妥。这项业务使所有者权益中的实收资本增加 100 000 元，同时又使所有者权益中的资本公积减少 100 000元。发生这类业务，所有者权益的有关项目等额增减，没有涉及资产与负债项目，所以会计等式两边的总额仍保持不变。

(8) 5 月 30 日根据实现的利润计算应付给投资者的利润为 140 000 元，款项尚未支付。这项业务使负债中的应付利润增加 140 000 元，同时又使利润减少 140 000 元，利润的减少就是所有者权益中的留存收益减少。它表明会计等式右边的负债项目与所有者权益项目之间的此增彼减，增减金额相等。由于这类业务不涉及会计等式左边的资产项目，所以会计等式两边总金额仍保持不变。

(9) 5 月 31 日将企业发行给债权人的可转换债券 80 000 元，按照面值兑换为本企业的普通股股票。这项业务使企业的所有者权益中的实收资本增加 80 000 元，同时又使负债中的应付债券减少 80 000 元。这项业务表明会计等式右边所有者权益的有关项目与负债的有关项目之间此增彼减，而且增减金额相等。这类业务没有涉及会计等式左边的资产项目，因此会计等式两边的总金额仍保持不变。

以上九项业务对会计等式的影响见表 1-1。

表 1-1　　各项经济业务对会计等式的影响

经济业务		资产＝负债＋所有者权益		
月初数额		1 000 000	300 000	700 000
第一种类型	1	＋200 000		＋200 000
	2	＋100 000	＋100 000	
第二种类型	3	－20 000	－20 000	
	4	－50 000		－50 000
第三种类型	5	＋80 000 －80 000		
第四种类型	6		＋20 000 －20 000	
	7			＋100 000 －100 000
	8		＋140 000	－140 000
	9		－80 000	＋80 000
月末余额		1 230 000	440 000	790 000

从表 1-1 可以看出，各项经济业务的发生都会引起会计等式左、右两边有关项目发生增减变动。把等式左方称为资产方，右方的“负债＋所有者权益”称为权益方，使会计等式资产和权益左右两方金额发生增减变动的经济业务可以归为四种类型。第一种类型的经济业

务会引起会计等式资产和权益左右两边有关项目同时增加，双方增加金额相等。第二种类型的经济业务会引起会计等式资产和权益左右两边有关项目同时减少，双方减少金额相等。第三种类型的经济业务会引起会计等式资产方的有关项目此增彼减，但是增减金额相同。第四种类型的经济业务会引起会计等式权益方有关项目此增彼减，但是增减金额相同。

第一和第二种类型的经济业务改变了会计等式原有的数量上的平衡关系，形成了新的数量上的平衡关系。第三和第四种类型的经济业务只是使会计等式左边或者右边的有关项目同时增减相同的数额，所以仍然保持原来数量上的平衡关系。会计等式左右两边相等的这种平衡关系是设置账户、复式记账、试算平衡和编制资产负债表的理论依据，正确理解和掌握这种平衡关系，对于正确地进行会计核算、反映和监督各项经济业务有很重要的意义。

第三节　会计核算的基本假设和会计信息质量要求

一、会计核算的基本假设

会计核算的基本假设是对会计核算所处的时间、空间环境所作的合理假定。会计核算对象的确定、会计政策的选择、会计数据的收集都要以这一系列的基本假设为依据。会计核算的基本假设包括：会计主体、持续经营、会计分期和货币计量。

（一）会计主体

会计主体又称会计实体、会计个体，是指会计信息所反映的特定单位或者组织，它规范了会计工作的空间范围。

会计工作的目的是反映一个单位的财务状况、经营成果和现金流量，为包括投资者在内的各个方面做出决策服务。会计所反映的总是特定对象，只有明确规定会计核算的对象，将会计所要反映的对象与包括所有者在内的其他经济实体区别开来，才能保证会计核算工作的正常开展，实现会计的目标。

在会计主体假设下，会计核算应当以企业发生的各项交易或事项为对象，记录和反映企业本身的各项生产经营活动。会计主体基本假设，为会计人员在日常的会计核算中对各项交易或事项做出正确判断、对会计处理方法和会计处理程序做出正确选择提供了依据。

首先，明确会计主体，才能划分会计所要处理的各项交易或事项的范围。在会计核算中，只有那些影响企业本身经济利益的各项交易或事项才能加以确认和计量。会计核算工作中通常所讲的资产、负债的确认，收入的取得，费用的发生，都是针对特定会计主体而言的。

其次，明确会计主体，才能把握会计处理的立场。企业作为一个会计主体，对外销售商品时（假设不涉及税金），形成一笔收入，同时增加一笔资产或者减少一笔负债，而不是相反；采购材料时，导致现金减少、存货增加，或者债务增加、存货增加，而不是相反。

最后，明确会计主体，才能将会计主体的活动与会计主体所有者的经济活动区别开来。例如，由自然人所创办的独资企业或合伙企业，不具有法人资格，企业的资产和负债在法律上被视为业主或合伙人的资产和负债，但在会计核算上必须将企业作为一个会计主体，以便将会计主体的经济活动与会计主体所有者的经济活动区分开来。这主要是因为，无论是会计主体的经济活动，还是会计主体所有者的经济活动，都最终影响所有者的经济利益，但是，会计核算工作只涉及会计主体范围内的经济活动。为了真实地反映会计主体的财务状况、经营成果和现金流量，必须将会计主体的经济活动与会计主体所有者的经济活动区别开来。

会计主体不同于法律主体。一般来说，法律主体往往是一个会计主体。例如，一个企业作为一个法律主体，应当建立会计核算体系，独立地反映其财务状况、经营成果和现金流量。但是，会计主体不一定是法律主体。例如，在企业集团的情况下，一个母公司拥有若干个子公司，企业集团在母公司的统一领导下开展生产经营活动。母子公司虽然是不同的法律主体，但是，为了全面反映企业集团的财务状况、经营成果和现金流量，就有必要将这个企业集团作为一个会计主体，编制合并会计报表。

（二）持续经营

持续经营是指在可以预见的将来，企业将会按照当前的规模和状态继续经营下去，不会停业，也不会大规模削减业务。在持续经营的假设下，会计核算应当以企业持续、正常的生产经营活动为前提。

企业是否持续经营，在会计原则、会计方法的选择上有很大的差异。一般情况下，应当假定企业将会按照当前的规模和状态继续经营下去，不会停业，也不会大规模削减业务。明确这个基本假设，就意味着会计主体将按照既定用途使用资产，按照既定的合约条件清偿债务，会计人员就可以在此基础上选择会计原则和会计方法。例如，一般情况下，企业的固定资产可以在一个较长的时期内发挥作用，如果可以判断企业会持续经营，就可以假定企业的固定资产会在持续经营的生产经营过程中长期发挥作用，并服务于生产经营过程，固定资产就可以根据历史成本进行记录，并采用折旧的方法，将历史成本分摊到各个会计期间或相关产品的成本中。如果判断企业不会持续经营，固定资产就不应采用历史成本进行记录并按期计提折旧。

由于持续经营是根据企业发展的一般情况所作的设定，而任何企业都存在破产、清算的风险，也就是说，企业不能持续经营的可能性总是存在的。为此，需要企业定期对其持续经营基本假设做出分析和判断。如果可以判断企业不会持续经营，就应当改变会计核算的原则和方法，并在企业财务会计报告中作相应披露。

（三）会计分期

会计分期又称会计期间，是指将一个企业持续经营的生产经营活动划分为一个个连续的、长短相同的期间。

会计分期的目的是，将持续经营的生产经营活动划分为连续的、相等的期间，据以结算盈亏，按期编报财务会计报告，从而及时向各方面提供有关企业财务状况、经营成果和现金流量的信息。

在会计分期的假设下，会计核算应当划分会计期间，分期结算账目和编制财务会计报告。会计期间分为年度、半年度、季度和月度。年度、半年度、季度和月度均按公历起讫日期确定。半年度、季度和月度均称为会计中期。

根据持续经营基本假设，一个企业将要按照当前的规模和状态持续经营下去。要最终确定企业的生产经营成果，只能等到一个企业在若干年歇业的时候核算一次盈亏。但是，企业的正常经营活动和投资决策要求利用及时的信息，不能等到歇业时一次性地核算盈亏。因此，就需要将企业持续经营的生产经营活动划分为一个个连续的、长短相同的期间，分期核算和反映。明确会计分期基本假设对会计核算有着重要影响。由于会计分期，才产生了当期与其他期间的差别，从而出现权责发生制和收付实现制的区别，才使不同类型的会计主体有了记账的基准，进而出现了应收、应付、递延等会计处理方法。

最常见的会计期间是一年，以一年确定的会计期间称为会计年度，按照年度编制的会计报表就称为年报。在我国，会计年度自公历每年的1月1日起至12月31日止。为满足人们对会计信息的需要，也要求企业按照短于一个完整会计年度的期间编制财务报告，如要求上市公司每个季度提供一次财务会计报告。

（四）货币计量

货币计量是指会计主体在会计核算过程中采用货币作为计量单位，计量、记录和报告会计主体的生产经营活动。

在货币计量的假设下，企业的会计核算以人民币为记账本位币。业务收支以人民币以外的货币为主的企业，可以选定其中一种货币作为记账本位币，但是编报的财务会计报告应当折算为人民币。在境外设立的中国企业向国内报送的财务会计报告，也应当折算为人民币。

在会计核算过程中之所以选择货币作为计量单位，是由于货币的本身属性决定的。

货币是商品的一般等价物，是衡量一般商品价值的共同尺度，具有价值尺度、流通手段、储藏手段和支付手段等特点。其他的计量单位，如重量、长度、容积等，只能从一个侧面反映企业的生产经营情况，无法在量上进行汇总和比较，不便于管理和会计计量。所以，为全面反映企业的生产经营、业务收支等情况，会计核算就选择了货币作为计量单位。当然，统一采用货币尺度，也有不利之处。因为影响财务状况和经营成果的因素，并不都是能用货币来计量的，比如企业经营战略、在消费者中的信誉度、企业的地理位置、企业的技术开发能力等。为了弥补货币计量的局限性，要求企业采用一些非货币指标作为会计报表的补充。

二、会计信息质量要求

会计信息质量要求是会计核算工作的基本规范，也是对会计核算工作的基本要求。企业会计核算符合这些原则要求，就可以提高会计信息质量，满足会计信息使用者的决策需要。

1. 客观性要求

客观性要求是指企业应当以实际发生的交易或事项为依据进行确认、计量和报告，如实反映符合确认和计量要求的各项会计要素及其他相关信息，保证会计信息真实可靠、内容完整。

客观性是对会计工作的基本要求。会计工作提供信息的目的是为了满足会计信息使用者的决策要求，因此，就应当做到内容真实、数字准确、资料可靠。在会计核算工作中坚持客观性要求，就应当在会计核算时客观地反映企业的财务状况、经营成果和现金流量，保证会计信息的真实性；会计工作应当正确运用会计原则和方法，准确反映企业的实际情况；会计信息应当能够经受验证，以核实其是否真实。

如果企业的会计核算不是以实际发生的交易或事项为依据，没有如实地反映企业的财务状况、经营成果和现金流量，会计工作就失去了存在的意义，甚至会误导会计信息使用者，导致决策的失误。

2. 相关性要求

相关性要求是指企业提供的会计信息应当与财务会计报告使用者的经济决策需要相关，有助于财务会计报告使用者对企业过去、现在或者未来的情况做出评价或者预测。

信息的价值在于其与决策有关，有助于决策。相关的会计信息能够有助于会计信息使用者评价过去的决策，证实或修正某些预测，从而具有反馈价值；有助于会计信息使用者做出预测，做出决策，从而具有预测价值。在会计核算工作中坚持相关性要求，就要求在收集、加工、处理和提供会计信息过程中，充分考虑会计信息使用者的信息需求。如果会计信息提供以后，没有满足会计信息使用者的需要，对会计信息使用者的决策没有什么作用，就不具备相关性。

3. 明晰性要求

明晰性要求是指企业提供的会计信息应当清晰明了，便于财务会计报告使用者理解和使用。

提供会计信息的目的在于使用，要使用会计信息首先必须了解会计信息的内涵，弄懂会计信息的内容，这就要求会计核算和财务会计报告必须清晰明了。在会计核算中坚持明晰性要求，会计记录应当准确、清晰，填制会计凭证、登记会计账簿必须做到依据合法、账户对应关系清楚、文字摘要完整；在编制会计报表时，项目勾稽关系清楚、项目完整、数字准确。如果企业的会计核算和编制的财务会计报告不能做到清晰明了、便于理解和使用，就不符合明晰性原则的要求，不能满足会计信息使用者的决策要求。

4. 可比性要求

可比性要求是指企业提供的会计信息应当具有可比性。

同一企业不同时期发生的相同或者相似的交易或者事项，应当采用一致的会计政策，不得随意变更。确需变更的，应当在会计报表附注中说明。不同企业发生的相同或者相似的交易或者事项，应当采用规定的会计政策，确保会计信息口径一致、相互可比。

企业的会计核算应当按照国家统一的会计制度的规定进行，使所有企业的会计核算都建立在相互可比的基础上。只要是相同的交易或事项，就应当采用相同的会计处理方法。会计处理方法的统一是保证会计信息可比的基础。不同的企业可能处于不同行业、不同地区，经济业务发生于不同地点，为了保证会计信息能够满足决策的需要，便于比较不同企业的财务状况、经营成果和现金流量，企业应当遵循可比性要求。

在会计核算工作中要求企业的会计核算方法前后各期应当保持一致，不得随意变更，并不意味着所选择的会计核算方法不能做任何变更，在符合一定条件的情况下，企业也可以变更会计核算方法，但是要在企业的会计报表附注中作相应披露。

5. 实质重于形式要求

实质重于形式要求是指企业应当按照交易或事项的经济实质进行会计核算、计量和报告，不应仅以交易或者事项的法律形式为依据。

在实际工作中，交易或事项的外在法律形式或人为形式并不能完全反映其实质内容。所以，会计信息要想反映其所拟反映的交易或事项，就必须根据交易或事项的实质和经济现实，而不能仅仅根据它们的法律形式进行核算和反映。例如，以融资租赁方式租入的资产，虽然从法律形式来讲承租企业并不拥有其所有权，但是由于租赁合同中规定的租赁期相当长，接近于该资产的使用寿命；租赁期结束时承租企业有优先购买该资产的选择权；在租赁期内承租企业有权支配资产并从中受益，从其经济实质来看，企业能够控制其创造的未来经济利益。所以，会计核算上将以融资租赁方式租入的资产视为承租企业的资产。如果企业的会计核算仅仅是按照交易或事项的法律形式或人为形式进行，而其法律形式或人为形式又没有反映其经济实质和经济现实，那么，其最终结果将不利于会计信息使用者的决策。

6. 重要性要求

重要性要求是指企业提供的会计信息应当反映与企业财务状况、经营成果和现金流量等有关的所有重要交易或者事项。

重要性要求与会计信息成本效益直接相关。坚持重要性要求，就能够使提供会计信息的收益大于成本。对那些不重要的项目，如果也采用严格的会计程序，分别核算，单独反映，就会导致会计信息的成本大于收益。

在评价某些项目的重要性时，很大程度上取决于会计人员的职业判断。一般来说，应当从质和量两个方面综合进行分析。从性质上说，当某一事项有可能对决策产生一定影响时，就属于重要项目；从数量方面来说，当某一项目的数量达到一定规模时，就可能对决策产生影响。

7. 谨慎性要求

谨慎性要求是指企业对交易或者事项进行会计确认、计量和报告应当保持应有的谨慎，不得高估资产或者收益、低估负债或者费用。

企业的经营活动充满着风险和不确定性，在会计核算工作中坚持谨慎性要求，企业在面临不确定因素的情况下做出职业判断时，应当保持必要的谨慎，充分估计到各种风险和损失，既不高估资产和收益，也不低估负债或费用。例如，要求企业定期或者至少在每年年度终了，对可能发生的各项资产损失计提资产减值准备等，就充分体现了谨慎性要求，体现了谨慎性要求对历史成本原则的修正。

需要注意的是，谨慎性要求并不意味着企业可以任意设置各种秘密准备，否则，就属于滥用谨慎性要求，将视为重大会计差错，需要进行相应的会计处理。

8. 及时性要求

及时性要求是指企业对于已经发生的交易或者事项，应当及时进行会计确认、计量和报告，不得提前或者延后。

会计信息的价值在于帮助所有者或其他方面做出经济决策，具有时效性。即使是客观、可比、相关的会计信息，如果不能及时提供，对于会计信息使用者也没有任何意义，甚至可能误导会计信息使用者。在会计核算过程中坚持及时性要求，一要及时收集会计信息，即在经济业务发生后，及时收集整理各种原始单据；二要及时处理会计信息，即在国家统一的会计制度规定的时限内，及时编制出财务会计报告；三要及时传递会计信息，即在国家统一规定的会计制度规定的时限内，及时将编制出的财务会计报告传递给财务会计报告使用者。

如果企业的会计核算不能及时进行，会计信息不能及时提供，就无助于经济决策，就不符合及时性要求。

第四节　会计确认和会计计量

一、配比原则、权责发生制和收付实现制

1. 配比原则

配比原则要求企业在进行会计核算时，收入与其成本、费用应当相互配比，同一会计期间内的各项收入与其相关的成本、费用，应当在该会计期间内确认。

配比原则是根据收入与费用的内在联系，要求将一定时期内的收入与为取得收入所发生

的费用在同一期间进行确认和计量。在会计核算工作中，坚持配比原则有两层含义：一是因果配比，将收入与其对应的成本相配比，比如，将主营业务收入与主营业务成本相配比，将其他业务收入与其他业务成本相配比；二是时间配比，将一定时期的收入与同时期的费用相配比，比如将当期的收入与当期的管理费用、财务费用等期间费用相配比等。

2. 权责发生制和收付实现制

企业在日常的生产经营活动过程中，就某一个会计期间而言，一方面要发生费用，另一方面取得收入，收入与费用合理配比，就可以确定企业当期的利润。也就是说，利润的确定取决于收入和费用的确认。如何确认企业当期的收入和费用就成为会计核算的一个基本问题。因为在企业持续经营的过程中，在会计分期假设的前提下，企业发生的费用和取得的收入的归属期问题就产生了，有的费用和收入可能完全属于本期的费用和收入，有的费用和收入可能完全不应属于本期的费用和收入，也有的费用和收入可能属于几个会计期间，即一部分属于本期的费用和收入，其余部分属于后续会计期间的费用和收入。因此，就需要事先明确以什么标准来确定本期的费用和收入。

会计上有两种确认本期费用和收入的标准，即权责发生制和收付实现制。

权责发生制又称应计制，凡是当期已经实现的收入和当期已经发生或者应当负担的费用，不论款项是否收付，都应当作为当期的收入和费用；凡是不属于当期的收入和费用，即使款项已在当期收付，也不应当作为当期的收入和费用。有时，企业发生的货币收支业务与交易或事项本身并不完全一致。例如，款项已经收到，但销售并未实现；或者款项已经支付，但并不是为本期生产经营活动而发生的。为了明确会计核算的确认基础，更真实地反映特定会计期间的财务状况和经营成果，就要求企业在会计核算过程中应当以权责发生制为基础。例如，权责发生制下，某企业 9 月份销售一批 5 000 元的商品，不管 9 月份是否收到款项，9 月份的收入都增加 5 000 元；再如，12 月份预付下年度的报刊费 3 000 元，12 月份现金减少 3 000 元，但是 12 月份的费用并没有因此增多。

收付实现制是与权责发生制相对应的一种确认基础，它是以收到或支付现金作为确认收入和费用的依据。例如，收付实现制下，某企业 9 月份销售一批 5 000 元的商品，如果 9 月份收到 5 000 元货款，9 月份的收入就增加 5 000 元；如果 9 月份没有收到 5 000 元货款，9 月份就不确认这 5 000 元的货款收入。再如，12 月份预付下年度的报刊费 3 000 元，12 月份现金减少 3 000 元，因此 12 月份的费用增多 3 000 元。

显然，分别按照权责发生制和收付实现制确认收入和费用，结果是不一样的。按照权责发生制确认本期的收入和费用强调权责观，本期的收入和费用能够合理配比，可以合理地计算本期的利润。但是，在权责发生制下，账户设置和账务处理相对复杂。对本期的收入和费用如何确认，确认多少，对于款项尚未收付的、属于几个会计期间的收入和费用，需要设置相应的收入调整账户、跨期摊配账户等账户分别予以核算。收付实现制强调的是本期现金流入和流出及其净流量，其账户设置和账务处理较简单，但收入和费用之间缺少合理的配比关系。我国《企业会计准则——基本准则》规定：企业应当以权责发生制为基础进行会计确认、计量和报告。目前，我国的行政单位采用收付实现制，事业单位除经营业务采用权责发生制外，其他业务也采用收付实现制。

从配比原则的角度讲，权责发生制更注重因果配比，收付实现制更注重时间配比。

二、划分收益性支出与资本性支出原则

划分收益性支出和资本性支出原则要求企业的会计核算应当合理划分收益性支出与资本性支出的界限。凡支出的效益仅及于本会计期间（或一个营业期间）的，应当作为收益性支出；凡支出的效益及于几个会计期间（或几个营业周期）的，应当作为资本性支出。

在会计核算工作中划分收益性支出与资本性支出，要求企业在会计核算工作中确认支出时，要区分两类不同性质的支出，将资本性支出列于资产负债表中，作为资产反映，以真实地反映企业的财务状况；将收益性支出列于利润表中，计入当期损益，以正确计算当期的经营成果。这主要是因为，资本性支出的效益可以在几个连续的会计期间发挥作用，而收益性支出的效益只在当期发挥作用。

如果企业在会计核算工作中没有正确划分资本性支出与收益性支出，将原本应该记入资本性支出的计入收益性支出，就会低估资产和当期效益；将原本应计入收益性支出的计入资本性支出，就会高估资产和当期收益；所有这一切，都不利于会计信息使用者正确地理解企业的财务状况和经营成果，不利于会计信息使用者的决策。

三、会计计量属性

会计计量属性主要包括以下几个。

1. 历史成本

在历史成本计量下，资产按照购置时支付的现金或者现金等价物的金额，或者按照购置资产时所付出的对价的公允价值计量。负债按照因承担现实义务而实际收到的款项或者资产的金额，或者承担现实义务的合同金额，或者按照日程活动中为偿还负债预期需要支付的现金或者现金等价物的金额计量。

2. 重置成本

在重置成本计量下，资产按照现在购买相同或者相似资产所支付的现金或者现金等价物的金额计量。负债按照现在偿付该项债务所需支付的现金或者现金等价物的金额计量。

3. 可变现净值

在可变现净值计量下，资产按照其正常对外销售所能收到现金或者现金等价物的金额扣减该资产至完工时估计将要发生的成本、估计的销售费用以及相关税费后的金额计量。

4. 现值

在现值计量下，资产按照预计从其持续使用和最终处置中所产生的未来净现金流入量的折现金额计量。负债按照预计期限内需要偿还的未来净现金流出量的折现金额计量。

5. 公允价值

在公允价值计量下，资产和负债按照在公平交易中，熟悉情况的交易双方自愿进行资产交换或者债务清偿的金额计量。

企业在对会计要素进行计量时，一般应当采用历史成本，采用重置成本、可变现净值、现值、公允价值计量的，应当保证所确定的会计要素金额能够取得并可靠计量。

采用历史成本作为计价基础有很多优点：历史成本是买卖双方在市场上通过交易客观地确定下来的，或者是企业的财产物资在购建过程中实际支付的金额，比较客观。历史成本有原始凭证作为依据，因而可以随时进行验证，获取方便而且真实可靠。历史成本计价还可以使会计核算手续大为简化。由于不需要经常调整账目，还能够在一定程度上防止随意改动资产价值等弄虚作假行为的产生。

历史成本也有一定的局限性。当货币购买力变动和物价上涨时，按历史成本计价就不能确切地反映企业资产的现实价值。而资产的现实价值正好是企业管理层进行投资决策和经营管理决策的重要依据。因此，采用历史成本计价，在货币购买力和物价变动较大时会削弱会计信息的有用性。

第五节 会计的任务

会计的任务是指对会计对象进行核算和监督所要达到的目的。在现阶段，我国会计的基本任务可以概括为以下四个方面。

一、加强会计核算，及时提供真实完整的会计信息

会计应该充分发挥核算职能，对企业经济活动进行连续、系统综合的记录、计算，正确及时地提供企业的财务状况、经营成果、现金流量等会计信息，以满足国家宏观经济管理的需要，满足投资人、债权人及有关各方了解企业财务状况和经营成果的需要，满足企业加强内部经营管理的需要。

二、监督财经法规制度的贯彻执行

国家为了对经济活动进行宏观指导，为了维护投资者和债权人的权益，制定了一系列的财经法规制度。这些财经法规制度是会计工作的规范，会计人员应当严格贯彻执行。企事业单位的每一项经济活动，往往都涉及这些法规制度，会计人员应该认真核算监督每一项经济业务。具体地说，就是要正确记录每项资产、负债和所有者权益的变化，及时、正确地记录、计算收入、费用、利润。认真审核资产的结存、收入的实现、利润的分配、税金的缴纳、债务的清偿。检查有无挪用、挤占、弄虚作假和铺张浪费等现象。

三、考核财务状况和经营成果

提高经济效益是企业组织生产经营活动的根本宗旨。为了提高经济效益，会计必须对企业财务状况和经营成果进行认真考核。财务状况和经营成果的考核主要是通过对会计资料的分析、计算和比较，观察企业的资产存量情况，了解企业的偿债能力、盈利能力、营运能力等。通过考核，及时发现问题、找出差距、总结原因，努力增收节支，提高经济效益。

四、参与预测、计划和决策

企业必须掌握充分的经济信息，根据市场变动的方向，结合自身条件，才能正确做出相关的预测、计划和决策。由于会计侧重于价值管理，会计信息具有综合性，所以，会计人员应当充分利用掌握的会计信息，科学地参与预测、计划和决策。

第六节 会 计 方 法

一、会计方法体系

会计方法就是会计用来核算和监督会计对象，实现会计目标所采用的一系列专门方法和手段。会计方法主要是由会计核算方法、会计监督方法、会计分析方法、会计预测方法和会计决策方法所组成的。其中，会计核算方法是获得会计信息的基础，会计监督方法是会计信息质量的保证，会计分析方法是会计信息利用的前提，会计预测方法和会计决策方法是会计信息应用的表现。

（一）会计核算方法

会计核算方法是指对单位发生的经济业务事项进行会计确认、计量、记录、报告，并反映财务状况、经营成果和现金流量的过程中所采用的专门方法。会计核算方法以会计凭证、会计账簿、财务会计报告等会计信息载体的设计以及使用为核心，主要有设置账户、复式记账、填制和审核会计凭证、设置和登记会计账簿、成本计算、财产清查、编制财务报表等七种相互联系的专门方法与技术组成，其目的是收集、整理、加工、汇总和提供会计信息。

（二）会计监督方法

会计监督方法是指依据财经法律法规，对会计核算资料的真实性、完整性、准确性、合法性进行检查、判断和纠正所采用的一系列专门方法。由于实施会计监督往往离不开对会计凭证、会计账簿、财务会计报告的审核和检查，因此有的也将其称为会计监督与检查。会计监督方法分为两种：一是以本单位会计机构和会计人员为主所进行的内部监督；二是以政府职能部门和注册会计师等中介机构为主所进行的外部监督（即政府监督和社会监督）。会计监督的目的主要在于查错防弊，保证会计资料的真实完整，维护会计信息使用者的合法权益。

（三）会计分析方法

会计分析方法是指以会计核算资料为主要依据，结合企业计划、统计等有关资料对一定时期内单位经济活动过程及其结果进行剖析与评价，以及时发现经营管理过程中存在的问题和缺陷，总结经验教训，在以后的经营活动中进一步加强管理，提高经济效益所采用的专门方法。会计分析方法由趋势分析法、比率分析法、因素分析法、技术分析法等组成，其目的在于发现问题、总结经验、评价业绩、改进提高企业经营管理水平等。

（四）会计预测方法

会计预测方法是以会计核算资料和会计分析资料为依据，结合商品市场等其他相关的信息，对未来经营活动所做出的科学判断和预测所采用的方法。它主要运用的是预测学、数学、计算机科学等相关学科的成果，结合会计数据资料所形成的方法。其主要目的是为单位预测未来发展趋势和以后的科学决策提供客观依据。

（五）会计决策方法

会计决策方法是依据会计核算、会计分析、会计预测的有关资料和其他资料，为企业实现预定的目标而针对将要开展的某项经营活动的各种备选方案，进行可行性分析和选优判断并做出有关决策所采用的方法。例如，企业进行固定资产购建或更新、对外进行投资、产品结构调整等，事先都需要围绕投资金额、投资回报等，采用回收期法、净现值法、内部报酬率法等专门的方法进行测算、分析和决策，从而形成会计决策的专门方法。企业的决策按时间划分为短期经营决策和长期投资决策两类。会计决策的目的是为单位内部科学决策与管理提供服务。

在以上这些会计方法中，会计核算方法、会计监督方法和会计分析方法属于会计的基本方法，其中会计核算是会计的基本环节，会计监督是会计核算的必要补充和保证，会计分析是会计核算和监督的继续和发展。而会计预测方法和会计决策方法由于应用了更多的现代管理理论和数学方法，一般被称为会计现代方法，是会计基础方法的发展。会计核算、会计监督和会计分析等方法为会计预测、会计决策方法提供了必要的具体的会计信息。会计的基础方法和会计现代方法有机结合形成了比较完整的现代会计的方法体系。

二、会计核算方法

（一）设置会计科目与账户

组织会计核算，首先应当设置会计科目，并根据会计科目设置相应账户，这是会计核算方法中最重要的方法之一。会计科目是对会计对象具体内容按照其规律、特性进行具体分析分类后所形成的具体项目，是设置账户以及对账户进行命名的依据。账户是根据会计科目开设的具有专门格式和结构，用来分类记录经济业务的一种会计核算载体。设置会计科目和账户为以后的会计核算方法提供了基础。

（二）复式记账

复式记账是指对单位发生的每一笔经济业务所引起的会计要素的增减变动，均应在两个或两个以上相互联系的账户中，按照对应金额相等的方式，对企业经营活动全面系统地进行记录的一种专门的记账方法。通过这种记录，可以将经济业务事项按照会计语言全面、相互联系地在会计上再现出来。

（三）填制和审核会计凭证

会计凭证是记录经济业务事项的发生和完成情况，明确经济责任并作为记账依据的书面证明，是重要的会计资料，包括原始凭证和记账凭证。填制和审核会计凭证是指对发生的每一项经济业务活动，都要取得或填制证明经济业务发生和完成的原始凭证，并在对其进行合法、合理、有效性审核确认后，按照复式记账法的要求填制记账凭证，以便于进行账簿记录的一种专门的会计核算方法。会计记录的首要特征是必须有凭有据，这是保证会计资料真实、完整的基础，因此，填制和审核会计凭证是会计核算工作的首要环节。

（四）设置和登记会计账簿

设置和登记会计账簿是依据管理的需要和开设的账户，设置一定格式的会计账簿，并依据会计凭证在有关会计账簿中进行序时、分类登记和汇总的一种方法。账簿既是账户的实际表现，也是会计资料的核心载体。通过登记会计账簿，可以将分散的经济业务事项进行分类汇总反映，并为编制财务会计报告提供依据。

（五）成本计算

成本计算是指按照一定的方法，对有关成本计算对象（具体产品或劳务）应负担的成本费用进行归集和分配，并计算出每一成本计算对象的会计核算方法。它是正确进行有关存货资产计价和盈亏计算的基础。

（六）财产清查

财产清查是指通过对各项资产的盘点和核对，确定在某一特定时日财产的实有数，并核查实存数与账存数是否一致的一种专门方法。这是编制财务会计报表前的一项重要的基础工作。财产清查方法有实地盘存法、永续盘存法、技术推算法等。

（七）编制财务会计报告

编制财务会计报告是指依据真实、准确的会计账簿资料，将企业有关财务状况、经营成果和现金流量集中反映在财务会计报告中所采用的一种方法。它是会计核算的最后环节，也是会计核算的工作总结。通过编制和提供财务会计报告，可以将其传递给会计信息使用者。它是连接会计信息与会计信息使用者的一座桥梁。

会计核算的上述七种方法前后衔接、相互联系，共同构成了会计核算方法的有机整体。会计核算离不开记账，而记账首先就应设置会计科目，并据此开设账户；每一笔账目记录都必须有凭有据真实可靠，这就必须填制和审核会计凭证。填制和审核会计凭证时要采用专门的复式记账法，对经济业务事项做出相互联系的全面记录，之后再记入事先设置的有关会计账簿中，系统、分类、序时、综合地归类会计信息。某一会计期间结束时要计算盈亏，必须根据有关会计账簿的记录，先计算出成本。为了编制真实准确的财务会计报告，就必须进行财产清查，在完成以上各环节的工作后，编制财务会计报告并提供给有关会计信息使用者，从而完成了一个会计循环。

本 章 小 结

会计的基本职能是核算和监督。会计是以货币为主要计量单位，运用一定的专门方法，对一个单位、一个地区、一个行业乃至国家的经济活动，进行全面、连续、系统、综合的核算和监督，为信息使用者提供以财务信息为主的经济管理信息，以提高经济效益的一种管理活动。它既是一个经济信息系统，又是经济管理的一个重要组成部分。会计对象就是会计所要核算和监督的内容，总括来说就是各个单位的经济活动或者资金运动。具体来说，企业会计对象的内容是资产、负债、所有者权益、收入、费用和利润六大要素。行政事业单位会计对象的内容是资产、负债、净资产、收入和支出五大要素。会计要素是会计核算对象的基本分类，是设定会计报表结构和内容的依据，也是进行确认和计量的依据，主要包括资产、负债、所有者权益、收入、费用和利润。会计等式包括：资产＝负债＋所有者权益；收入－费用＝利润。还有如下的会计等式的扩展公式。

资产＝负债＋(所有者权益＋利润)＝负债＋(所有者权益＋收入－费用)

会计核算的基本假设包括：会计主体、持续经营、会计分期和货币计量。会计信息质量要求包括：客观性、明晰性、可比性、相关性、实质重于形式要求、重要性要求、谨慎性要求和及时性要求。会计确认过程中要遵循的一般惯例有：配比原则、权责发生制和划分收益性支出和资本性支出。会计计量的属性有以下几种：历史成本、重置成本、可变现净值、现值和公允价值。

会计的任务主要是：加强会计核算，及时提供真实完整的会计信息；监督财经法规制度的贯彻执行；考核财务状况和经营成果；参与预测、计划和决策。会计核算方法主要包括：设置会计科目与账户、复式记账、填制和审核会计凭证、设置和登记会计账簿、成本计算、财产清查、编制财务会计报告。

复 习 与 思 考

1. 什么是会计？会计有哪些职能？
2. 企业的会计要素包括什么内容？会计等式的表现形式是什么？
3. 会计核算有哪些基本假设？如何理解这些基本假设？
4. 什么是权责发生制和收付实现制？
5. 会计计量属性有哪几种？
6. 会计有哪些核算方法？

第二章　会计科目与账户

学习目标

（1）掌握会计科目的含义和会计科目的分类。
（2）掌握会计账户的含义、账户的基本结构。
（3）理解会计科目和账户的区别与联系。

第一节　会计科目

一、会计科目的含义

在一定期间，一个企业会发生种类繁多的经济业务事项，因而会引起诸多会计要素项目发生增减变动，而且这些会计要素项目的性质和内容各不相同。例如，固定资产和原材料虽然都属于资产，但二者的经济内容不同，在经营过程中的周转方式以及所起的作用也不同。因此，为了满足经营管理的需要，在会计核算中，对于像固定资产和原材料等性质、内容不同的各个会计要素项目，必须分门别类地加以核算和监督。对会计要素的具体内容进行分类核算和监督的项目，称为会计科目。在实际工作中，会计科目是预先通过会计制度规定的。企业会计核算时应依据规定的会计科目，通过整理、分类和填制会计凭证，设置和登记账簿，编制会计报表，来实现对会计要素具体内容的分类核算和监督，为经济管理提供各种有用的会计核算指标。因此，可以说会计科目是对会计要素的具体内容进行分类核算和监督的依据，也是会计所应提供的核算指标。

为了全面、系统地反映和监督各项会计要素的增减变动情况，分门别类地为经济管理提供会计核算资料，就需要设置会计科目。例如，为了反映和监督各项资产的变动情况，设置了"库存现金"、"原材料"、"长期投资"、"固定资产"等科目；为了反映和监督负债和所有者权益的增减变动，设置了"短期借款"、"应付账款"、"长期借款"和"实收资本"、"资本公积"、"盈余公积"等科目；为了反映和监督收入、费用和利润的增减变动，设置了"主营业务收入"、"主营业务成本"、"本年利润"和"利润分配"等科目。

二、设置会计科目的原则

确定会计科目是进行会计核算的起点。会计科目的设置是否合理，对系统地提供会计信息，提高会计工作的效率以及有条不紊地组织会计工作都有很大影响。因此，在确定会计科目时必须充分考虑各方面对会计信息的需求，以及会计工作的客观规律。根据长期的会计工作实践，一般认为会计科目的设置应当遵循以下的原则。

（1）会计科目的设置必须结合会计对象的特点，全面反映会计对象的内容。会计科目作为对会计对象具体内容进行分类核算的项目，其设置应能够全面、系统地反映会计对象的全部内容，不能有任何遗漏。同时，会计科目的设置必须反映会计对象的特点。除各行各业的共性会计科目外，还应根据各行各业会计对象的特点设置相应的会计科目。例如，工业企业的主要经营活动是制造工业产品，因而必须设置反映生产耗费、成本计算和生产成果的会计科目。商业企业的基本经营活动是购进和销售商品，因而必须设置反映商品采购，商品销售以及在购、销、存环节发生的各项费用的会计科目。行政、事业单位则应设置反映经费收支情况的会计科目。

（2）会计科目的设置既要满足对外报告的要求，又要符合内部经营管理的需要。企业会计核算资料应能满足各方面的需要：满足政府部门加强宏观调控、制定方针政策的需要；满足投资人、债权人及有关方面对企业经营和财务状况做出准确判断的需要；满足企业内部加强经营管理的需要。因此，在设置会计科目时要兼顾对外报告信息和企业内部经营管理的需要，并根据所需数据详细程度的需要，分设总分类科目和明细分类科目。总分类科目（即一级科目）是对会计对象具体内容进行总括分类核算的科目，如“固定资产”、“实收资本”等科目。它提供的是总括性指标，这些指标基本上能满足企业外部有关方面的需要。明细分类科目（包括二级科目、三级科目）是对总分类科目的进一步分类，如在“固定资产”总分类科目下按照固定资产的类别分设的二级科目和三级科目，它提供的是明细核算资料，主要为企业内部管理服务。

（3）会计科目的设置既要适应经济业务发展的需要，又要保持相对稳定。会计科目的设置要适应社会经济环境的变化和本单位业务发展的需要。例如，随着商业信用的发展，为了反映和监督商品交易中的延期付款或延期交货而形成的债权债务关系，核算中应单独设置“预收账款”和“预付账款”科目，把预收、预付货款的核算从“应收账款”和“应付账款”科目分离出来。但是，会计科目的设置应保持相对的稳定，以便在一定范围内综合汇总和在不同时期对比分析其所提供的核算指标。

（4）会计科目设置应做到统一性和灵活性相结合。所谓统一性，指在设置会计科目时，应根据提供会计信息的要求，按照《企业会计准则》，对一些主要会计科目的设置及核算内容进行统一的规定，以保证会计核算指标在一个部门乃至全国范围内综合汇总，分析利用。所谓灵活性，指在保证提供统一核算指标的前提下，各单位可以根据本单位的具体情况和经济管理要求，对统一规定的会计科目进行必要的增补或简化。例如，统一规定的会计科目没有设置“废品损失”和“停工损失”科目，但是企业可以根据自身的需要增设这两个会计科目。

（5）会计科目的设置要简明、适用，并要分类、编号。每一个会计科目都应有特定的核算内容，会计科目的名称应与其核算内容相一致，并且含义明确，通俗易懂。会计科目的数量和明细程度应根据企业规模的大小、业务的繁简和管理需要而定。为了便于掌握和运用会计科目，对会计科目还应进行分类和编号，并编成会计科目表。

三、会计科目的分类

为了便于掌握和运用会计科目，需要了解会计科目的分类。一般来说，会计科目可以按下述两种标准进行分类。

1. 按经济内容分类

每个会计科目都有其特定的核算内容。为了全面系统地分类核算和监督会计要素的各项内容，必须设置一系列相互联系、相互补充的会计科目体系。会计科目按其所反映的经济内容分类见表2-1。

表 2-1　**会 计 科 目 表**

顺序号	编号	科目名称	顺序号	编号	科目名称
		一、资产类	36	1606	固定资产清理
1	1001	库存现金	37	1701	无形资产
2	1002	银行存款	38	1702	累计摊销
3	1015	其他货币资金	39	1703	无形资产减值准备
4	1101	交易性金融资产	40	1711	商誉
5	1121	应收票据	41	1801	长期待摊费用
6	1122	应收账款	42	1811	递延所得税资产
7	1123	预付账款	43	1901	待处理财产损溢
8	1131	应收股利			二、负债类
9	1132	应收利息	44	2001	短期借款
10	1231	其他应收款	45	2101	交易性金融负债
11	1241	坏账准备	46	2201	应付票据
12	1321	代理业务资产	47	2202	应付账款
13	1401	材料采购	48	2205	预收账款
14	1402	在途物资	49	2211	应付职工薪酬
15	1403	原材料	50	2221	应交税费
16	1404	材料成本差异	51	2231	应付利息
17	1406	库存商品	52	2232	应付股利
18	1407	发出商品	53	2241	其他应付款
19	1410	商品进销差价	54	2314	代理业务负债
20	1411	委托加工物资	55	2401	递延收益
21	1412	周转材料	56	2501	长期借款
22	1461	存货跌价准备	57	2502	应付债券
23	1501	持有至到期投资	58	2701	长期应付款
24	1502	持有至到期投资减值准备	59	2711	专项应付款
25	1503	可供出售金融资产	60	2801	预计负债
26	1511	长期股权投资	61	2901	递延所得税负债
27	1512	长期股权投资减值准备			三、共同类
28	1521	投资性房地产	62	3101	衍生工具
29	1531	长期应收款	63	3201	套期工具
30	1541	未实现融资收益	64	3202	被套期项目
31	1601	固定资产			四、所有者权益类
32	1602	累计折旧	65	4001	实收资本
33	1603	固定资产减值准备	66	4002	资本公积
34	1604	在建工程	67	4101	盈余公积
35	1605	工程物资	68	4103	本年利润

续表

顺序号	编号	科目名称	顺序号	编号	科目名称
69	4104	利润分配	79	6111	投资损益
70	4201	库存股	80	6301	营业外收入
		五、成本类	81	6401	主营业务成本
71	5001	生产成本	82	6402	其他业务支出
72	5101	制造费用	83	6403	营业税金及附加
73	5103	待摊进货费用	84	6601	销售费用
74	5201	劳务成本	85	6602	管理费用
75	5301	研发支出	86	6603	财务费用
		六、损益类	87	6701	资产减值损失
76	6001	主营业务收入	88	6711	营业外支出
77	6051	其他业务收入	89	6801	所得税费用
78	6101	公允价值变动损益	90	6901	以前年度损益调整

2. 按提供核算指标的详细程度分类

会计科目是会计所应提供的核算指标。会计科目按照提供核算指标的详细程度，可以分为总分类科目和明细分类科目。

总分类科目也称总账科目或者一级科目，是对会计要素具体内容进行总括分类的科目，它提供的是总括核算指标。例如，表2-1所示各科目都是总分类科目。

明细分类科目也称明细科目或者细目，是对总分类科目进一步分类的会计科目，它提供的是详细的核算指标。在实际工作中，除少数总分类科目（如库存现金、银行存款等）没有必要设置明细分类科目外，大多数总分类科目都要设置明细分类科目。例如，在“应收账款”科目下面按照所欠货款的购货单位名称设置的科目。

如果某一总分类科目下面设置的明细分类科目较多，可以增设二级科目（又叫子目）。二级科目下面再设置的明细科目，称为三级科目。二级科目和三级科目都是明细分类科目，但是二级科目提供的核算指标要比三级科目概括。现以“原材料”为例，说明总分类科目与明细分类科目的关系，见表2-2。

表2-2　　总分类科目与明细分类科目

总分类科目（一级科目）	明细分类科目	
	二级科目	三级科目
原材料	原料及主要材料	木材
		钢材
	辅助材料	油漆
		颜料
	燃料	煤炭
		汽油

第二节　账　　户

一、账户的含义

随着经济业务的不断发生，各种资产、负债、所有者权益也在不断发生增减变动。为了便于分类地、连续地记录和反映它们的增减变动情况和结果，就有必要按照会计要素的各个具体项目（也就是会计科目）分别设置账户。账户是按照会计科目所确定的经济内容，记录和积累数据资料的工具。每个企业都应根据自身的生产经营特点，从有利于加强经济核算、有利于加强经济活动管理、有利于记清账目出发，依据会计科目设置一套完整的账户体系。

二、账户的基本结构

为了正确地在账户中登记各项经济业务，不仅要明确各个账户的经济内容，还要了解账户的结构。经济业务引起会计要素各个项目的具体变化，从数量上看不外乎增加和减少两种情况。为了反映其增减变动情况，账户必须要有分别反映会计要素的增加和减少的两个部分，同时，为了反映增加、减少变动后的结果，账户还要有反映结余数额的部分。因此，反映增加数、减少数和结余数的三个部分就构成了账户的基本结构。习惯上，把账户分为左、右两方，一方登记增加数，另一方登记减少数。至于哪一方登记增加数，哪一方登记减少数，要根据账户所记录的内容和采用的记账方法确定。

在借贷记账法下，把账户左方称为借方，把账户右方称为贷方。由于反映资产类账户和反映负债类账户以及所有者权益类账户是两种不同性质的账户，所以用来反映增加和减少的部分，采用了相反的方向。在资产类账户中，用“借方”来反映增加数，用“贷方”反映减少数；在负债类和所有者权益类账户中，则采用相反的方向，用“贷方”反映增加数，“借方”反映减少数。

在一定时期内，账户的“借方”、“贷方”所登记的增加数和减少数称为“本期发生额”。借方登记的发生额称为“借方本期发生额”，贷方登记的发生额称为“贷方本期发生额”。如果账户的借方期初数与借方本期发生额之和大于贷方本期发生额，它的结余数在借方，称为本期期末借方余额，转到下期就是下期的期初借方余额；如果账户的贷方期初数与贷方本期发生额之和大于借方本期发生额，它的结余数在贷方，称为本期期末贷方余额，转到下期就是下期的期初贷方余额。

借贷记账法下账户的基本结构是“借方”、“贷方”和“余额”三部分。此外，为了反映经济业务发生的时间、记账的依据以及经济业务的主要内容，还要在账户中列出“日期”、“凭证号数”及“摘要”。实际工作中账户的一般格式见表2-3。

表2-3　账户的一般格式

账户名称

年		凭证字号	摘要	借方	贷方	借或贷	余额
月	日						

由于账户的发生额和余额都要用“借”、“贷”来表示，因此，从理论上来说明账户的基本结构时，为了方便，往往把账户简化成“T”字形账户，见表2-4。

表 2-4　　账户的基本结构

借方	资产类账户		贷方
期初余额	××××××	本期减少数	×××××
本期增加数	×××××		
本期增加数	×××××	本期减少数	×××××
本期发生额	×××××	本期发生额	×××××
期末余额	×××××		

一般来说，资产类账户期初余额、期末余额在借方，负债类账户和所有者权益类账户的期初余额、期末余额在贷方。

三、账户的分类

（一）账户分类的意义和原则

每个账户只能记录和反映企业经济业务活动的某一方面内容，要核算和反映企业全部经济活动的内容，就需要设置和运用一系列的账户。由于客观存在的作为会计内容的企业的经济活动是一个完整的有机整体，作为反映这一整体某一部分的各个账户，相互之间就存在着密切的内在联系，它们共同组成一个完整的账户体系。账户体系就是各账户按照其自身特征和规律结合在一起，形成的一个完整的、系统的账户群体。把账户体系中的众多账户加以分类，具有以下几个方面的意义。

通过账户的分类，有利于从理论上加深对账户的全面认识，进一步理解各账户之间存在的共性，有助于正确运用设置账户这种核算的专门方法。

通过账户的分类，有利于进一步理解账户之间的联系和区别，从使用账户的技术角度研究各类账户的不同用途和结构，揭示账户在使用中的规律性，不断提高使用账户的技能。

通过账户的分类，能够揭示全部账户在反映会计内容上存在的分工协作关系。当国家统一制定的账户随着各个时期经济管理的不同要求变动时，能够尽快适应并在统一会计制度许可范围内，根据实际情况增设或者合并账户。

通过账户的分类，能够正确认识各会计要素的经济内容，通过对数据按照报表信息的要求分类，形成报表所需要揭示的财务信息，为经济管理提供系统的、分门别类的会计数据。

账户分类是对账户体系的认识过程，同时也是从账户的联系与区别中，探求设置账户和运用账户规律的过程。因此，账户分类应遵循以下原则。

1. 符合性原则

账户的分类既要结合会计内容特点，又要符合经济管理的要求。账户在分类时要根据其反映内容的特点，把反映同一性质、具有相同作用的账户归为同一类别；同时要根据经济管理的要求，把共同反映某一阶段、处理某一方面数据的账户归为同一类别。

2. 明晰性原则

账户分类必须清楚地反映出有关账户所具有的共同特性。要借助账户的分类，揭示有关账户的共性及相互关系，使所有账户在账户体系中所处的地位一目了然，各有关账户的经济内容、用途和结构也能清楚地表现出来。

3. 有用性原则

账户的分类必须能够对某种决策和管理产生比较重要的影响，有利于会计信息的处理加工和会计报表的编制。账户分类形成的信息能成为反映企业财务状况、经营成果的可靠数据资料。

4. 完整性和互斥性相结合的原则

账户分类要求在同一分类标志下，能够无遗漏地概括出会计内容所涉及的一切账户。在同一分类标志下，每个类别的账户一般要有明确的界限，不能产生混淆不清的现象。

（二）账户按照经济内容的分类

账户的经济内容就是账户反映的会计对象的具体内容。由于会计对象具体内容的基本分类为会计要素，所以账户按照经济内容分类就是按照会计要素具体内容分类。会计要素决定各账户的经济内容，它说明每个账户要核算什么、监督什么、提供什么样的会计指标。只有了解了这些内容，才能运用好这些账户。所以，账户按照经济内容分类是账户最基本、最主要的分类方法。

由于会计要素包括资产、负债、所有者权益、收入、费用、利润六个方面，因此账户按其经济内容分类，也就相应地分为六类。以工业企业会计账户为例，说明如下。

1. 资产类账户

资产类账户是用来反映企业各项资产的增减变动及其结存情况的账户。它又分为反映流动资产的账户和反映非流动资产的账户。反映流动资产的账户又分为反映货币资金的账户，如“库存现金”、“银行存款”等账户；反映短期债权的账户，如“应收账款”、“其他应收款”等账户；反映存货的账户，如“原材料”、“库存商品”、“委托加工物资”等账户；反映非流动资产的账户包括“长期股权投资”、“固定资产”、“累计折旧”、“在建工程”、“无形资产”、“长期待摊费用”等账户。

2. 负债类账户

负债类账户是反映企业负债的增减变化及其结存情况的账户。负债类账户按照负债偿还期限的长短，分为反映流动负债的账户和反映长期负债的账户。反映流动负债的账户有“短期借款”、“应付票据”、“应付账款”、“其他应付款”、“应付职工薪酬”、“应交税费”等账户；反映长期负债的账户有“长期借款”、“长期应付款”、“应付债券”等账户。

3. 所有者权益类账户

所有者权益类账户是反映投资人对企业净资产所有权的增减变动及其结存情况的账户。按照所有者权益形成的方式可以分为企业投资人对企业的投入资本以及形成的资本公积、盈余公积和未分配利润等。因此，所有者权益类账户可以分为反映投入资本的账户，如“实收资本”或者“股本”账户；反映资本积累的账户，如“资本公积”、“盈余公积”等账户。

4. 收入类账户

收入类账户反映企业生产经营过程中取得的各种收入。收入包括基本业务收入、其他业务收入和营业外收入，因此收入类账户就分为三类。反映营业收入的账户包括“主营业务收入”、“其他业务收入”账户；反映营业外收入的账户有“营业外收入”等。

5. 费用类账户

费用类账户是用来反映企业发生的各种耗费及支出的账户。它包括反映经营费用的账户，如“生产成本”、“制造费用”、“营业税金及附加”、“管理费用”、“财务费用”、“其他业务支出”、“所得税费用”等；反映营业外支出的账户有“营业外支出”等。

6. 利润类账户

利润类账户是用来反映企业利润实现和分配情况的账户。它包括反映利润实现情况的账户，如“本年利润”账户；反映利润分配情况的账户，如“利润分配”账户等。

在账户按照经济内容进行分类时，“生产成本”是一个特殊的账户。“生产成本”账户是反映企业生产过程中产品成本费用的账户。但是如果该账户有借方余额，该借方余额反映的是在产品成本，此时“生产成本”就是反映资产的账户。因此，“生产成本”账户可以同时属于资产类账户和费用类账户。

（三）账户按照用途和结构的分类

账户的用途是指通过账户的记录能够提供什么样的核算资料。账户的结构是指账户的借方和贷方登记什么内容，账户余额是在借方还是在贷方。通过账户按照用途和结构的分类，把所有在用途和结构上相互联系，具有某些共同特点的账户加以分类，从个别到一般，从特殊到共性，总结同类账户在结构上和用途上的共同特点，以便掌握账户的使用规律和正确地运用账户。

账户按照用途和结构分类，可以分为盘存账户、结算账户、跨期摊配账户、所有者权益账户、调整账户、集合分配账户、成本计算账户、盈亏计算账户和暂记账户共九类账户。

1. 盘存账户

盘存账户是用来反映可以盘点的各种财产物资、货币资金的增减变动及其实存数的账户。这类账户包括企业主要的资产账户。例如“库存现金”、“银行存款”、“原材料”、“库存商品”、“固定资产”等账户。这类账户的结构是借方登记各类财产物资、货币资金的增加数，贷方登记其减少数，余额总是在借方，表示各项财产物资或者货币资金的结余数额。盘存账户的结构见表 2-5。

表 2-5　　盘　存　账　户

期初余额：财产物资、货币资金的期初结存数 发生额：本期财产物资、货币资金的增加数	发生额：本期财产物资、货币资金的减少数
期末余额：财产物资、货币资金期末结存数	

从账户的用途和结构看，盘存账户具有以下特点：盘存账户核算对象具有实物或者货币形态，都可以通过财产清查的方法来检查账存数和实存数是否相符。这类账户一般都有期末余额，而且是借方余额；盘存账户都可以进行明细核算，除货币资金外，盘存账户的实物明细账都可以提供实物和货币两种指标。

另外，“生产成本”账户的期末余额表示在产品，“材料采购”账户期末余额表示在途材料，“在建工程”账户期末余额表示未完工工程占用的资金，这几个账户也都具有盘存账户的性质。

2. 结算账户

结算账户是用来反映与其他企业、单位、个人之间债权与债务结算关系的账户。按照结算的性质又可分为资产结算账户、负债结算账户和资产负债结算账户三种。

资产结算账户也称为债权结算账户，它反映企业对其他企业、单位、个人应收的债权增减变动及其结存数。如“应收账款”、“其他应收款”都是资产结算账户。这类账户结构的特点是借方登记债权的增加数，贷方登记债权的减少数，余额一般在借方，表示期末债权的结存数，见表 2-6。

负债结算账户又称为债务结算账户，它是用来反映企业结欠其他企业、单位、个人债务的增减变动及其结存数的账户。如“短期借款”、“应付账款”、“应交税费”等账户都是负债结算账户。这类账户的结构特点是贷方登记债务增加数，借方登记债务的减少数，余额一般在贷方，表示债务的期末结存数额。负债类结算账户的结构见表 2-7。

表 2-6　**资产结算账户**

期初余额：债权的期初结存数 发生额：债权的增加数	发生额：债权的减少数
期末余额：债权的期末结存数	

表 2-7　**负债结算账户**

发生额：本期债务的减少数	期初余额：债务的期初结存数 发生额：本期债务的增加数
	期末余额：债务的期末结存数

资产负债结算账户是用来核算和监督企业与其他企业、单位、个人之间发生的债权债务往来结算业务的账户。在企业生产经营的过程中，企业与某些单位经常发生业务往来，企业有时是债权人，有时是债务人。为了能在同一账户中反映本企业与某一单位或个人债权债务的增减变动情况，可以设置资产负债双重性质的结算账户。这类账户的借方登记债权的增加数和债务的减少数，贷方登记债务的增加数和债权的减少数，余额可能在借方，也可能在贷方。在总分类账户中，借方余额表示期末债权大于债务的差额，贷方余额表示期末债务大于债权的差额。从明细账上看，各明细账借方余额之和表示期末债权的实有数，各明细账贷方余额之和表示期末债务的实有数。资产负债结算账户的结构见表 2-8。

表 2-8　**资产负债结算账户**

期初余额：期初债权大于债务的差额 发生额：债权增加数 　　　　债务减少数	期初余额：期初债务大于债权的差额 发生额：债务的增加数 　　　　债权的减少数
期末余额：期末债权大于债务的差额	期末余额：期末债务大于债权的差额

当企业预收货款、预付货款发生不多的情况下，企业可以不设置“预收账款”、“预付账款”账户，将预付货款的增加直接计入“应付账款”账户的借方，将预收货款的增加直接计入“应收账款”账户的贷方，这时，“应收账款”和“应付账款”这两个账户就属于资产负债结算账户。另外，企业有时也可以将其他应收款和其他应付款都用“其他往来”账户进行核算，此时的“其他往来”账户也属于债权债务结算账户。资产负债结算账户所属明细分类账户的借方余额之和与贷方余额之和的差额，应同有关总分类账户余额相等。

在编制资产负债表时，应根据资产负债结算账户有关明细分类账户的余额，将所有明细分类账户的借方余额之和列入资产负债表的资产方，贷方余额之和列入资产负债表的负债方。

结算类账户的特点是：结算类账户必须与对方对账才能核实，因此都应按照发生业务的对应单位或者个人开设明细分类账户；结算账户只提供货币指标，不提供实物指标。

3. 跨期摊配账户

跨期摊配账户是在费用的发生期与支付期不相一致的情况下，用来核算那些应由几个会计期间共同负担的费用，并将这些费用在各个会计期间中进行分配的账户。跨期摊配账户主要是“长期待摊费用”。设置跨期摊配账户的目的在于贯彻权责发生制原则，严格划分费用的受益期限、正确计算各个会计期间的损益。

“长期待摊费用”账户是用来核算企业已经发生或支付，但是应由本期和以后各期分别负担的费用的账户。长期待摊费用是一种资产。因此，“长期待摊费用”是资产类的跨期摊配账户，借方登记长期待摊费用的实际发生数，贷方登记各个会计期间的摊销数，余额在借方，表示尚未摊销的待摊费用。其账户结构见表 2-9。

表 2-9　　跨期摊配用账户

期初余额：期初尚未摊销的待摊费用数额 发生额：待摊费用的实际支付数	发生额：待摊费用的摊销数
期末余额：期末尚未摊销的待摊费用数额	

跨期摊配账户的特点是：费用均由若干个相连的会计期间共同负担；都是账户借方登记费用的实际支出数，贷方登记分摊或提取数，它们贷方对应的都是费用账户的借方。

4. 所有者权益账户

所有者权益账户是用来核算企业所有者对企业投入资本及资本积累的增减变动或结存情况的账户，也称资本账户。属于所有者权益账户的有“实收资本”、“资本公积”、“盈余公积”等。所有者权益账户的结构见表 2-10。

表 2-10　　所有者权益账户

发生额：本期退回投资者的投入资本、企业积累的减少数	期初余额：期初投资者投入资本数、企业积累的数额 发生额：本期投入资本数、企业积累的增加数
	期末余额：投资者投入资本和企业积累的期末余额

所有者权益账户的特点是：余额都在贷方；总分类账和明细分类账只能用货币计量。

5. 调整账户

调整账户是用来调整其他有关账户的数字而专门设置的账户。在会计核算中，由于管理上的需要或者其他原因，对于某些资产或权益，有时需要用两种不同的数据来记录和反映。在这种情况下，就需要设置两个账户，一个账户记录和反映资产和权益的原始数据，另一个账户记录和反映对资产和权益原始数据的调整数据。记录原始数据的账户称为被调整账户，记录调节数据的账户称为调整账户。将原始数据和调整数据相加或者相减，可以得到某项指标的实存数据。

调整账户按照调整方式（与调整账户是相加关系还是相减关系）的不同，可以分为抵减账户、附加账户和抵减附加账户三种。

抵减账户也称备抵账户，是用来抵减被调整账户余额的账户。其调整方式是将被调整账户的余额减去抵减账户的余额，求得调整后的数额。因此，抵减账户的余额同被调整账户的余额一定是在相反的方向，被调整账户如果有借方余额（或者贷方余额），抵减账户就一定有贷方余额（或者借方余额）。例如，“累计折旧”账户是“固定资产”账户的抵减账户。“固定资产”账户是被调整账户，反映固定资产的原始价值，余额在借方；“累计折旧”账户是抵减账户，反映固定资产的累计折旧额，余额在贷方。“固定资产”账户的借方余额减去“累计折旧”账户的贷方余额，其差额就是企业现有固定资产的净值。“利润分配”账户是

“本年利润”账户的抵减账户。“本年利润”账户反映年初到目前累计实现净利润的原始数字，“利润分配”账户反映本年利润分配的数字，期末“本年利润”账户的贷方余额减去“利润分配”账户的借方余额，其差额就是未分配利润的数字。“坏账准备”账户是“应收账款”账户的抵减账户。“应收账款”账户的借方余额减去“坏账准备”账户的贷方余额就得到预计可以收回的应收账款的数额。

附加账户是增加被调整账户余额，以求得被调整账户实际余额的账户。这类账户的调整方式是将被调整账户的期末余额与调整账户的期末余额相加，得出被调整账户的实有数额。附加账户的特点是其期末余额与被调整账户的期末余额在同一方向。在实际工作中，单纯的附加账户已很少见。

抵减附加账户也称备抵附加账户，是一种同时具备抵减与附加两种职能的账户。它是用来抵减或附加被调整账户余额，以求得被调整账户的实际余额。因此，抵减附加账户的余额方向与被调整账户的余额方向有时一致，有时相反。当其余额与被调整账户余额方向一致时，该账户就起附加账户的作用；当其余额与被调整账户余额方向相反时，该账户就起抵减账户的作用。

工业企业的材料采用计划成本核算时，就需要设置“材料成本差异”账户，该账户就是抵减附加账户。计划成本核算法中，“原材料”账户反映的是企业库存材料的计划成本，“材料成本差异”账户反映原材料实际成本与计划成本的差异。通过“材料采购”账户，将原材料实际采购成本大于计划成本的差额计入“材料成本差异”账户的借方（即超支）；将原材料实际采购成本小于计划成本的差额计入“材料成本差异”账户的贷方（即节约额）。月末填制“资产负债表”时，需要将“原材料”账户反映的计划成本调整为实际成本。如果“材料成本差异”账户的期末余额在借方，则与“原材料”账户的期末余额相加；如果“材料成本差异”账户的期末余额在贷方，则与“原材料”账户的期末余额相减，就可以将原材料的计划成本调整为实际成本。

综上所述，调整账户的特点可以归纳如下：调整账户都是为调整其他账户的数额而设置的账户；调整账户依赖被调整账户的存在而存在，两者紧密联系，提供特定的会计信息；调整账户与被调整账户核算的内容相同，但两者余额的方向可能相同，也可能相反。

6. 集合分配账户

集合分配账户是用来汇集和分配经营过程中某一阶段所发生的有关间接费用，借以反映和监督有关间接费用的计划执行情况及分配情况的账户。设置该种账户是为了便于将有关间接费用归集，然后将这些间接费用分配给各个成本计算对象。集合分配账户的特点是借方登记间接费用的发生额（汇集额），贷方登记分配到各个成本计算对象的费用数额，月末一般没有余额。“制造费用”就属于此类账户，其账户结构见表 2-11。

表 2-11 制 造 费 用

期初：一般没有余额 发生额：本期发生的各项制造费用数额	发生额：分配到各成本计算对象的制造费用数额
期末：一般无余额	

7. 成本计算账户

成本计算账户是用来反映和监督经营过程中某一生产阶段所发生的全部费用，以便确定该阶段各个成本计算对象的实际成本的账户。“生产成本”、“材料采购”和“在建工程”账户都属于成本计算账户。这类账户的特点是：借方登记某一生产阶段所发生的应计入成本的全部费用，贷方登记转出的已完成某一生产阶段的成本计算对象的实际成本，余额一般在借方，表示尚未完成某一生产阶段成本计算对象的实际成本。成本计算账户的结构见表 2 - 12。

表 2 - 12　　成本计算账户

期初余额：期初尚未完工的成本计算对象的实际成本 发生额：本期成本计算对象发生的实际成本	发生额：结转已完工的成本计算对象的实际成本
期末余额：尚未完工的成本计算对象的实际成本	

8. 盈亏计算账户

盈亏计算账户是用来核算企业在一定时期内所发生的直接影响本期损益的各项收入与费用，并计算最终财务成果的账户。盈亏计算账户可进一步分为期间收入账户、期间费用账户和财务成果账户。

期间收入账户是用来核算企业在经营过程中的各项收入的账户。期间收入账户主要有“主营业务收入”、“其他业务收入”、“投资损益”和“营业外收入”等账户。这类账户的特点是贷方登记一定期间收入的增加数，借方登记转入“本年利润”账户的数额，结转后期末一般没有余额。

期间费用账户是用来核算企业经营过程中的各项期间费用的账户。属于期间费用的账户有“主营业务成本”、“销售费用”、“管理费用”、“财务费用”、“营业税金及附加”、“其他业务支出”、“营业外支出”、“所得税费用”等账户。这类账户的特点是借方登记一定期间费用的增加数，贷方登记转入“本年利润”账户的数额，结转后期末一般没有余额。

财务成果账户是用来计算确定企业的最终财务成果的账户。属于财务成果账户的有“本年利润”账户，它的贷方登记从各期间收入账户的转入数额，借方登记从各期间费用账户的转入数额。期末“本年利润”账户的余额可能在贷方，也可能在借方。如果是贷方余额，表示企业在本年累计实现的净利润；如果是借方余额，表示企业在本年累计发生的净亏损数额。年末结转后该账户没有余额。

9. 暂记账户

暂记账户是反映和监督某些暂时难以确定经济业务记入哪一个账户的账户。它属于一种暂时过渡性账户，一旦确定应记入的账户后，就转入确定账户的借方或贷方。例如，“待处理财产损溢”账户属于暂记账户。当企业进行财产清查发生财产物资盘盈或盘亏时，在尚未查明原因或者尚未经过有关部门批准处理之前，不能确定其应借或应贷的账户，就需要暂时记入“待处理财产损溢”账户，待查明原因经有关部门确定后再作相应转账处理。

四、会计科目和账户的关系

会计科目和账户既有联系又有区别。两者的联系是：会计科目是账户的名称，账户是根据会计科目设置的；会计科目与账户都是对会计核算对象具体内容所进行的分类，它们所反映的经济内容是一致的。由于它们二者有这些紧密联系，在实际工作中，人们常把会计科目作为账户的同义词。

会计科目与账户的主要区别是：会计科目只是对会计对象具体内容分类的项目，而账户不仅是对会计对象具体内容的分类，同时还能够反映每类业务内容增减变动及其变动后的结果；会计科目没有借贷余的结构，只是名称，而账户必须和一定格式相结合，需要具备一定的结构；会计科目为开设账户、编制记账凭证所运用，账户则为设置账簿、编制会计报表所运用。

为了便于编制凭证、登记账簿、查阅会计科目，并为使用会计电算化创造条件，每一个会计科目都要统一编列固定的号码，这些号码就是会计科目编号。在各个科目之间，应留有适当的空号，以便在增添新的会计科目时使用。例如，“固定资产”科目的编号是1601；“实收资本”科目的编号是4001。

在实际工作中，为了反映某些不属于本企业的财产物资的情况，还可以规定一些会计科目，比如，“租入固定资产”、“代管商品物资”、“受托加工材料”等。由于根据这些科目设置的账户所反映的财产物资并不属于本企业所有，它们的余额不能列入资产负债表，而应在资产负债表之外的下端，列作补充资料，所以这些科目称为表外科目。根据表外科目设置的账户称为表外账户。

本章小结

对会计要素的具体内容进行分类核算和监督的项目，称为会计科目。按照经济内容的不同，会计科目可以分为：资产类、负债类、所有者权益类、成本类和损益类会计科目。会计科目按照提供核算指标的详细程度，可以分为总分类科目和明细分类科目。

账户是按照会计科目所确定的经济内容，记录和积累数据资料的工具。账户按照经济内容的不同可以分为：资产类、负债类、所有者权益类、收入类、费用类和利润类账户。账户按照用途和结构分类，可以分为盘存账户、结算账户、跨期摊配账户、所有者权益账户、调整账户、集合分配账户、成本计算账户、盈亏计算账户和暂记账户共九类账户。

会计科目和账户既有联系又有区别。两者的联系是：会计科目是账户的名称，账户是根据会计科目设置的；会计科目与账户都是对会计核算对象具体内容所进行的分类，它们所反映的经济内容是一致的。由于它们二者有这些紧密联系，在实际工作中，人们常把会计科目作为账户的同义词。

会计科目与账户的主要区别是：会计科目只是对会计对象具体内容分类的项目，而账户不仅是对会计对象具体内容的分类，同时还能够反映每类业务内容增减变动及其变动后的结果；会计科目没有借贷余的结构，只是名称，而账户必须和一定格式相结合，需要具备一定的结构；会计科目为开设账户、编制记账凭证所运用，账户则为设置账簿、编制会计报表所运用。

复习与思考

1. 什么是会计科目？会计科目分为哪几类？
2. 每类账户的基本结构是什么？
3. 会计科目和账户有什么区别与联系？

第三章 复式记账法

学习目标

(1) 掌握复式记账法的含义和种类。
(2) 掌握借贷记账法的定义和特点。
(3) 掌握每类账户的账户结构。
(4) 掌握借贷记账法的记账规则。
(5) 理解并掌握试算平衡。
(6) 理解并掌握总分类账户和明细分类账户的平行登记。

第一节 复式记账法概述

一、复式记账的意义

在会计工作中，会计核算是会计工作的基础，而记账又是会计核算的主要工作。要记账就必须有一定的方法。所谓记账方法是按照一定的规则，使用一定的符号，将会计事项所涉及会计科目、数字及有关文字说明记入相应账户的专门方法。记账方法经过了一个由单式记账到复式记账的发展过程。

（一）单式记账法

所谓单式记账法，是指对每项经济业务只在一个账户中进行单方面登记的方法。它一般只记录货币收付款以及债权、债务的结算业务。企业仅设置库存现金、银行存款、应收款和应付款四本账，这样除了有关应收款、应付款、库存现金和银行存款之间的收付业务在两个或者两个以上的账户中进行登记外，其他各类业务，只在一个账户中记一笔账。例如，用现金 100 元购买办公用品，只记录"库存现金"的减少，而不反映费用的增加。

单式记账具有明显的缺陷。在单式记账法下，账户设置不完整，而且，各账户之间没有严密的对应关系，因而它不能进行试算平衡，不能全面系统地反映出企业经济活动的全貌，不便于检查账户记录的正确性。因此，单式记账法是一种简单、不完整、不科学的记账方法。目前，已少为人们采用。

（二）复式记账法

复式记账法是在单式记账法的基础上演变、发展而来的。所谓复式记账法，就是对发生的每一项经济业务都以相等的金额同时在两个或两个以上相互联系的账户中进行登记，以系统地、全面地反映每一项经济业务所引起的资产和权益变化情况及结果的一种方法。例如，企业用银行存款购入原材料，一方面要记录"银行存款"的减少，另一方面要记录"原材料"的增加。

复式记账法设置了完整的账户体系，可以全面记录和反映所有的经济业务，由于对每一项经济业务都以相等的金额同时在两个或两个以上相互联系的账户中进行双重登记，可以了解每一项经济业务的来龙去脉，同时，由于对每项经济业务都以相等的金额进行分类登账，因而对记录的结果，可以进行试算平衡，以检查账户是否正确。显然，复式记账法比单式记账法更为科学、严密。

二、复式记账法的种类

在实际工作中，由于各行业、各部门以及各国的习惯不同，人们在采用复式法时又结合自己的各种情况创立了多种具体的复式记账方法。我国在会计实务中曾经采用的复式记账方法有三种，即借贷复式记账法、增减复式记账法和收付复式记账法。这三种记账法运用的都是复式记账法的原理，他们的区别在于记账符号、记账规则、账户分类和试算平衡方法等方面的不同。借贷记账法较多地被企业运用，增减记账法主要用于商业企业，收付记账法又分为资金收付记账法（被行政事业单位广泛应用）、现金收付记账法（金融业应用）和财产收付记账法等。改革开放后，为了适应改革开放需要，与国际惯例接轨，我国进行了会计制度改革。我国 1992 年颁布的《企业会计准则》规定："会计记账采用借贷记账法。"从 1993 年 7 月 1 日起借贷记账法成为我国各行业广泛采用的记账方法。

第二节　借 贷 记 账 法

一、借贷记账法的概念

借贷记账法是以"借"和"贷"作为记账符号来反映会计要素增减变动情况的一种复式记账法。借贷记账法最早出现于中世纪的意大利沿地中海一带城市。"借"和"贷"的概念是在借贷资本运动过程中产生的。借贷资本家对于吸收的存款，记在"贷主"（Creditor）的名下，表示自身债务的增加；借贷资本家对于付出去的放款，记在"借主"（Debitor）的名下，表示自身债权的增加。所以"借"和"贷"两个字最初是适应借贷资本家记录其货币资金的存入和放出，借贷两字表示借贷资本的债权、债务及其增减变化。随着商品经济的发展，经济活动内容日益丰富，记账内容的逐步扩展，非借贷行业也开始使用"借""贷"两字来说明其财产物资、成本费用和经营损益的增减变动，"借""贷"两字逐渐失去原来的含义而转化为纯粹的记账符号，作为专门的会计术语。

二、借贷记账法的特点

（1）在账户中，用"借"和"贷"作为记账符号。借贷记账法以"借"和"贷"作为记账符号，把每个科目所属账户的账页都区分为"借方"、"贷方"和"余额"三栏。借方在左，贷方在右，以反映资金的增减变化的情况。

（2）以"有借必有贷，借贷必相等"作为记账规则。根据复式记账原理，对每项经济业务都要以相等金额，同时在两个或两个以上相互联系的账户中进行登记。登记时，对每项经济业务都必须用相等金额，一方面记入一个或几个有关账户的借方，另一方面记入一个或几个有关账户的贷方，记入借方账户与贷方账户的数额必然相等，这就形成了借贷记账法的规则："有借必有贷，借贷必相等。"

（3）以"有借必有贷，借贷必相等"作为记账规则进行试算平衡。由于借贷记账法在处理每一笔经济业务时，都必须遵循"有借必有贷，借贷必相等"的记账原则，记账方向相反，金额相等。因此，在一定时期内，所有账户的借贷发生额双方也必须保持平衡；所有账户的借方期末余额合计数与贷方期末合计数也必然是相等的。

（4）可以设置和运用双重性质的账户。在借贷记账法下，账户按经济性质一般分为资产、负债、所有者权益和损益四类。但为了灵活地处理账务，也可以设置和运用既可以是资产又可以是负债的双重性质的账户，如果是借方余额，就是资产类账户；相反，如果是贷方余额，则是负债类账户。

三、借贷记账法的账户结构

（一）资产类账户

资产类账户是反映企业各种资产增减变化及其结果的账户。该类账户借方登记增加额，贷方登记减少额，账户若有余额，一般在借方（与登记增加金额在同一方向），表示期末资产的实有余额。资产类账户结构见表3-1。

表3-1　资产类账户结构

借方　资产类账户	贷方
期初余额 本期资产增加额 …	本期资产减少额 …
本期发生额合计 期末余额（资产实有合计余额）	本期发生额合计

资产类账户的期末余额可根据下列公式计算。

借方期末余额＝借方期初余额＋借方本期发生额－贷方本期发生额

（二）负债类账户

负债类账户是反映企业各种负债的形成、归还和实有情况的账户。该类账户贷方登记增加额，借方登记减少额，账户若有余额，一般在贷方，表示期末负债实有额。负债类账户结构见表3-2。

表3-2　负债类账户结构

借方　负债类账户	贷方
本期负债减少额 …	期初余额 本期负债增加额 …
本期发生额合计	本期发生额合计 期末余额（负债实有额）

负债类账户的期末余额可根据下列公式计算。

贷方期末余额＝贷方期初余额＋贷方本期发生额－借方本期发生额

（三）所有者权益类账户

所有者权益类账户是反映企业各种所有者权益增减变化以及其实有数额的账户。其账户的结构与负债类账户的结构相同，见表3-3。

表 3-3　所有者权益类账户结构

借方	所有者权益类账户　贷方
本期所有者权益减少额 …	期初余额 本期所有者权益增加额 …
本期发生额合计	本期发生额合计 期末余额（所有者权益实有额）

所有者权益类账户的期末余额计算公式与负债类账户期末余额的计算公式相同。

（四）成本类账户

成本类账户是反映企业各项成本的发生和结算情况的账户。该类账户的记录方法与资产类类同，成本的增加额记入账户的借方，减少额记入账户的贷方，期末若有余额一般在借方。成本类账户结构见表 3-4。

表 3-4　成 本 类 账 户 结 构

借方　成本类账户	贷方
期初余额 本期成本增加额 …	本期成本减少额 …
本期发生额合计 期末余额	本期发生额合计

需要指出，有些成本类账户，如“制造费用”在费用结转后，没有期末余额。

（五）损益类账户

损益类账户是反映企业各项收入、支出、费用的发生和结转情况的账户。可分为收益类账户和费用支出类账户。

收益类账户的结构与负债和所有者权益类账户的结构基本相同，贷方登记收益的增加数，借方登记收益的抵减数或转销数；所不同的是，会计期末当收益转销后，收益类账户没有期末余额。收益类账户结构见表 3-5。

表 3-5　收 益 类 账 户 结 构

借方　收益类账户	贷方
本期收益减少额或转销额 …	本期收益增加额 …
本期发生额合计	本期发生额合计

费用支出的发生将抵减所有者权益，在性质上与所有者权益相反。因此，费用支出类账户的结构与所有者权益类账户的结构相反，与资产类和成本类账户的结构相同：借方登记支出、费用的增加数，贷方登记其抵减数或转销数；所不同的是，该类账户期末结转支出、费用后，没有期末余额。费用支出类账户结构见表 3-6。

表 3-6 **费用支出类账户结构**

借方 费用类账户	贷方
本期费用增加额 …	本期费用减少额或转销数 …
本期发生额合计	本期发生额合计

上述五类账户的基本结构可汇总归纳见表 3-7。

表 3-7 **各类账户的基本结构**

借方 各类账户的基本结构	贷方
资产、成本、费用支出的增加 负债、所有者权益、收入的减少	负债、所有者权益、收入的增加 资产、成本、费用支出的减少

总之，借贷记账法下，将所有的账户分为借方和贷方两个基本部分；哪方记增加，哪方记减少，是由账户的性质决定的；不同性质的账户可在不同的余额方向上得到基本区分，即借方余额表示资产类账户，贷方余额表示负债和所有者权益账户，损益类账户结转后没有余额。

四、借贷记账法的记账规则

借贷记账法作为复式记账法，对发生的每一项经济业务在两个或两个以上的相互联系的账户中进行记录，即在一个账户中记借方，同时在另一个或几个账户中记贷方，或者在一个账户中记贷方，同时在另一个或几个账户中记借方。这就形成了借贷记账法的记账规则，就是“有借必有贷，借贷必相等”。

运用借贷记账法的记账规则记录每一项经济业务时，应注意：第一，首先分析经济业务的性质，根据经济业务的内容，确定所涉及的账户的类别。第二，确定经济业务涉及哪几个账户，应在哪几个账户中反映增加，哪几个账户中反映减少。第三，根据账户的结构，确定哪个账户记借方，哪个账户记贷方。

现举例说明借贷记账法的记账规则如下。

【例 3-1】 从银行提取现金 1 000 元。

这是一项资产内部一增一减的业务，它涉及“库存现金”和“银行存款”两个资产类账户，资产“库存现金”的增加额记入账户的借方，而资产“银行存款”的减少额记入账户的贷方。因此，应记录该笔业务如下。

借：库存现金　1 000

　　贷：银行存款　1 000

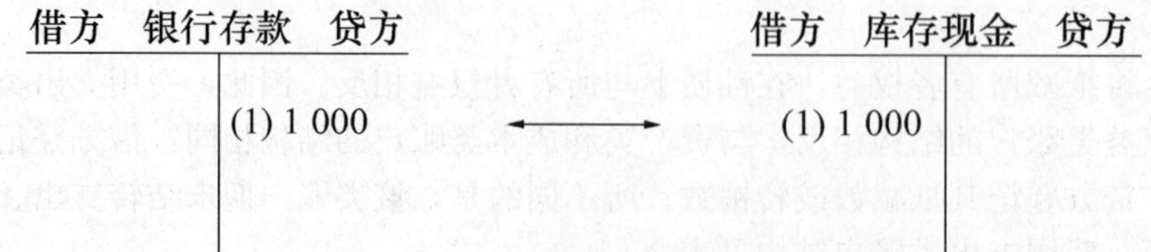

【例 3-2】 用银行存款归还以前所欠的 A 单位的账款 5 000 元。

这是一项资产和负债同时减少的业务，它涉及“银行存款”这个资产类账户和“应付账款”这个负债类账户。银行存款的减少记入账户的贷方，应付账款的减少记入账户的借方。因此，应记录该笔业务如下。

借：应付账款　5 000

　　贷：银行存款　5 000

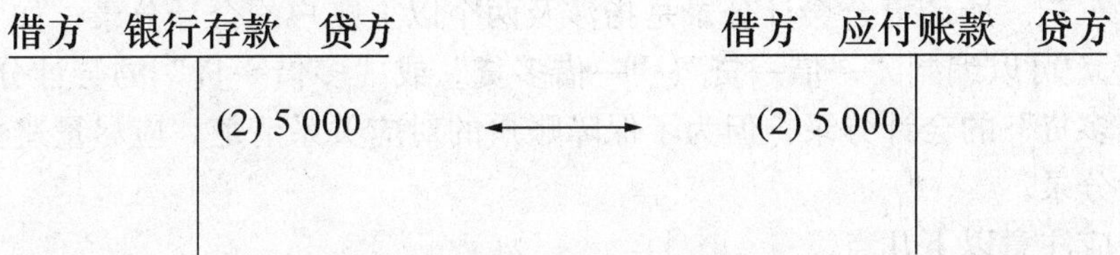

【例 3-3】 某企业接受 B 单位投入资本金 2 万元，存入银行。

这是一项资产和所有者权益同时增加的业务，它涉及“银行存款”这个资产类账户和“实收资本”这个所有者权益类账户。银行存款的增加记入该账户的借方，实收资本的增加记入该账户的贷方。因此，应记录该笔业务如下。

借：银行存款　　20 000

　　贷：实收资本　　20 000

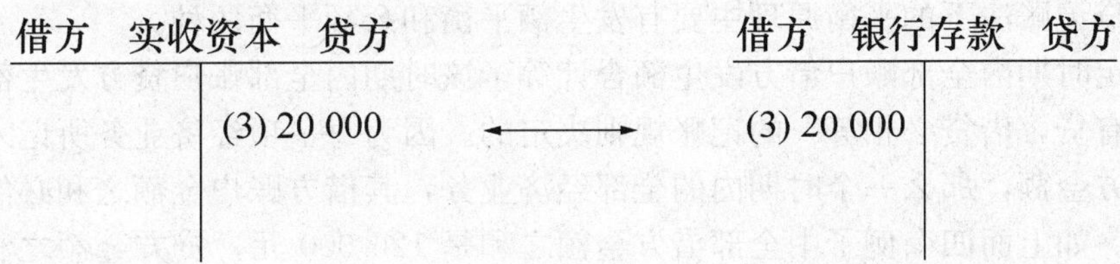

【例 3-4】 某企业购买一台设备，价值 100 000 元，用银行存款支付 60 000 元，其余款项暂欠。

这项经济业务涉及“固定资产”、“银行存款”两个资产类账户和“应付账款”这个负债类账户。固定资产的增加记入该账户的借方，银行存款的减少记入该账户的贷方，应付账款的增加记入账户的贷方。因此，应记录该笔业务如下。

借：固定资产　　100 000

　　贷：银行存款　　60 000

　　　　应付账款　　40 000

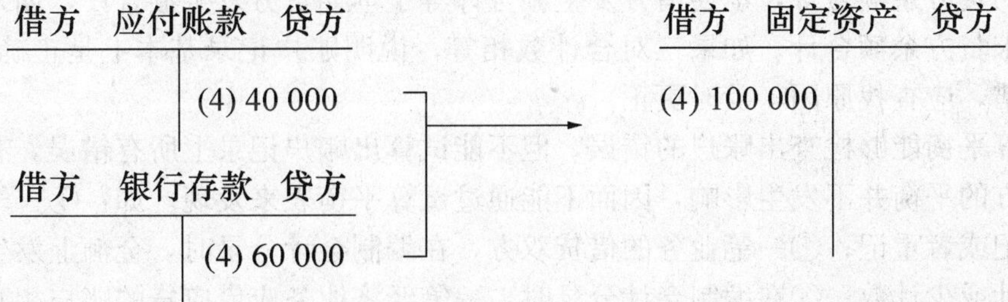

通过以上的举例，可以看出在记录经济业务时，在有关账户之间存在着应借、应贷的联系。账户之间的这种相互依存关系，称为账户的对应关系。构成对应关系的账户称为对应账户。例如，上述几个例子中的借方账户分别和它们的贷方账户就相互成为对应账户，通过账户之间的这种对应关系，可以了解经济业务的内容及其内在的联系，也便于进行账务处理和检查记账的对错。这种对发生的每一项经济业务，在记账凭证中指明应记账户的名称、方向和金额的记录就称为会计分录。会计分录按其所反映的经济业务的复杂程度不同，可分为简单会计分录和复合会计分录两种。所谓简单会计分录是指一项经济业务发生后，只有一个借方账户和一个贷方账户相对应的会计分录，如上述的［例 3-1］、［例 3-2］和［例 3-3］。所谓复合会计分录是指涉及两个以上账户的会计分录，如［例 3-4］。在借贷记账法下，可以编制“一借一贷”、“一借多贷”或“多借一贷”的会计分录，必要时可以编制“多借多贷”的会计分录。但为了保障账户的对应关系清楚，应尽量避免使用“多借多贷”的会计分录。

在编制会计分录时应注意以下几点。

（1）账户名称应该书写齐全。

（2）先写借方科目后写贷方科目，借贷错格写。

（3）同方向的账户名称对齐，金额对齐。

（4）不能把不同性质的经济业务合并编制多借多贷的复合分录。

五、借贷记账法的试算平衡

借贷记账法试算平衡是运用借贷记账规则和会计等式的原理检查验证各个账户记录是否正确的一种方法。借贷记账法下的平衡原理主要有发生额平衡和余额平衡两种。

发生额平衡指一定时期内全部账户借方发生额合计等于该时期内全部账户贷方发生额合计。这是由“有借必有贷，借贷必相等”的记账规则决定的。因为每一项经济业务所记入账户的借方金额等于贷方金额，那么一个时期内的全部经济业务，其借方账户金额之和必然等于贷方账户金额之和。如上面四个例子中全部借方金额之和是 126 000 元，贷方金额之和也是 126 000 元。发生平衡关系可用公式表示如下。

全部账户借方本期发生额合计＝全部账户贷方本期发生额合计

余额平衡是指一个时期末全部账户借方余额合计等于该期末全部账户贷方余额合计。这是由“资产＝权益”的会计等式决定的。因为期末全部账户借方余额合计即资产总额，全部账户贷方余额合计即权益总额，这两个总额始终必然相等。余额平衡关系可用公式表示如下。

全部账户期末借方余额合计＝全部账户期末贷方余额合计

借贷记账法下的发生额平衡和余额平衡，可通过编制“总分类账户本期发生额及余额平衡表”来试算平衡。该表的格式见表 3-8。该表有六个合计数，三对平衡金额，即：期初借方余额合计等于期初贷方余额合计，本期借方发生额合计等于本期贷方发生额合计，期末借方余额合计等于期末贷方余额合计。如果三对合计数相等，说明账户记录基本上是正确的，否则，证明一定有错，应查找原因，及时更正。

应当指出，试算平衡能够检查出账户的错误，但不能试算出账户记录上所有错误。有许多错误对于借贷双方的平衡并不发生影响，因而不能通过试算平衡表来发现。如：①一笔业务的记录全部被漏记或者重记；②一笔业务的借贷双方，在编制会计分录时，金额上发生同样的错误，同时多计或少计数；③在编制会计分录时，一笔经济业务应借应贷的账户相互颠倒，发生计账方向错误；④误用了账户的名称等。由于账户记录可能存在这些不能由试算平衡表来发现的错误，所以还需要对一切会计记录进行日常或定期的复核，以保证账面记录的正确性。

表 3-8　　总分类账户本期发生额及余额平衡表　　年　月　日

账户名称	期初余额		本期发生额		期末余额	
	借方	贷方	借方	贷方	借方	贷方
合　计						

第三节　总分类账户和明细分类账户的平行登记

账户按照对经济业务内容反映的详细程度不同，可以划分为总分类账户与明细分类账户，总分类账户与明细分类账户应该进行平行登记。

一、总分类账户与明细分类账户的关系

（一）总分类账户

总分类账户是根据一级会计科目开设的，用来对各会计要素的具体内容的变化情况进行总括记录的账户。例如“原材料”、“应付账款”等账户，总分类账户只按价值指标进行计量。

（二）明细分类账户

为了满足企业经济管理的需要，会计核算既要设置总分类账户，又要设置明细分类账户。明细分类账户是用来对各会计要素的具体内容的变化情况进行详细记录的账户。明细分类账户是对总分类账户所作的更详细的分类，是对总分类账内容的细项进行核算，是总分类账户的补充。如“应付账款”按债权人设置明细账户。明细分类账户应根据重要性原则，有粗有细。明细账户可视需要进行再分类设置三级、四级明细账，如“固定资产”账户，除设总分类账户外，还需要按大类“经营用固定资产”、“非经营用固定资产”、“租出固定资产”、“未使用固定资产”、“不需要固定资产”、“融资租入固定资产”等设置二级明细账户，再按固定资产名称设置三级明细分类账户。

（三）总分类账户与明细分类账户的关系

在会计核算中，并非所有的总分类账户都需要开设明细账户。但对于需要开设明细分类账户的总分类账户来说，这种需要本身就决定了总分类账户与其所属的明细分类账户之间必然有着密切的关系。它们记录相同的经济内容，提供相互补充的核算资料，明细分类账户提供明细核算资料，前者是对后者的综合，后者是对前者的具体化。因此，总分类账户对其所属的明细分类账户起着统驭和控制的作用，而明细分类账户对其总分类账户起着辅助和补充的作用。

二、总分类账户与明细分类账户的平行登记

根据总分类账户与其所属的明细分类账户之间的上述关系，在会计核算中，为了便于进行账户记录的核对，保证核算资料的完整性和正确性，总分类账户与其所属明细分类账户必须采用平行登记的方法。也就是说，根据记账凭证一方面要登记有关总分类账户，同时又要

登记该总分类账户所属有关明细分类账户。

总分类账户与明细分类账户的平行登记的要点和方法如下。

1. 时期一致

企业对发生的每一笔经济业务，一定要按发生时期在总分类账户中进行登记，同时，也要按发生日期在其所属明细分类账户中进行登记，所登记的时期必须一致。

2. 方向相同

对于每一项经济业务，记入总分类账户的方向应与记入所属明细分类账户的方向一致。即：如果总分类账户的金额记入借方（或贷方），明细分类账户也应当记入借方（或贷方）。

3. 金额相等

企业对每一项经济业务登记某一总分类账户的金额，应当与其所属明细分类账户的金额之和相等。

4. 依据相同

登记总分类账户的依据是根据这笔经济业务的记账凭证，而登记明细分类账户的依据则为记账凭证及其所附的原始凭证，它们的依据是同一原始凭证。

下面以“应收账款”账户为例来说明总账与明细账的平行登记，举例如下。

【例 3-5】 某企业 1 月初“应收账款”账户的借方余额是 9 000 元，其中，应收 A 厂 3 000元，应收 B 厂 6 000 元。

本月发生了下列经济业务。

(1) 25 日，向 A 厂销售产品，售价 4 000 元，货已发出，货款尚未收到。

(2) 29 日，收到 A 厂交来货款 5 000 元，收到 B 厂交来货款 2 000 元。

对以上经济业务进行平行登记，见表 3-9、表 3-10 和表 3-11。

表 3-9 **“应收账款”总分类账户**

账户名称：应收账款　　单位：元

年		凭证字号	摘　要	借方	贷方	借或贷	余额
月	日						
1	1		期初余额			借	9 000
	25	转 1	销售产品	4 000		借	13 000
	29	收 3	收　款		7 000	借	6 000
	31		本期发生额及余额	4 000	7 000	借	6 000

表 3-10 **“应收账款”明细账户**

明细分类账户名称：A 厂　　单位：元

年		凭证字号	摘　要	借方	贷方	借或贷	余额
月	日						
1	1		期初余额			借	3 000
	25	转 1	销售产品	4 000		借	7 000
	29	收 3	收　款		5 000	借	2 000
	31		本期发生额及余额	4 000	5 000	借	2 000

表 3-11　　**"应收账款"明细账户**

明细分类账户名称：B厂　　单位：元

年		凭证字号	摘　要	借方	贷方	借或贷	余额
月	日						
1	1		期初余额			借	6 000
	29	收 3	收　　款		2 000	借	4 000
	31		本期发生额及余额		2 000	借	4 000

三、总分类账户与明细分类账户登记结果的平衡试算

总分类账户与所属明细分类账户采取了平行登记的方法，登记的结果对不对，是否平衡，需要通过编制"本期发生额及余额平衡表"（见表 3-12）来进行计算。

表 3-12　　**"应收账款"发生额及余额平衡表**　　单位：元

明细账户	期初余额		本期发生额		期末余额	
	借方	贷方	借方	贷方	借方	贷方
A　厂	3 000		4 000	5 000	2 000	
B　厂	6 000			2 000	4 000	
合计（总账）	9 000		4 000	7 000	6 000	

总分类账户与所属明细分类账户本期发生额及余额平衡关系式为

总分类账户期初借(贷)方余额＝所属明细分类账户期初借(贷)方余额之和

总分类账户本期借(贷)方发生额＝所属明细分类账户本期借(贷)方发生额之和

总分类账户期末借(贷)方余额＝所属明细分类账户期末借(贷)方余额之和

通过这两种平衡关系的试算，可以查明总分类账户与所属明细分类账户平行登记是否正确、完整。如果发现不平衡，应立即查明原因予以更正。

本　章　小　结

复式记账法，就是对发生的每一项经济业务都以相等的金额同时在两个或两个以上相互联系的账户中进行登记，以系统地、全面地反映每一项经济业务所引起的资产和权益变化情况及结果的一种方法。主要包括借贷记账法、增减记账法和收付记账法。借贷记账法是以"借"和"贷"作为记账符号来反映会计要素增减变动情况的一种复式记账法。借贷记账法的特点是：用"借"和"贷"作为记账符号；以"有借必有贷，借贷必相等"作为记账规则；可以设置和运用双重性质的账户。对发生的每一项经济业务，在记账凭证中指明应记账户的名称、方向和金额的记录就称为会计分录。会计分录按其所反映的经济业务的复杂程度不同，可分为简单会计分录和复合会计分录两种。借贷记账法试算平衡是运用借贷记账规则和会计等式的原理检查验证各个账户记录是否正确的一种方法。借贷记账法下的平衡原理主要有发生额平衡和余额平衡两种。

总分类账户是根据一级会计科目开设的，用来对各会计要素的具体内容的变化情况进行总括记录的账户。明细分类账户是对总分类账户所作的更详细的分类，是对总分类账内容的细项进行核算，是总分类账户的补充。总分类账户对其所属的明细分类账户起着统驭和控制的作用，而明细分类账户对其总分类账户起着辅助和补充的作用。总分类账户与明细分类账户的平行登记的要点和方法是：①时期一致；②方向相同；③金额相等；④依据相同。

复习与思考

1. 什么是复式记账法？
2. 什么是借贷复式记账法？借贷复式记账法的特点有哪些？
3. 简述借贷复式记账法下各类账户的结构。
4. 什么是会计分录？什么是账户对应关系？
5. 什么是账户的平行登记？平行登记的要点有哪些？
6. 什么是账户的试算平衡？主要包括哪些方法？

练　习　题

1. 某公司201×年3月1日资产总额150 000元，负债总额60 000元，所有者权益总额90 000元。3月发生如下经济业务。

(1) 投资人投入资金50 000元，存入银行。

(2) 购买原材料一批，价值5 000元，材料已入库，款项未付。

(3) 以银行存款偿还前欠料款6 000元。

(4) 从银行提取现金2 000元，以备零用。

(5) 收到购货单位偿付的前欠贷款5 000元，存入银行。

(6) 以银行存款10 000元，购买设备一台，交付使用。

(7) 采购员预借差旅费1 000元，以现金支付。

(8) 从银行取得短期借款20 000元，用以偿还前欠贷款。

(9) 将资本公积4 000元转增资本。

(10) 从银行取得短期借款10 000元，款项存入银行。

要求：分析上述经济业务对各项会计要素的增减变动的影响。

2. 分析下列会计科目的性质，并进行分类。将分类结果填入表3-13中。

原材料	应收账款	预收账款
预付账款	生产成本	库存商品
实收资本	资本公积	主营业务成本
固定资产	应付账款	
制造费用	应付票据	
财务费用	管理费用	

表 3-13　**分类结果表**

资产类	
负债类	
所有者权益类	
成本类	
损益类	

3. 某公司 201×年 12 月 31 日有关账户的资料见表 3-14。要求：根据账户期初余额、本期发生额和期末余额的计算方法，填列表格中的括号处。

表 3-14　**某公司 201×年 12 月 31 日账户余额及发生额表**　单位：元

账户名称	期初余额		本期发生额		期末余额	
	借方	贷方	借方	贷方	借方	贷方
长期股权投资	400 000		220 000	10 000	（　）	
银行存款	60 000		（　）	80 000	90 000	
应付账款		80 000	70 000	60 000		（　）
短期借款		45 000	（　）	10 000		30 000
应收账款	（　）		30 000	50 000	20 000	
实收资本		350 000	—	（　）		620 000
其他应收款		25 000	25 000	—		（　）

4. 某公司 201×年 8 月 31 日的资产、负债和所有者权益账户余额如下：资产为 500 000 元，负债为 200 000 元，所有者权益为 300 000 元，该公司 9 月份发生下列经济业务。

（1）从银行提取现金 500 元备用。

（2）以银行借款 10 000 元偿付所欠供应单位账款。

（3）将 50 000 元的盈余公积金转增资本，有关手续已经办妥。

（4）赊购材料 8 000 元入库。

（5）以银行存款 5 000 元偿付前所欠货款。

（6）接受一台捐赠的机器设备，确认的资产价值为 40 000 元。

（7）企业依法以银行存款退回 W 公司原投资额 2 000 元。

（8）核算本期应缴销售税费 20 000 元。

（9）将一笔 80 000 元的长期借款转为对企业投资。

要求：分析上述经济业务对会计恒等式的影响，并计算上述业务发生后，会计等式中各要素的金额，验证其是否平衡。

5. 某股份有限公司 201×年 1 月 1 日各账户的期初余额见表 3-15。

假设该公司 1 月发生如下所述的四项业务。

（1）1 月 3 日，公司出纳将现金 2 000 元存入银行。

（2）1 月 5 日，用银行存款支付上月所欠的购货款 500 000 元。

（3）1 月 10 日收到上月销售产品的价款 10 000 元，款项当日存入银行。

表 3-15 **期初余额表**

资产		负债和所有者权益	
库存现金	10 000	应付账款	280 000
银行存款	150 000	实收资本	600 000
应收账款	200 000		
原材料	20 000		
固定资产	500 000		
合 计	880 000	合 计	880 000

(4) 用银行存款转账支付的方式购买一项固定资产，价值为 200 000 元。

要求：开设“T”字账户，登记各账户的期初余额、本期发生额，并计算各账户的期末余额。

6. 某公司 201×年 3 月发生如下经济业务。

(1) 从银行提取现金 10 000 元。

(2) 向银行借入短期借款 100 000 元，款项已存入银行。

(3) 投资者追加投资 200 000 元，款项已存入银行。

(4) 购入原材料 50 000 元，货款暂欠。

(5) 以银行存款偿还短期借款 50 000 元。

要求：用“T”形账户反映各类账户借方和贷方的变动情况。

7. 某公司 201×年 4 月发生如下经济业务。

(1) 以银行存款支付上月税金 80 000 元。

(2) 用银行存款支付前欠货款 50 000 元。

(3) 销售产品 150 000 元，货款已存入银行。

(4) 投资者追加投资 50 000 元，款项存入银行。

(5) 收回前欠货款 40 000 元，存入银行。

要求：编制会计分录。

第四章　制造业主要经济业务的核算

学习目标

（1）掌握资金筹集业务的核算。
（2）掌握生产供应过程的核算。
（3）掌握生产准备过程的核算。
（4）掌握生产过程的核算。
（5）掌握销售过程的核算。
（6）掌握其他主要经济业务的核算。
（7）掌握财务成果的核算。

第一节　企业资金筹集业务的核算

一、筹集资金的主要经济业务

一个企业要进行正常的生产运营，首要条件是要有一定的资金，企业资金的来源主要有两种方式：所有者投入和举借债务。前者形成企业的主权资本，是所有者权益的组成部分；后者形成企业的债务资本为负债。在资金筹集过程中，会计的核算主要设置的账户有：所有者权益类账户为"实收资本（股本）"、"资本公积"；负债类账户为"长期借款"、"短期借款"等。

二、投入资本的核算

投入资本也称实收资本或股本，是投资者实际投入企业的资本，是维持企业正常生产经营所需资金的主要来源之一。不同的企业组织形式，对投入资本的确认基础是不同的。独资企业和合伙企业的投资可以根据其实际的出资额或协议的出资额进行确认，投资者对企业承担的责任不以出资额为限，承担无限责任，因而对投入资本的确认比较简单与直接。公司制企业的特点是所有权与经营权相分离，法律上赋予股东以其出资额为限，承担有限责任，因而对投入资本的核算和管理至关重要。在非股份制企业一般用"实收资本"这个科目，"股本"用于股份制企业的账户设置中，两者在性质上是相同的。对于实际收到的投资金额超过投资者在企业注册资本中所占份额的部分计入"资本公积"。

（一）投入资本的主要账户设置

有限责任公司和股份制公司为了反映和控制企业投入资本的增加或减少以及由此为企业带来的经营结果，应该设置"实收资本"或"股本"账户。该账户贷方反映所有者对企业进行投资或追加投资、资本公积转增资本和盈余公积转增资本，借方反映所有者对企业减资额。该账户的余额一般在贷方，表示在期末这个特定的时点上所有者投资的实际数额。该账户往往根据投资者设立三栏式明细账，进行明细分类核算。"实收资本"（"股本"）账户结构见表 4-1。

表4-1 实收资本（股本）

	期初余额：期初资本的实有数
本期发生额：本期投资者对企业的减资额	本期发生额：收到投资者对企业进行投资或投资的增加额
	期末余额：期末资本的实有数

（二）投入资本的账务处理

1. 有限责任公司“实收资本”的核算

“实收资本”是所有者权益类账户，其贷方登记投资者的初始投资和追加投资，借方登记投资者投资的减少，期末余额一般在贷方，表示投资者的实际投资额。

（1）企业接受现金资产投资。企业收到投资者以现金投入的资产时，按实际收到或存入企业开户银行的金额作为投资者的实际投入资本额入账，即所有者权益项目“实收资本”的增加，同时企业“库存现金”或“银行存款”这项资产也在增加。

对于实际收到或存入企业开户银行的金额超过投资者在企业注册资本中所占份额的部分，应当计入“资本公积”。

【例4-1】 A企业收到B企业投资1 000 000元，款项已经存入银行。

借：银行存款　　1 000 000

　　贷：实收资本——B企业　　1 000 000

（2）企业接受实物资产投资。企业接受实物资产投资，在办理完实物产权转移手续后，应按照投资合同或者协议约定的价值确定投资者的投入资本和在注册资本中应享有的份额，贷记“实收资本”科目，企业接受的实物资产，借记为“固定资产”、“原材料”、“库存商品”等科目。

对于投资各方确认的实物资产价值超过其在注册资本中所占份额的部分，应当计入“资本公积”。

【例4-2】 A企业收到B企业投入的旧机器设备一台，该设备原值800 000元，评估确认的价值为600 000元。

借：固定资产　　600 000

　　贷：实收资本——B企业　　600 000

（3）企业接受无形资产投资。企业在收到无形资产投资时，应按照投资合同或者协议约定的价值确定投资者的投入资本和在注册资本中应享有的份额，借记“无形资产”科目，贷记“实收资本”科目。对于投资各方确认的无形资产的价值超过其在注册资本中所占份额的部分，应当计入“资本公积”。

【例4-3】 A有限公司从事经营活动两年后接受B企业的专利权投资，该专利权的账面价值为200 000元，双方经协商确认的价值为180 000元。

借：无形资产　　180 000

　　贷：实收资本——B企业　　180 000

（4）企业接受外币资产投资。企业接受外币资产投资时，应将实际收到的外币款项折算为人民币作为资产入账，相应增加“实收资本”。借记“银行存款”，贷记“实收资本”。

2. 股份有限公司“股本”的核算

与其他企业相比，股份有限公司的显著特点在于将企业的资本划分为等额股份，并通过发行股票的方式来筹集资金。股票的面值与股份总数的乘积为公司股本，股份有限公司的注册资本为股本。为了反映公司的股本情况，股份有限公司应设置“股本”科目进行核算。

(1) 公司发行股票筹集资金的核算。我国的法律规定，股份有限公司应当在核定的股本总额及核定的股份总额的范围内发行股票。当发行股票收到现金时，应按照实际收到或存入企业开户银行的金额，借记“库存现金”或“银行存款”科目，按股票面值与核定的股份总数的乘积计算的金额，贷记“股本”科目。按照收到的现金资产与股本之间的差额，贷记“资本公积——股本溢价”科目。

【例4-4】 A股份有限公司发行面值为1元的股份500 000股，实际收到现金1 000 000元存入开户银行。

借：银行存款　　1 000 000
　贷：股本　　500 000
　　资本公积——股本溢价　　500 000

(2) 境内发行外资股公司股本的核算。在境内发行外资股的公司，收到以外币投资的股款时，应按照收到股款当日的汇率折算为人民币金额，借记“库存现金”或“银行存款”科目，按照确定的人民币股票面值与核定的股份总数的乘积计算的金额，贷记“股本”科目。

按收到外币投资股款当日的汇率折算为人民币的金额与按照人民币计算的股本之间的差额，贷记“资本公积——股本溢价”科目。

【例4-5】 A股份有限公司发行面值为1元的外资股100 000股，实际收到美元100 000元存入开户银行。当日的汇率为1美元=6.5人民币。

借：银行存款——美元户（100 000×6.5）　　650 000
　贷：股本　　100 000
　　资本公积——股本溢价　　550 000

3. 资本公积的核算

资本公积是属于全体所有者拥有、由非损益转化而形成的资本。资本公积的来源主要包括：资本（或股本）溢价和直接计入所有者权益的利得和损失等。这种利得和损失是指不应计入当期损益、会导致所有者权益发生增减变动的、与所有者投入资本或者向所有者分配利润无关的利得和损失。资本公积的核算为：资本溢价（或股本溢价）的核算、其他资本公积的核算和资本公积转增资本的核算等。“资本公积”账户贷方登记由于各种因素影响资本公积增加的金额；借方登记因为各种因素影响资本公积减少的金额；期末余额一般在贷方。该账户按照资本公积影响因素的类别设立三栏式明细账，进行明细分类核算。“资本公积”账户结构见表4-2。

表4-2　资　本　公　积

	期初余额：期初资本公积的实有数
本期发生额：本期资本公积的降低额	本期发生额：本期资本公积的增加额
	期末余额：期末资本公积的实有数

资本公积的账务处理如下。

①资本（或股本）溢价的核算。有限责任公司资本溢价的账务处理。当企业收到投资者投入的资金时，按照实际收到的金额或确认的价格，借记“银行存款”、“库存商品”、“固定资产”、“无形资产”等科目，依据投资者在注册资本中所占的份额，贷记“实收资本”科目，二者之间的差额，贷记“资本公积——资本溢价”科目。

【例4-6】 甲有限责任公司注册资本为1亿，乙企业向其投资1 500万，占有10%的注册资本份额。

借：银行存款　15 000 000

　贷：实收资本——乙企业　10 000 000

　　　资本公积——资本溢价　5 000 000

股份有限公司股本溢价的账务处理。当企业溢价发行股票在收到资产时，按照实际收到的金额，借记“库存现金”、“银行存款”等科目，按照股票面值和核定的股份总数的乘积计算的金额，贷记“股本”科目，其溢价部分，贷记“资本公积——股本溢价”科目。如果是在境内发行外资股的公司，在收到外资款时，依照收到股款的当天汇率折合的人民币金额，借记“库存现金”、“银行存款”等科目，按照确定的人民币股票面值与核定的股份总数的乘积计算的金额，贷记“股本”科目，其差额部分，贷记“资本公积——股本溢价”科目。

②其他资本公积的核算。其他资本公积主要指直接计入所有者权益的利得和损失。

③资本公积转增资本的核算。经股东大会或类似机构决定，用资本公积转增资本时，应该冲减资本公积，同时按照转增前的实收资本（或股本）的结构或比例，将转增的资本分别计入各所有者的明细分类账中。

三、借入资金的核算

如前所述，借入资金是企业筹集资金的另一个重要来源；它形成了企业的一项负债，属于负债类账户。按其偿还期的长短可以分为长期借款和短期借款两类。主要设置的科目为“长期借款”和“短期借款”科目，按照债权人的不同来设立三栏式明细账户。

（一）借入资金的主要账户设置

1.“长期借款”账户

长期借款是指企业向银行等金融机构举借的偿还期限超过一年的借款。“长期借款”贷方登记企业向银行等金融机构举借的长期贷款本息数额，借方登记企业已经向银行等金融机构归还的长期贷款本息数额；期末余额一般在贷方，表明期末还有没向银行等金融机构归还的借款数额。本科目按照借款单位和贷款种类设置明细分类账。“长期借款”账户结构见表4-3。

表4-3　**长　期　借　款**

借方	贷方
	期初余额：期初尚未归还的长期借款额
本期发生额：本期归还的长期借款本息额	本期发生额：本期借入的长期借款本息额
	期末余额：期末尚未归还的长期借款额

2.“短期借款”账户

短期借款是指企业在生产经营活动中，有时为了弥补生产中周转资金的不足或者为了抵偿某项到期债务，经常会向银行等金融机构举借偿还期限在一年以内（含一年）的借款。“短期借款”贷方登记企业向银行等金融机构举借的短期贷款数额，借方登记企业已经归还的短期借款数额；期末余额一般在贷方，表示期末企业没有归还的借款数额。本科目按照借款种类、贷款人和币种进行明细分类核算。“短期借款”账户结构见表4-4。

表4-4　短期借款

	期初余额：期初尚未归还的短期借款额
本期发生额：本期归还的短期借款额	本期发生额：本期借入的短期借款额
	期末余额：期末尚未归还的短期借款额

（二）借入资金的账务处理

1. 长期借款的会计核算

企业向银行或金融机构借入偿还期限超过一年的款项时，按借到的实际金额，借记“银行存款”，贷记“长期借款”；当企业归还长期借款时，借记“长期借款”，贷记“银行存款”。

【例4-7】 A企业2011年1月1日向工商银行借入资金1 000 000元，期限三年，2014年1月1日该笔借款到期，一次性归还借款。

2011年1月1日

借：银行存款　1 000 000

　　贷：长期借款——工商银行　1 000 000

2014年1月1日

借：长期借款——工商银行　1 000 000

　　贷：银行存款　1 000 000

2. 短期借款的会计核算

企业向银行或金融机构借入偿还期限为一年或一年以内的借款时，按照实际收到的这笔借款，借记“银行存款”，贷记“短期借款”；当企业归还款项时，借记“短期借款”，贷记“银行存款”。

【例4-8】 A企业2011年3月1日向某金融机构借入资金500 000元，期限5个月，8月1日借款到期，归还款项。

2011年3月1日

借：银行存款　500 000

　　贷：短期借款——某金融机构　500 000

2011年8月1日

借：短期借款——某金融机构　500 000

　　贷：银行存款　500 000

第二节　生产供应过程的核算

一、生产供应过程的主要经济业务

企业要进行正常的生产经营活动，第一个阶段就是生产供应过程。在这个过程中，企业的主要经济活动和与之相关的经济业务会计处理如下。

（1）购买材料。依据增值税专用发票上注明的材料价款和增值税额进行结算。

（2）支付材料采购的各项相关费用。主要有运杂费、运输途中的合理损耗、入库前的整理挑选费用和税金以及其他可以直接归属于材料采购的费用。在税金中不包括可以进行抵扣的增值税进项税额。在各项相关费用中，运杂费是材料的主要采购费用，它包括运输费、装卸费、包装费、保险费等。在进行会计处理时，运杂费中需要纳税的部分，企业应当按照税法规定纳税。

（3）计算和结转材料采购的成本。材料的采购成本包括购买材料的价款和材料采购的各项相关费用两部分。

二、生产供应过程核算应设置的主要账户

企业要顺利地开展生产经营活动必须提前购买和储存一定的原料。在材料采购经济业务中，会涉及购买方与客户或供应商的经济业务关系。一方面企业从客户或供应商那里购进各种材料，另一方面企业需要对材料采购的成本进行核算。有关材料采购的经济业务的核算，涉及以下账户。

（一）“材料采购”账户

“材料采购”账户主要反映和控制企业向客户或供应商购买材料的买价和相关的采购费用。该账户既是资产类账户，又是成本核算账户。借方登记购入的材料价款和相关费用，即登记材料采购的各项实际支出；贷方登记入库材料的实际采购成本；如果有余额，期末余额一般在借方，表示尚未验收入库的在途材料。该账户一般按照材料种类设置多栏式明细账。“材料采购”账户结构见表 4-5。

表 4-5　　材　料　采　购

期初余额：期初在途材料成本	
本期发生额：本期发生的采购成本	本期发生额：本期结转入库材料的采购成本
期末余额：期末在途的材料成本	

（二）“原材料”账户

“原材料”账户主要反映和控制企业库存材料的增减变动和结存情况。借方登记由“材料采购”账户转入的、已经验收入库的材料的数额；贷方登记材料的日常发出和减少的数额；期末余额一般在借方，表示结存的库存材料的成本。该账户按照材料类别、品种、规格设置数量金额式明细分类账。“原材料”账户结构见表 4-6。

表 4-6　　原　材　料

期初余额：期初库存材料成本	
本期发生额：本期入库的材料成本	本期发生额：本期发出的材料成本
期末余额：期末库存的材料成本	

（三）“应付账款”账户

“应付账款”账户用来反映和控制企业因采购材料物资或接受劳务与客户或供应商发生结算而产生的债务的增减变动情况。该账户是负债类账户。贷方登记应付未付款项；借方登记偿还客户或供应商的款项；期末余额一般在贷方，表示尚欠客户或供应商的款项。其账户按欠款单位即债权人设置三栏式明细分类账。“应付账款”账户结构见表 4-7。

表 4-7　　应　付　账　款

	期初余额：期初尚未归还的款项
本期发生额：本期偿还客户或供应商的实际款项	本期发生额：本期应付款项的增加额
	期末余额：期末尚未偿付的款项

（四）“应付票据”账户

应付票据是指由于采购材料物资或接受劳务等而开出并承兑的商业汇票。“应付票据”账户反映企业与客户或供应商发生商业汇票形式的结算而产生的债务的增减变动情况。该账户是负债类账户。贷方登记企业开具和承兑的商业汇票款；借方登记偿还的商业汇票款；期末余额一般在贷方，反映企业尚未与客户或供应商进行结算的商业汇票款。同时企业应该在备查账簿中设置“应付票据登记簿”，用来反映企业开具商业汇票的日期、金额、利率、客户或供应商名称以及到期日的相关情况，并在结清应付票据的款项时，注销“应付票据登记簿”中相应金额。“应付票据”账户结构见表 4-8。

表 4-8　　应　付　票　据

	期初余额：期初尚未到期的商业汇票款
本期发生额：本期到期支付的或退回的已到期不能支付的转作应付账款的商业汇票款	本期发生额：本期开出并进行承兑的商业汇票款
	期末余额：期末尚未到期的商业汇票款

（五）“预付账款”账户

“预付账款”账户反映和控制企业向客户或供应商预先支付的用来购买材料物资或接受劳务等的款项。该账户是资产类账户。借方登记向客户或供应商预先支付的款项；贷方登记因收到材料物资或接受劳务等而相应冲销的原来预先支付的款项；期末余额一般在借方，表示尚未从客户或供应商那里收到材料物资或接受劳务等的预付款项。其账户按接受预付款的单位设置三栏式明细分类账。“预付账款”账户结构见表 4-9。

表 4-9　　预　付　账　款

期初余额：期初预付账款实有数	
本期发生额：本期预付账款的增加数	本期发生额：本期预付账款的减少或冲销额
期末余额：期末预付账款实有数	

（六）“应交税费——应交增值税”账户

“应交税费——应交增值税”账户，反映和控制的是企业在生产和销售过程中针对企业有关货物或劳务的增值部分所征的税。该账户是负债类账户。贷方登记企业发生销售行为时向购买方代扣的销项税、进项税额转出和出口退税额；借方登记企业因采购材料物资或接受劳务支付的进项税和实际上交的增值税；期末余额在贷方时，反映应该上交而未交纳的增值税；期末余额若在借方，反映多上交或尚未抵扣的增值税。该账户设置“进项税额”、“销项税额”、“已交税金”、“进项税额转出”和“出口退税”五个明细科目。增值税一般纳税人应交增值税为应纳税额的17%或13%。小规模纳税人按照销售额的一定比例征收，不存在抵扣税额。两者在会计处理上有差异，本教材只对一般纳税人缴纳增值税的会计处理作简单介绍，小规模纳税人缴纳增值税不进行分述。“应交税费——应交增值税”账户结构见表4-10。

表4-10　应交税费——应交增值税

期初余额：期初尚未抵扣或多上交的增值税额	期初余额：期初尚未交纳的增值税额
本期发生额：本期发生的进项税额和已交的税金	本期发生额：本期发生的销项税额、进项税转出额和出口退税额
期末余额：期末尚未抵扣或多上交的增值税额	期末余额：期末尚未交纳的增值税额

企业在采购材料物资或接受劳务的过程中除产生负债外，一定会引起流动资金的流出，如现金、银行存款、其他货币资金等，因此还应该设置相应的“库存现金”、“银行存款”、“其他货币资金”等账户。该类账户都是资产类账户。

（七）“库存现金”账户

“库存现金”账户的借方登记实际收到的现金资产；贷方登记实际减少或支付的现金资产；期末余额在借方，表示企业期末结存的现金资产。该账户设置日记账，一般有三栏式和多栏式两种格式。其账户结构见表4-11。

表4-11　库存现金

期初余额：期初结存的现金资产的实有数	
本期发生额：本期增加或收到的现金资产	本期发生额：本期减少或支出的现金资产
期末余额：期末结存的现金资产实有数	

（八）“银行存款”账户

“银行存款”账户借方登记实际收到或存入企业开户银行的现金资产；贷方登记从企业开户银行实际减少或支付的现金资产；期末余额一般在借方，表示企业期末结存在开户银行的现金资产。该账户设置日记账，一般有三栏式和多栏式两种格式。其账户结构见表4-12。

表4-12　银行存款

期初余额：期初结存在开户银行的现金资产的实有数	
本期发生额：本期收到或存入开户银行的现金资产	本期发生额：本期从开户银行减少或支出的现金资产
期末余额：期末结存在开户银行的现金资产实有数	

（九）“其他货币资金”账户

其他货币资金是指企业除现金、银行存款以外的各种货币资金，包括外埠存款、银行本票存款、银行汇票存款、信用证存款、信用卡存款和在途货币资金等。为了反映和监督其他货币资金的收支和结存情况，应设置“其他货币资金”科目，借方登记其他货币资金的增加数；贷方登记实际减少或支付的其他货币资金；期末余额在借方，表示企业期末其他货币资金结存数额。该账户按其他货币资金的种类设置明细分类账，一般有三栏式和多栏式两种格式。其账户结构见表 4-13。

表 4-13　　其他货币资金

期初余额：期初结存的其他货币资金的实有数	
本期发生额：本期增加或存入的其他货币资金	本期发生额：本期减少或支出的其他货币资金
期末余额：期末结存的其他货币资金的实有数	

三、供应过程的账务处理

现在以甲企业的 12 月份经济业务为例，说明生产供应过程的核算和材料采购成本的计算。

【例 4-9】 从乙企业采购进来 A 材料一批，单价 100 元，重 450 吨，共计 45 000 元；增值税发票上进项税额为 7 650 元；乙企业代垫的运费 1 000 元由本企业支付。款项均未支付。

这项业务的发生，使 A 材料的采购成本增加了 45 930 元（45 000＋1 000×93%＝45 930），增值税的进项税额增加了 7 720 元（45 000×17%＋1 000×7%＝7 720）；同时，甲企业的应付账款也增加了 53 650 元（45 930＋7 720＝53 650）。采购成本的增加，应记入“材料采购”账户的借方；增值税中进项税额的增加，应记入“应交税费——应交增值税”账户的借方；应付账款的增加，应记入“应付账款”账户的贷方。会计分录如下。

借：材料采购——A 材料　　45 930
　　应交税费——应交增值税（进项税额）　　7 720
　　贷：应付账款——乙企业　　53 650

运输费用的计税依据，按现行税法，一般纳税人外购货物（固定资产除外）所支付的运输费用，以及一般纳税人销售货物所支付的运输费用，根据运费结算单据（普通发票）所列运输金额依 7%的扣除率计算进项税额准予扣除，但随同运费支付的装卸费、保险费等其他杂费不得计算到可抵扣的进项税额中。

【例 4-10】 用现金支付上述购进 A 材料的装卸费 500 元。

对于发生的可归属于材料采购的费用，能分清负担对象的，应该直接计入该材料的采购成本。这项业务的发生，使 A 材料的采购成本增加了 500 元，应记入“材料采购”账户的借方；同时，甲企业的现金减少了 500 元，应记入“库存现金”账户的贷方。会计分录如下。

借：材料采购——A 材料　　500
　　贷：库存现金　　500

【例 4-11】 本月又采购 A 材料一批，单价 100 元，重 300 吨，共计 30 000 元；增值税发票上进项税额为 5 100 元；同时向丙单位采购进来 B 材料一批，单价 90 元，重 400 吨，共计 36 000 元；增值税发票上进项税额为 6 120 元。款项全部以银行存款支付。

这项业务的发生，使 A 材料的采购成本增加了 30 000 元，同时，使 B 材料的采购成本增加了 36 000 元，两项业务都应记入“材料采购”账户的借方；两项业务产生的增值税的进项税额增加了 11 220 元（30 000×17%＋36 000×17%＝11 220），应记入“应交税费——应交增值税”账户的借方；企业的银行存款减少了 77 220 元（30 000＋36 000＋11 220＝77 220），应记入“银行存款”账户的贷方。会计分录如下。

借：材料采购——A 材料　　30 000
　　　　　　——B 材料　　36 000
　　应交税费——应交增值税（进项税额）　　11 220
　　贷：银行存款　　77 220

【例 4-12】 用银行存款支付上述购进 A、B 两种材料的装卸费 1 400 元。

对于发生的可归属于材料采购的费用，不能分清负担对象的，应该选择合理的分配方法，经分配计入有关材料的采购成本。其分配方法通常有按所购材料的重量、体积或采购价格比例等标准进行分配。若甲企业选择材料重量作为分配标准，则应该先求出分配率，即每吨材料应分摊的装卸费，然后用 A、B 两种材料的重量分别乘以分配率，求出 A、B 两种材料应该负担的装卸费，再计入两者的采购成本中。其计算过程如下。

分配率＝待分配费用÷分配标准

某种材料应负担的费用＝该种材料分配标准×分配率

A、B 两种材料分配率＝1 400÷(300＋400)＝2（元/吨）

A 材料应负担的费用＝2×300＝600（元）

B 材料应负担的费用＝2×400＝800（元）

因此这项业务的发生，使 A 材料的采购成本增加了 600 元，B 材料的采购成本增加了 800 元，应记入“材料采购”账户的借方；同时，甲企业的银行存款减少了 1 400 元，应记入“银行存款”账户的贷方。会计分录如下。

借：材料采购——A 材料　　600
　　　　　　——B 材料　　800
　　贷：银行存款　　1 400

【例 4-13】 本月用银行存款偿还前欠乙企业货款 53 650 元。

此笔业务发生后，本企业的银行存款和应付账款都减少了 53 650 元，应分别记入“银行存款”账户的贷方和“应付账款”账户的借方。会计分录如下。

借：应付账款——乙企业　　53 650
　　贷：银行存款　　53 650

【例 4-14】 本月再次向丙单位采购 B 材料一批，单价 90 元，重 400 吨，共计 36 000 元；增值税发票上进项税额为 6 120 元。款项没有支付，企业开出并承兑一张 6 个月到期的商业汇票给丙单位。

这笔业务的发生，使 B 材料的采购成本增加了 36 000 元，增值税的进项税额增加了 6 120元（36 000×17%＝6 120）；同时，甲企业的应付票据也增加了 42 120 元（36 000＋6 120＝42 120）。采购成本的增加，应记入“材料采购”账户的借方；增值税中进项税额的增加，应记入“应交税费——应交增值税”账户的借方；应付票据的增加，应记入“应付票据”账户的贷方。会计分录如下。

借：材料采购——B 材料　　36 000
　　应交税费——应交增值税（进项税额）　　6 120
　　贷：应付票据　　42 120

【例 4-15】 将本月采购进来的材料验收入库，结转材料的实际采购成本。

入库材料实际采购成本的计算，需要以“材料采购”明细分类账户的记录为依据，通过编制“材料采购成本计算表”来确定。“材料采购”明细账和“材料采购成本计算表”见表4-14、表4-15和表4-16。当月购进的材料实际采购成本确定后，验收入库时可将其从“材料采购”账户的贷方结转到“原材料”账户的借方。本月“材料采购”结转到“原材料”账户的明细账见表4-17和表4-18。会计分录如下。

借：原材料——A材料　　77 030

　　　　　——B材料　　72 800

　贷：材料采购——A材料　　77 030

　　　　　　　——B材料　　72 800

表4-14　　材料采购明细账（一）

材料名称：A材料

年		凭证		摘　要	借　方			贷方	结余
月	日	字	号		买价	运杂费	合计		
略	略	略	2.1	购入材料450吨，款未付	45 000	930	45 930		45 930
			2.2	支付装卸费		500	500		46 430
			2.3	购入材料300吨，款已付	30 000		30 000		76 430
			2.4	支付装卸费		600	600		77 030
			2.7	结转750吨材料成本				77 030	—
				本期发生额	75 000	2 030	77 030	77 030	—

表4-15　　材料采购明细账（二）

材料名称：B材料

年		凭证		摘　要	借　方			贷方	结余
月	日	字	号		买价	运杂费	合计		
略	略	略	2.3	购材料400吨，款已付	36 000		36 000 800		36 000
			2.4	装卸费		800	36 000		36 800
			2.6	购材料400吨，签汇票	36 000				72 800
			2.7	结转800吨材料成本				72 800	—
				本期发生额	72 000	800	72 800	72 800	—

表4-16　　材料采购成本计算表

××年12月份

成本项目	A材料（750吨）		B材料（800吨）		金额合（元）
	总成本	单位成本	总成本	单位成本	
买价	75 000	100	72 000	90	147 000
相关费用	2 030	2.64	800	1	2 830
采购成本	77 030	102.64	72 800	91	149 830

表 4-17 原材料明细账（一）

材料名称：A 材料

年	凭证		摘要	收入			发出			结存		
略	字	号		数量	单价	金额	数量	单价	金额	数量	单价	金额
	略		期初余额							250	100	25 000
			购入	750	102.64	77 030						
		2.7	发出				500	102.03	51 015	500	102.03	51 015
			本期发生及期末余额	750	102.64	77 030	500	102.03	51 015	500	102.03	51 015

表 4-18 原材料明细账（二）

材料名称：B 材料

年	凭证		摘要	收入			发出			结存		
略	字	号		数量	单价	金额	数量	单价	金额	数量	单价	金额
	略		期初余额							200	95	19 000
			购入	800	91	72 800						
		2.7	发出				500	91.8	45 900	500	91.8	45 900
			本期发生及期末余额	800	91	72 800	500	91.8	45 900	500	91.8	45 900

【例 4-16】 本月企业委托开户银行将 35 000 元汇往外地，以备采购员进行有关材料的零星采购。

这项业务发生后，企业的银行存款减少了 35 000 元，同时外埠存款增加了 35 000 元。减少的银行存款记入“银行存款”账户的贷方；增加的外埠存款记入“其他货币资金”账户的借方。会计分录如下。

借：其他货币资金——外埠存款 35 000

贷：银行存款 35 000

第三节 生产准备过程的核算

企业要维持正常经营，不仅要为生产提供材料物质或劳务，还必须提供为生产做准备的机器设备等固定资产。因此生产准备过程的主要经济业务有：购买和自行建造固定资产的核算以及处置固定资产的核算。

一、生产准备过程核算应设置的主要账户

（一）购买和自行建造固定资产的账户设置

固定资产是指为生产商品、提供劳务、出租或经营管理而持有的使用年限超过一个会计年度的有形资产。固定资产的初始计价应按其取得时的实际成本入账。固定资产的成本是指企业购建某项固定资产达到预定可使用状态之前的所发生的一切合理、必要的支出。这些支

出包括：直接发生的价款、相关税费、运杂费、包装费、安装费和专业人员服务费等，还有间接发生的其他一切费用，如应承担的购建固定资产而发生的借款利息、外币借款折算差额以及应该承担的其他间接费用等。固定资产的取得方式主要有购买、自行建造、投资者投入、非货币性交易、债务重组等，取得方式不同，其初始计价也各不相同。

企业外购固定资产的成本包括买价、增值税、进口关税等相关税费和为使它达到预定可使用状态前所发生的可归属于它的其他支出（如场地整理费、运输费、装卸费、安装费和专业人员服务费等）。外购固定资产分为需要安装的固定资产和不需要安装的固定资产两类。自行建造的固定资产包括自营建造和出包建造两种方式。自行建造的固定资产应按建造该项资产达到预定可使用状态前所发生的必要支出作为入账价值。这里所讲的发生的必要支出是指：工程用物资成本、人工成本、交纳的相关税金、应分摊的其他间接费用、应予以资本化的固定资产借款费用等。企业准备的各种工程用物资成本是指购买这些工程用物资实际支付的买价、增值税额、运输费、保险费等相关费用。因而需要设置三个账户分别为“固定资产”、“在建工程”、“工程物资”。

1.“固定资产”账户

“固定资产”账户是资产类账户。借方登记增加的固定资产的原值，贷方登记减少的固定资产的原值。期末余额一般在借方，表示期末结存的固定资产的账面原值。该账户按固定资产类别、使用部门和每项固定资产设置明细账核算。其账户结构见表 4-19。

表 4-19　固　定　资　产

借方	贷方
期初余额：期初结存的固定资产的原值	
本期发生额：本期发生的固定资产的原值的增加额	本期发生额：本期发生的固定资产的原值的减少额
期末余额：期末结存的固定资产的原值	

2.“在建工程”账户

“在建工程”账户用来核算尚未建造完工、更新改造或处于虽已经购买但尚未达到可使用状态的固定资产的成本。该账户是资产类账户。借方登记建造固定资产的各项成本，贷方反映已经完工而结转的固定资产的各项成本，期末余额一般在借方，表示期末尚未完工的固定资产。该账户按工程类别设置三栏式明细账。其账户结构见表 4-20。

表 4-20　在　建　工　程

借方	贷方
期初余额：期初尚未完工或尚未结转的固定资产额	
本期发生额：本期发生的建造固定资产的各项成本额	本期发生额：本期发生的已经完工而结转的固定资产的各项成本额
期末余额：期末尚未完工或尚未结转的固定资产额	

3.“工程物资”账户

“工程物资”账户用来核算企业为基建工程、更改工程等工程项目准备的各种物资的实际成本。主要包括为工程准备的材料、尚未交付的需要安装的设备的实际成本、预付大型设备款、基本建设期间根据项目需要购入的为生产准备的工具和器具的实际成本等。该账户是资产类账户。借方登记购入工程物资的实际成本；贷方登记发出工程物资的实际成本；期末借方余额反映企业库存的工程物资的实际成本。该账户按照各种专项物资的种类设置明细分类账。其账户结构见表 4-21。

表 4-21 工 程 物 资

期初余额：期初库存的工程物资的实际成本	
本期发生额：本期购入的工程物资的实际成本	本期发生额：本期领用工程物资的实际成本
期末余额：期末库存的工程物资的实际成本	

（二）固定资产处置的账户设置

企业在生产经营过程中，对一些不适用或不需用的固定资产可通过出售的方式进行处置；对那些由于使用而导致最终报废的固定资产，或因技术进步等原因进行提前报废的固定资产，以及因遭受自然灾害等非正常损失发生毁损的固定资产应及时进行清理。还有对外投资、非货币性资产交换、债务重组等原因转出的固定资产也应属于固定资产的处置。处置固定资产时，应通过“固定资产清理”账户进行核算。该账户是资产类账户，用来核算处置固定资产时转入清理的固定资产的净额、在清理过程中发生的清理费用和相关的税金、收回出售的固定资产价款、残料价值和变价收入、保险赔偿价款以及清理净损益等。借方记录转出的固定资产价值、清理过程中应支付的相关税费及其他费用等；贷方记录固定资产清理完成的处理；期末借方若有余额则反映企业尚未清理完毕固定资产清理净损失。该账户按照具体被清理的固定资产项目设置三栏式明细账户。其账户结构见表 4-22。

表 4-22 固 定 资 产 清 理

期初余额：零	
本期发生额：本期转出的固定资产的价值、支付的各项清理费、清理后结转的净收益	本期发生额：清理中收到的各项收益、清理后结转的净损失
期末余额：零	

二、生产准备过程的账务处理

现以甲企业的 12 月份经济业务为例，说明生产准备过程的账务处理。

【例 4-17】 企业用银行存款购入一台不需要安装的机器，买价 30 000 元，增值税进项税额为 5 100 元，购买过程中的装卸费、保险费等共计 900 元。

购入的机器符合固定资产的界定，因而要按照购买中所发生的价款计入固定资产的实际成本。价款共计 36 000 元（买价＋进项税额＋装卸费、保险费等），企业固定资产增加，增加的固定资产应记入“固定资产”账户的借方；同时，银行存款减少了 36 000 元，减少的银行存款应记入“银行存款”账户的贷方。其会计分录如下。

借：固定资产——机器 36 000

　　贷：银行存款 36 000

【例 4-18】 企业用银行存款购入一台需要安装的机床，买价 20 000 元，增值税进项税额为 3 400 元，所发生的相关费用为 1 000 元，买回后请技术人员安装支付工资 600 元，本月该机床交付使用。

企业购入需要安装的设备，属于虽已经购买但尚未达到可使用状态的固定资产，因而首先应在“在建工程”中核算，当安装完毕达到可使用状态时，再记入“固定资产”账户中，作为固定资产管理。该机床购买后需要安装，所以在购买和安装过程中，发生的价款和支付的安装费共计 25 000 元，应记入“在建工程”账户的借方，支付的购买价款减少了本企业的银行存款 24 400 元，应记入“银行存款”账户的贷方，支付安装工人的工资 600 元，增加了企业本月应付工资，应记入“应付职工薪酬”账户的贷方。本月交付使用，应将在建工程发生的实际成本结转到“固定资产”账户中，即从“在建工程”账户的贷方转入“固定资产”账户的借方。其会计分录如下。

借：在建工程——机床　25 000
　贷：银行存款　24 400
　　应付职工薪酬　600

本月交付使用：

借：固定资产——机床　25 000
　贷：在建工程——机床　25 000

【例 4-19】 企业自行建造一个车间，为此购入一批工程物资，买价为 50 000 元，增值税进项税额为 8 500 元，购买中发生的相关费用为 500 元，款项均以银行存款支付。

企业为自行建造固定资产而购买的物资的实际成本应包括实际支付的买价、增值税额、运输费、保险费等相关费用。所以本月购买物资的实际成本为 59 000 元（买价＋增值税进项税额＋相关费用），应记入“工程物资”账户的借方，同时，支付购买工程物资减少了本企业的银行存款 59 000 元，应记入“银行存款”账户的贷方，其会计分录如下。

借：工程物资　59 000
　贷：银行存款　59 000

【例 4-20】 企业出售一台不需用的机器，原价 40 000 元，已提折旧 16 000 元，机器出售获得价款 20 000 元，存入银行，同时用银行存款支付清理费 2 000 元。

因出售、报废和毁损等原因处置固定资产时，应及时进行清理，通过“固定资产清理”账户进行核算。本企业出售的固定资产的净值为 24 000 元（原价－折旧）、在清理过程中发生的费用 2 000 元应先记入“固定资产清理”账户的借方；出售收入 20 000 元应先记入“固定资产清理”账户的贷方；然后结转清理净损益，此笔业务结转的是净损失，结转后应记入“固定资产清理”账户的贷方。同时，支付清理费时银行存款减少了 2 000 元应记入“银行存款”账户的贷方；收到出售的价款使银行存款增加了 20 000 元应记入“银行存款”账户的借方。其会计分录如下。

借：固定资产清理　24 000
　累计折旧　16 000
　贷：固定资产　40 000

借：固定资产清理　2 000
　贷：银行存款　2 000

借：银行存款　20 000
　贷：固定资产清理　20 000

第四节 生产过程的核算

一、生产过程的主要经济业务

生产过程是企业经营最关键的第二个阶段，在这个阶段，企业利用材料作为劳动对象，用机器设备作为劳动手段，通过人们的劳动，最终生产出劳动产品（商品）。因此，生产过程可以看成是对物化劳动和活劳动的消耗过程，也是创造价值增值的过程。

企业在生产过程中发生的各种生产耗费构成企业制造产品过程中的全部生产费用。各种生产耗费主要包括材料费用、工资费用、福利费用、燃料和动力费用、固定资产折旧费用以及其他一些货币性支出等。在生产过程的生产耗费中，与生产产品直接有关的费用构成产品成本。在产品成本中，可以直接归集到各种产品中的费用称为直接费用，要通过一定的分配方法才能计入各种产品中的费用则为间接费用。在生产经营过程中发生的与产品生产活动没有直接联系、属于某一时期耗用的费用称为期间费用。期间费用不计入产品生产成本，按照一定期间（月份、季度或年度）进行归集，一般月终直接计入当期损益。

生产过程发生的主要经济业务有：生产费用的耗费，对费用耗费的归集和分配以及核算产品的实际成本。具体内容如下。

（1）计算分配材料费用。

（2）计算分配职工薪酬费用。

（3）计算分配外购燃料及其动力费用。

（4）计提和分配固定资产折旧费用。

（5）计算分配所支付的各种其他货币性资产。

（6）计算分配制造费用。

（7）计算和结转产成品的生产成本。

二、生产过程核算应设置的主要账户

（一）“生产成本”账户

“生产成本”是成本类账户，主要用来核算产品生产过程中所发生的应计入产品成本的材料、人工和制造费用，并依据这些费用确定企业产品的实际成本。该账户的借方登记当期发生的、应计入产品成本的各项生产费用；贷方登记期末已经生产完工并已经结转到“产成品”账户的完工产品的实际成本；期末余额一般在借方，表示尚未完工的产品的生产成本。该账户按照生产环节和车间、产品品种分别设置各级明细账。为了反映生产车间的要素费用核算可以设置两个明细账户，即“基本生产成本”和“辅助生产成本”。为了具体反映每一种产品的实际成本，可以按照成本核算对象（产品品种）进行明细核算。如果为了反映某种产品的成本构成，借方也可以按经济用途的项目（成本项目）分类设专栏。成本项目一般有直接材料、直接人工、其他直接支出和制造费用等。这里主要介绍“基本生产成本”。“生产成本——基本生产成本”科目，借方归集平时发生的直接费用和月末分配结转过来的制造费用，贷方登记应结转的完工产品的实际生产成本，月末余额若在借方，表示生产过程中还存在没完工的产品的实际成本。“生产成本”的账户结构见表4-23。

表 4-23　生产成本

期初余额：期初在产品成本	
本期发生额：本期发生的直接材料、直接人工、其他直接支出、制造费用	本期发生额：本期结转完工入库产品的实际成本
期末余额：期末在产品成本	

（二）“制造费用”账户

“制造费用”是成本类账户，主要用来归集和分配生产产品与提供劳务而发生的、不能直接计入某一种产品的间接费用，它包括：间接产生于产品生产的费用，如车间生产用的设备的折旧费、照明费、劳动保护费等；车间用于组织和管理生产的费用，如车间管理人员的工资和福利费、差旅费、办公费、水电费等；直接用于产品生产，但管理上不要求或不便于单独核算且不专门设成本项目的费用，如生产工具摊销费等。该账户的借方登记本期内发生的各项制造费用；贷方登记月末按照一定标准结转的应由各种产品负担的制造费用；月末结转后一般应该没有余额。为了考核每个车间费用情况和各种产品的制造费用分配情况，该账户按照车间和具体费用项目设置明细账。其账户结构见表 4-24。

表 4-24　制造费用

期初余额：零	
本期发生额：本期发生的各项制造费用	本期发生额：本期分配转入“生产成本”账户的数额
期末余额：零	

（三）“应付职工薪酬”账户

“应付职工薪酬”账户反映应付和已付的工资费用，以及由此形成的企业与职工之间的工资结算关系。工资费用包括：工资、奖金、津贴和补贴；职工福利费；企业应该给职工交纳的各种社会保险费；住房公积金；职工工会经费及教育费；非货币性福利；其他职工薪酬（如因解除职工劳动关系而支付的补偿）等内容，无论是否在本月支付，都通过这个账户来核算。企业当月应发放的职工薪酬，月终应按照职工所在的岗位进行分配并计入到有关的成本费用科目中。该账户是负债类账户。贷方登记企业应向职工发放的薪酬总额；借方登记企业实际向职工发放的薪酬和为职工代扣代交的款项；期末余额一般在贷方，表示应付而尚未支付给职工的薪酬。其账户结构见表 4-25。

表 4-25　应付职工薪酬

	期初余额：期初应付而尚未支付的薪酬数
本期发生额：本期实际支付的薪酬和代扣代交等款项	本期发生额：本期应向职工发放的薪酬（薪酬分配数）
	期末余额：期末应付而尚未支付的薪酬数

（四）“累计折旧”账户

“累计折旧”账户是固定资产的备抵账户，反映固定资产的价值减少或损耗。它的贷方登记固定资产因为使用或其他原因发生损耗而计提的折旧；借方登记处置固定资产转出的折旧额。期末余额在贷方，表示截止本期期末固定资产累计折旧额。企业生产车间的固定资产折旧应作为折旧费用计入制造费用；企业管理部门使用的固定资产的折旧应计入管理费用；企业销售部门使用的固定资产的折旧应计入销售费用；经营租出的固定资产的折旧应计入其他业务成本。它的核算包括折旧费用的计算和分配，如果企业生产车间的固定资产计提折旧，一般应按使用固定资产的车间进行归集。“累计折旧”一般账户结构见表4-26。

表4-26 累计折旧

	期初余额：期初固定资产的累计折旧额
本期发生额：固定资产折旧的减少额或转销额	本期发生额：固定资产折旧的增加额
	期末余额：期末固定资产的累计折旧额

（五）“产成品”账户

“产成品”账户是资产类账户。用来核算企业经过生产经营活动已经完工验收入库可供销售的产品的收、发、存情况。借方登记已经完工验收入库的各种产品的实际成本；贷方登记发出的各种产品的实际成本；期末借方余额反映库存产品的实际成本。该账户一般按产成品的品种、种类和规格设置明细分类账。其账户结构见表4-27。

表4-27 产成品

期初余额：期初产成品成本	
本期发生额：本期结转完工入库的产成品成本	本期发生额：本期发出的产成品成本
期末余额：期末库存的产成品成本	

（六）“管理费用”账户

“管理费用”账户是损益类账户。用来核算企业为组织和管理生产经营活动所发生的各项费用。它包括：企业董事会和行政管理部门在公司经营管理中发生的，或者应由企业统一负担的公司经费（如行政管理部门的职工工资、福利费、差旅费、办公费、折旧费、修理费、材料消耗、低值易耗品的摊销和其他经费）、工会经费、业务招待费、办公费摊销、待业保险费、劳动保险费、董事会会费、咨询费、房产税、车船使用税、土地使用税、印花税、技术转让费、矿产资源补偿费、无形资产摊销、职工教育经费、研究与开发费、排污费、计提的坏账准备和存货跌价准备等。企业发生的管理费用按照费用项目设置明细科目进行明细分类核算。借方登记本期发生的各项管理费用；贷方登记结转到本年的“本年利润”账户的金额。该账户期末一般没有余额。其账户结构见表4-28。

表4-28 管理费用

期初余额：零	
本期发生额：本期发生的各项管理费用	本期发生额：期末转入“本年利润”账户的数额
期末余额：零	

（七）“财务费用”账户

“财务费用”账户是损益类账户。用来核算企业在一定期间由于筹集所需资金等所发生的各项费用，但是需要资本化的利息和长期借款所发生的利息除外。它包括公司利息支出（减利息收入）、银行手续费和汇兑损失（减汇兑收益）等。企业发生的财务费用按照费用项目目设置明细科目进行明细分类核算。借方登记本期发生的各项财务费用；贷方登记结转到本年的“本年利润”账户的金额。该账户期末一般没有余额。其账户结构见表 4-29。

表 4-29　　**财　务　费　用**

借方	贷方
期初余额：零	
本期发生额：本期发生的各项财务费用	本期发生额：期末转入“本年利润”账户的数额
期末余额：零	

三、生产过程的账务处理

仍以甲企业 12 月份经济业务为例，说明生产过程的核算和产品成本的计算。

【例 4-21】　根据当月领料凭证编制发料汇总表见表 4-30。

表 4-30　　**发 料 汇 总 表**

12 月份

用　途	A 材 料			B 材 料			金额合计
	数量（吨）	单价	金额	数量（吨）	单价	金额	
生产产品耗用							
A 产品	300	102.03	30 609	350	91.8	32 130	62 739
B 产品	180	102.03	18 365.4	150	91.8	13 770	32 135.4
小计	480	102.03	48 974.4	500	91.8	45 900	94 874.4
车间一般耗用	15	102.03	1 530.45				1 530.45
公司一般耗用	5	102.03	510.15				510.15
合　计	500	102.03	51 015	500	91.8	45 900	96 915

表 4-30 所示，A、B 两种材料的发出单价是采用加权平均法计算出来的。资料依据表 4-17 原材料明细账（一）和表 4-18 原材料明细账（二）所列数据。加权平均法计算单价的公式如下。

加权平均单价＝(月初结存材料成本额＋本月入库材料成本额)
÷(月初结存材料数量＋本月入库材料数量)

将表 4-17 和表 4-18 原材料明细账所列数据资料代入上面所列公式，则可求出 A、B 两种材料的加权平均单价。具体计算如下。

A 材料的加权平均单价＝(25 000＋77 030)÷(250＋750)＝102.03(元/吨)

B 材料的加权平均单价＝(19 000＋72 800)÷(200＋800)＝91.8(元/吨)

用 A、B 两种材料的加权平均单价分别乘以本月发出的 A、B 两种材料的数量，则可求出 A、B 两种材料的发出成本，见表 4-30。

表 4-30 中，生产 A、B 两种产品耗费的材料属于直接生产费用，即“生产成本”；按照产品成本项目核算应该为直接材料类，因此，生产 A、B 两种产品耗费的材料直接记入“生产成本——基本生产成本”账户的借方。车间一般耗费的材料属于间接费用，记入“制造费用”账户的借方；公司一般耗费的材料属于期间费用，记入“管理费用”账户的借方。当月发出的 A、B 两种材料的成本记入“原材料”账户的贷方。会计分录如下。

借：生产成本——基本成本——A 产品　　　　62 739

——B 产品 32 135.4

制造费用 1 530.45

管理费用 510.15

贷：原材料——A 材料 51 015

——B 材料 45 900

【例 4-22】 从银行存款中提取现金 30 000 元，准备发放职工工资。

从银行存款中提取现金，企业银行存款减少，现金增加了 30 000 元，因而，一方面"库存现金"账户借方增加 30 000 元；另一发面"银行存款"账户贷方减少 30 000 元。会计分录如下。

借：库存现金 30 000

贷：银行存款 30 000

【例 4-23】 企业按本月应发放的工资，进行结算分配并计入到有关的成本费用科目中，其中：生产 A 产品的工人的工资为 15 000 元，生产 B 产品的工人的工资为 10 000 元，车间管理人员的工资为 2 000 元，企业管理人员的工资为 3 000 元。

这笔业务表明本月应付给职工的工资 30 000 元，记入"应付职工薪酬"账户的贷方。相应的生产产品的工人的工资费用也增加了，其中：生产 A、B 产品的生产工人的工资属于直接生产费用，按照产品成本项目核算为直接工资类，应直接计入产品成本，记为"生产成本——基本生产成本"账户的借方；车间管理人员工资属于间接费用，记入"制造费用"账户的借方；企业管理人员工资属于期间费用，记入"管理费用"账户的借方。其会计分录如下。

借：生产成本——基本成本——A 产品 15 000

——B 产品 10 000

制造费用 2 000

管理费用 3 000

贷：应付职工薪酬——工资 30 000

【例 4-24】 企业对每个职工每月生活费补贴直接给职工食堂。其中生产 A 产品的工人补助 2 100 元，生产 B 产品的工人补助 1 400 元，车间管理人员补助 280 元，企业管理人员补助 420 元，共计 4 200 元。

根据规定，职工福利费主要用于职工的医疗、生活困难补助和集体福利等。职工福利费，应按照职工所在的岗位进行分配并分别计入相关的成本费用科目中。福利费发生时，一方面增加了成本费用，另一方面形成了一项负债。增加的成本费用按照工资费用的归属对象分别记入"生产成本——基本生产成本"账户、"制造费用"账户、"管理费用"账户等的借方，形成的负债记入"应付职工薪酬"账户的贷方。

会计分录如下。

借：生产成本——基本成本——A 产品 2 100

——B 产品 1 400

制造费用 280

管理费用 420

贷：应付职工薪酬——职工福利 4 200

【例 4-25】 用现金 30 000 元发放职工工资。

发生这笔业务后，现金减少了30 000元，同时应付工资也减少了30 000元，它们应分别记入“库存现金”账户的贷方和“应付职工薪酬”账户的借方。会计分录如下。

借：应付职工薪酬——工资　30 000

　　贷：库存现金　30 000

【例4-26】 用银行存款支付本月外购的电费共计4 000元，增值税发票进项税额为680元。其中：生产A产品耗电费1 400元，生产B产品耗电费1 200元，车间一般耗电费800元，企业管理部门一般耗电费600元。共计4 680元。

为生产所耗用的外购动力费用，是生产费用的主要组成部分。生产产品所耗的电费属于直接生产费用，产品成本项目为其他直接支出（燃料、动力费）类，应直接计入产品成本，记入“生产成本——基本生产成本”账户的借方；车间所耗的电费属于间接费用，记入“制造费用”账户的借方；企业管理部门所耗的电费属于期间费用，记入“管理费用”账户的借方；进项税额应记入“应交税费——应交增值税”账户的借方；用银行存款支付的电费应记入“银行存款”账户的贷方。其会计分录如下。

借：生产成本——基本成本——A产品　1 400

　　　　　　　　　　　　——B产品　1 200

　　制造费用　800

　　管理费用　600

　　应缴税费——应交增值税（进项税额）　680

　　贷：银行存款　4 680

【例4-27】 用银行存款支付本月行政管理部门的办公用品费用1 000元，车间办公用品费用500元。

这笔业务的发生，使企业的银行存款减少了1 500元，应记入“银行存款”账户的贷方；同时，企业的生产费用也增加了1 500元，企业行政管理部门的办公费用属于期间费用，记入“管理费用”账户的借方，车间办公费用属于间接费用，记入“制造费用”账户的借方。会计分录如下。

借：制造费用　500

　　管理费用　1 000

　　贷：银行存款　1 500

【例4-28】 计算应有本月负担的尚未支付的短期借款利息1 000元。

短期借款利息的计算一般按月和季作会计处理。按照权责发生制原则的要求，每季每月应负担的利息费用应按月计算，因而本月利息应记入“财务费用”账户的借方，作为期间费用；增加的应付费用记入“应付利息”账户的贷方。会计分录如下。

借：财务费用　1 000

　　贷：应付利息　1 000

【例4-29】 依据企业规定的折旧率，计提本月固定资产的折旧10 000元。其中，车间固定资产的折旧7 000元，企业行政管理部门的固定资产折旧3 000元。

固定资产的使用会随着时间的推移其价值随之发生损耗，企业一般都采用相对合理的方法，将其损耗分摊到它的有效使用期间，形成折旧费用。这种对固定资产成本的逐期分摊，转移到它所生产的产品或提供的劳务中去的过程称为计提折旧。分摊的固定资产成本应计入各期产品成本或期间费用。这笔业务的发生，使企业的生产费用增加了。其中，车间所耗固定资产的折旧费用属于间接费用，记入“制造费用”账户的借方；企业管理部门所耗固定资产的折旧费用属于期间费用，记入“管理费用”账户的借方；同时固定资产折旧额也增加了，记入“累计折旧”账户的贷方。会计分录如下。

借：制造费用　　7 000

　　管理费用　　3 000

　　贷：累计折旧　　10 000

【例 4-30】 本月发生固定资产大修理费 3 000 元，其中生产车间修理所耗费 1 700 元，企业行政管理部门所耗费 1 300 元，用银行存款支付。

这笔业务使企业的间接费用和期间费用都增加了，分别记入“制造费用”和“管理费用”账户的借方；同时记入“银行存款”账户的贷方。会计分录如下。

借：制造费用　　1 700

　　管理费用　　1 300

　　贷：银行存款　　3 000

【例 4-31】 将本月的间接费用即制造费用结转到“生产成本——基本生产成本”账户。本月发生的制造费用明细账见表 4-31。

表 4-31　　制造费用明细账

年	凭证		摘要	借方								贷方	余额
略	字	号		材料费	工资	福利费	电费	办公费	折旧费	修理费	合计		
	略	21	领材料	1 530.45							1 530.45		1 530.45
		23	分配工资		2 000						2 000		3 530.45
		24	计提福利			280					280		3 810.45
		26	支付电费				800				800		4 610.45
		27	付办公费					500			500		5 110.45
		29	计提折旧						7 000		7 000		12 110.45
		30	付修理费							1 700	1 700		13 810.45
		31	分配转出									13 810.45	—
			本期发生额及余额	1 530.45	2 000	280	800	500	7000	1 700	13 810.45	13 810.45	—

“制造费用”明细分类账详细归集了本月所发生的全部制造费用，其总额为 13 810.45 元。因为制造费用是间接费用不能直接计入某一种产品成本中，可以按照一定的分配标准分配计入各种产品成本中，在转入“生产成本——基本生产成本”账户时，先求出各产品应分配的制造费用。可以采用一些分配方法：如生产工人工时比例法、生产工人工资比例法、机器工时比例法和按年度计划分配率分配法等进行分配，因而其分配标准有：生产工人工时、生产工人工资、机器工时等。每一个企业都可以根据需要来选择适合自己的分配方法和分配标准。假设本企业采用的是以生产工人工资为分配标准的生产工人工资比例法，则分配计算过程如下。

分配率＝待分配的费用(制造费用)÷分配标准之和(A、B 产品生产工人工资之和)

A、B 产品分配率＝13 810.45÷(15 000＋10 000)≈0.55

A 产品应分配的制造费用＝15 000×0.55＝8 250(元)

B 产品应分配的制造费用＝13 810.45－8 250＝5 560.45(元)

依据以上计算结果，将 A、B 产品分配的制造费用从“制造费用”账户的贷方结转到“生产成本——基本生产成本”账户的借方。会计分录如下。

借：生产成本——基本生产成本——A 产品　　8 250
　　　　　　　　　　　　　——B 产品　　5 560.45
　贷：制造费用　　13 810.45

【例 4-32】 若本月投产 A 产品 200 件，B 产品 250 件，都已完工并已验收入库，结转其实际成本。

依据“完工产品成本计算表”(见表 4-32)，来确定本月完工入库的 A、B 产品的实际总成本和单位成本。“完工产品成本计算表”的编制，数据来源于表 4-33 和表 4-34“生产成本——基本生产成本”明细账的记录。

从表 4-32“完工产品成本计算表”中可知本月完工产品的实际成本和单位成本。结转完工产品成本时，将实际成本从“生产成本——基本生产成本”账户的贷方转入“产成品”账户的借方。会计分录如下。

借：产成品——A 产品　　89 489
　　　　　——B 产品　　50 295.85
　贷：生产成本——基本生产成本——A 产品　　89 489
　　　　　　　　　　　　　　　——B 产品　　50 295.85

表 4-32　　完工产品成本计算表

成本项目	A 产品（200 件）		B 产品（250 件）		金额合计（元）
	总成本	单位成本	总成本	单位成本	
直接材料	62 739	313.7	32 135.4	128.54	94 874.4
直接人工	17 100	85.5	11 400	45.6	28 500
其他直接费用	1 400	7	1 200	4.8	2 600
制造费用	8 250	41.25	5 560.45	22.24	13 810.45
产品生产成本	89 489	447.45	50 295.85	201.18	139 784.85

表 4-33　　生产成本——基本生产成本明细账（一）

产品名称：A 产品（200 件）

年	凭证		摘要	借方（成本项目）					贷方	余额
略	字	号		直接材料	直接工资	其他直接费用	制造费用	合计		
		21	领用材料	62 739				62 739		62 739
		23	分配工资		15 000			15 000		77 739
		24	计提福利		2 100			2 100		79 839
		26	支付电费			1 400		1 400		81 239

续表

年	凭证		摘　要	借方（成本项目）					贷方	余额
略	字	号		直接材料	直接工资	其他直接费用	制造费用	合计		
		31	分配制造费用				8 250	8 250		89 489
		32	结转完工入库产品成本						89 489	—
			本期发生额及期末成本	62 739	17 100	1 400	8 250	89 489	89 489	—

表 4-34　　生产成本——基本生产成本明细账（二）

产品名称：B 产品（250 件）

年	凭证		摘　要	借方（成本项目）					贷方	余额
略	字	号		直接材料	直接工资	其他直接费用	制造费用	合计		
		21	领用材料	32 135.4				32 135.4		32 135.4
		23	分配工资		10 000			10 000		42 135.4
		24	计提福利		1 400			1 400		43 535.4
		26	支付电费			1 200		1 200		44 735.45
		31	分配制造费用				5 560.45	5 560.45		50 295.85
		32	结转完工入库产成品成本						50 295.85	—
			本期发生额及期末成本	32 135.4	11 400	1 200	5 560.45	50 295.85	50 295.85	—

第五节　销售过程的核算

一、销售过程的主要经济业务

企业产品生产完工检验入库后，必须通过销售来实现产品价值和获取企业的收入。销售过程是实现企业产品价值的重要过程，是经营过程的第三个阶段，也是企业生产过程的最后一个阶段。在销售过程中，企业将完工的产品销售出去，收回货币以补偿产品生产时的资金耗费和保证再生产的正常进行。假设企业销售过程不流畅，生产出来的产品销售不出去，或不能完全销售，则产品就不能顺利地转化为货币资金，通过生产过程增值的价值就不能得以实现。因此这也是资金周转最重要的一个过程。

产品销售过程的会计核算内容主要是产品销售业务，它包括以下几个方面。

（1）企业通过销售获得销售收入的核算：出售产品、获得产品销售收入、结算款项等业务。

（2）销售产品的生产成本的结转：计算和结转已销售的产品成本的业务。

(3) 销售过程中发生的销售费用的核算。

(4) 销售过程中税金的核算：按照税法规定的税金，即增值税的销项税、应交纳的产品销售税金及附加、消费税、城乡维护建设税、教育费附加等业务。

二、销售过程核算应设置的主要账户

(一)“主营业务收入”账户

“主营业务收入”账户用来核算企业在销售产品或提供劳务过程中获得的收入，是企业主要经营活动带来的收入。该账户是损益类账户。账户的贷方登记销售过程中已实现的产品销售获取的收入；借方登记期末结转到“本年利润”账户贷方的产品销售获取的收入数额，结转后期末应无余额。为方便核算已经销售的产品的收入，该账户按照已销产品的类别设置明细分类账户。其账户结构见表 4-35。

表 4-35　　**主 营 业 务 收 入**

	期初余额：零
本期发生额：转入“本年利润”账户的收入额	本期发生额：本期已实现产品销售收入数额
	期末余额：零

(二)“主营业务成本”账户

“主营业务成本”账户用来核算企业已经销售的产品的成本，是企业主要经营活动所产生的成本。该账户是损益类账户。账户的借方登记已销产品的实际成本，即对已经销售产品成本的结转；贷方登记期末结转到“本年利润”账户借方的已销产品的成本，结转后期末应无余额。为方便核算已经销售的产品的成本，该账户也按照产品类别设置明细分类账户。其账户结构见表 4-36。

表 4-36　　**主 营 业 务 成 本**

期初余额：零	
本期发生额：结转本期已实现的产品销售的实际成本数额	本期发生额：转入“本年利润”账户的已销产品的成本额
期末余额：零	

(三)“销售费用”账户

“销售费用”账户用来核算企业在产品销售过程中所支付的各种销售费用，主要有：包装费、运输费、广告费、装卸费、展览费以及专设销售机构的各种经常性费用（如销售机构职工工资、福利费、业务费等)。该账户是损益类账户。账户的借方登记当期发生的各种销售费用；贷方登记期末结转到“本年利润”账户借方的各种销售费用，结转后期末应无余额。该账户应按照费用项目设置多栏式明细分类账户。其账户结构见表 4-37。

表 4-37　　**营 业 费 用**

期初余额：零	
本期发生额：本期发生的各种销售费用	本期发生额：转入“本年利润”账户的各种销售费用
期末余额：零	

（四）“营业税金及附加”账户

“营业税金及附加”账户用来核算应由销售商品、提供工业性劳务等负担的除增值税以外的各项价内税，包括消费税、营业税、城乡维护建设税、教育费附加等在销售环节缴纳的税金。该账户是损益类账户。它的借方登记按照规定税率计算应负担的销售产品的税金及附加；贷方登记期末结转到“本年利润”账户借方的数额，结转后期末应无余额。该账户应按照产品类别设置明细分类账。其账户结构见表 4-38。

表 4-38 营业税金及附加

	期初余额：零
本期发生额：本期销售应负担的除增值税以外的各项税金和附加费数额	本期发生额：转入“本年利润”账户的销售应负担的除增值税以外的各项税金和附加费数额
	期末余额：零

（五）“应收账款”账户

“应收账款”账户用来核算企业因出售产品或提供劳务等与购货单位或接受劳务的单位形成的应收而未收的款项，即发生了债权关系。该账户是资产类账户。它的借方登记应向购货单位或接受劳务的单位等收取的款项，贷方登记收回的款项。借方余额反映购货单位或接受劳务单位暂欠的款项。若出现贷方余额，这表示预收的款项，在资产负债表上应作为流动负债列入“预收账款”项目。该账户应按购货单位或接受劳务单位设置明细分类账。其账户结构见表 4-39。

表 4-39 应 收 账 款

期初余额：期初未收的货款	
本期发生额：本期发生的应收货款	本期发生额：本期实际收回的货款
期末余额：期末尚未收回的货款	

（六）“应收票据”账户

应收票据是指企业因为采用商业汇票支付方式销售产品、提供劳务等而收到的商业汇票。“应收票据”账户反映企业与客户发生商业汇票形式的结算而产生的债权的增减变动情况。该账户是资产类账户。借方登记收到的应收票据的金额；贷方登记企业到期收回的商业汇票款或在到期前向银行等单位贴现的应收票据的面值；期末余额一般在借方，反映企业尚未收回的票据款或未申请贴现的应收票据的面值。企业应在备查账簿中设置“应收票据登记簿”，用来反映企业收到的商业汇票的日期、金额、利率、客户名称以及到期日的相关情况，并在结清应收票据的款项时，注销“应收票据登记簿”中相应金额。该账户按照收到的商业汇票的种类设置明细分类账。“应收票据”账户结构见表 4-40。

表 4-40 应 收 票 据

期初余额：期初尚未收回的商业汇票款	
本期发生额：本期收到或对方尚未承兑的商业汇票金额	本期发生额：本期已收回的商业汇票款或收到的已申请贴现的应收票据金额
期末余额：期末尚未收回的商业汇票款	

（七）"预收账款"账户

"预收款账"账户反映和控制企业按照购销合同向客户预先收到的对方用来购买本企业产品的货款和定金。该账户是负债类账户。贷方登记已向个人或购货单位预先收到的款项；借方登记因销售产品后按照销售价款结算而相应冲销的原来预先收到的款项；期末余额一般在贷方，表示尚未按照购销合同给个人或购货单位销售产品的预收款项。其账户按照不同销售对象设置明细分类账。"预收账款"账户结构见表 4-41。

表 4-41　　预　收　账　款

	期初余额：期初预收款项实有数
本期发生额：本期预收款项的减少数	本期发生额：本期预收款项的增加额
	期末余额：期末预收款项实有数

此外在销售过程中还会发生教育费附加、矿产资源补偿费、其他暂收以及应付款等应交款项。企业按照规定计算出应交纳的教育费附加时，借记"营业税金及附加"科目，贷记"应交税费——应交教育费附加"科目。交纳矿产资源补偿费的企业，在交纳之前，根据各月矿产品销售收入等资料，按月计提矿产资源补偿费，计提时，借记"管理费用——矿产资源补偿费"科目，贷记"应交税费——应交矿产资源补偿费"科目。

三、销售过程的账务处理

仍以甲企业的 12 月份经济业务为例，说明销售过程的核算。

【例 4-33】 销售一批产品给丁公司，其中：A 产品 60 件，每件销售价格为 800 元，计 48 000 元，B 产品 40 件，每件销售价格为 600 元，计 24 000 元；增值税发票中销项税额为 12 240 元。产品已经发出并到达对方，价税款合计 84 240 元，本企业尚未收到对方应支付的款项。

这一项销售行为的发生，使企业的销售收入增加了 72 000 元（48 000＋24 000＝72 000 元），销项税额增加了 12 240 元（48 000×17%＋24 000×17%＝12 240 元），同时，企业的应收款项也增加了 84 240 元（72 000＋12 240＝84 240 元）。增加的销售收入应记入"主营业务收入"账户的贷方；销项税额应记入"应交税费——应交增值税"账户的贷方；增加的应收款项应记入"应收账款"账户的借方。会计分录如下。

借：应收账款——丁公司　　84 240
　　贷：主营业务收入——A 产品　　48 000
　　　　　　　　　　——B 产品　　24 000
　　　　应交税费——应交增值税（销项税额）　　12 240

【例 4-34】 销售一批产品给戊公司，其中：A 产品 140 件，每件销售价格为 800 元，计 112 000 元，B 产品 160 件，每件销售价格为 600 元，计 96 000 元；增值税发票中销项税额为 35 360 元。产品已经发出并到达对方，价税款合计 243 360 元，本企业已收到对方签发并承兑的一张 3 个月到期的商业汇票。

这一项业务的发生，使企业的销售收入增加了 208 000 元（112 000＋96 000＝208 000 元），销项税额增加了 35 360 元（112 000×17%＋96 000×17%＝35 360 元），同时，企业

的应收票据也增加了 243 360 元（208 000＋35 360＝243 360 元）。增加的销售收入应记入“主营业务收入”账户的贷方；销项税额应记入“应交税费——应交增值税”账户的贷方；增加的应收票据应记入“应收票据”账户的借方。会计分录如下。

借：应收票据——戊公司 243 360
　　贷：主营业务收入——A 产品 112 000
　　　　　　　　　　——B 产品 96 000
　　　　应交税费——应交增值税（销项税额） 35 360

【例 4-35】 用银行存款支付销售机构的业务费 30 000 元。

这项经济业务增加了企业的销售费用 30 000 元；银行存款减少了 30 000 元。增加的销售费用应记入“销售费用”账户的借方，减少的银行存款应记入“银行存款”账户的贷方。会计分录如下。

借：销售费用 30 000
　　贷：银行存款 30 000

【例 4-36】 结转已经销售的 A 产品 200 件和 B 产品 200 件的成本。

发出产品进行销售的成本计价与发出原材料成本的计价方法相似，可以运用个别计价法、先进先出法、加权平均法等计价方法。假设本企业进行销售时发出的产品的单位成本计算是采用加权平均法，则依据表 4-42 和表 4-43，A、B 两种产成品的明细账记录，两种产成品的加权平均单价计算如下。

产品加权平均单位成本＝(期初库存产品成本额＋本期入库产品成本额)
　　　　　　　　　　÷(期初库存产品数量＋本期入库产品数量)

A 产品加权平均单位成本＝(19 000＋89 489)÷(50＋200)＝433.956≈433.96(元/件)

B 产品加权平均单位成本＝(30 300.15＋50 295.85)÷(150＋250)＝201.49(元/件)

A 产品的销售成本＝A 产品单位生产成本×A 产品销售量＝433.956×200＝86 791.2(元)

B 产品的销售成本＝B 产品单位生产成本×B 产品销售量＝201.49×200＝40 298(元)

将已经销售的 A、B 两种产成品的生产成本计算出来后，再将其从“产成品”账户的贷方结转到“主营业务成本”账户的借方。会计分录如下。

借：主营业务成本 127 089.2
　　贷：产成品——A 产品 86 791.2
　　　　　　　——B 产品 40 298

表 4-42 **产成品明细账（一）**

产品名称：A 产品

年	凭证		摘要	收入			发出			结存		
略	字	号		数量	单价	金额	数量	单价	金额	数量	单价	金额
			期初余额							50	380	19 000
		3.14	入库	200	447.45	89 489				250	433.96	108 489
		4.4	发出				200	433.96	86 791.2	50	433.96	21 697.8
			本期发生额及期末余额	200	447.45	89 489	200	433.96	86 791.2	50	433.96	21 697.8

表 4-43 产成品明细账（二）

产品名称：B产品

年	凭证		摘 要	收入			发出			结存		
略	字	号		数量	单价	金额	数量	单价	金额	数量	单价	金额
			期初余额							150	202	30 300.15
		3.14	入库	250	201.18	50 295.85				400	201.49	80 596
		4.4	发出				200	201.49	40 298	200	201.49	40 298
			本期发生额及期末余额	250	201.18	50 295.85	200	201.49	40 298	200	201.49	40 298

【例 4-37】 依税法规定，按照本月产品的销售收入（主营业务收入）的 5%计算应交纳的消费税，按照消费税额和增值税额的 7%计算应交纳的城市维护建设税以及按 3%计算应交纳的教育费附加。计算过程如下。

本月销售收入＝A 产品的销售收入＋B 产品的销售收入

＝(48 000＋112 000)＋(24 000＋96 000)＝160 000＋120 000＝280 000(元)

应交消费税＝280 000×5%＝14 000(元)

应交增值税＝本月销项税额－本月进项税额

＝(12 240＋35 360)－(7 720＋11 220＋6 120＋680)＝21 860(元)

应交城市维护建设税＝(应交消费税额＋应交增值税额)×城市维护建设税率

＝(14 000＋21 860)×7%＝2 510.2(元)

应交教育费附加＝(应交消费税额＋应交增值税额)×应交教育费附加率

＝(14 000＋21 860)×3%＝1 075.8(元)

依据计算结果，本月应交消费税额、应交城市维护建设税额、应交教育费附加，应记入“营业税金及附加”账户的借方；在未上交这些税金及附加之前，构成了企业的一项负债，应交消费税额和应交城市维护建设税额和应交教育费附加记入“应交税费”账户的贷方。会计分录如下。

借：营业税金及附加　　17 586

　贷：应交税费——应交消费税　　14 000

　　　　　　——应交城市维护建设税　　2 510.2

　　　　　　——应交教育费附加　　1 075.8

【例 4-38】 本企业收到×公司预付货款 40 000 元，存入银行，按照合同明年一月份将产品出售给×公司。

这项业务使企业的银行存款增加了 40 000 元，同时企业的负债也增加了 40 000 元。增加的银行存款记入“银行存款”账户的借方；增加的负债记入“预收账款”账户的贷方。会计分录如下。

借：银行存款　　40 000

　贷：预收账款——×公司　　40 000

第六节　其他主要经济业务的核算

一、其他主要经济业务核算的内容

其他主要经济业务的核算主要有以下几个方面。

（1）无形资产的购置和摊销的核算。

（2）对外投资的业务核算。

（3）其他资产类业务核算，主要包括交易性金融资产、其他应收款和其他资产如长期待摊费用等业务核算。

（4）其他负债类业务核算，主要包括其他应付款、应交税费（除增值税以外）、应付债券、应付利息、长期应付款等业务核算。

二、其他主要经济业务核算应设置的主要账户

（一）无形资产购置和摊销的账户设置

无形资产是指企业拥有或者控制的无实物形态的可辨认的非货币性资产，企业能长期使用，它能在多个会计期间为企业带来经济利益，它提供的未来经济效益具有高度的不确定性，并且不具有实物形态。无形资产主要有：专利权、商标权、著作权、特许权、土地使用权、非专利技术等（商誉排除在外）。

1.“无形资产”账户

“无形资产”账户用来核算无形资产的取得情况。它属于资产类账户。借方记录企业取得的无形资产的成本；贷方记录企业出售无形资产转出的账面余额；期末借方余额反映企业无形资产的成本。该账户按无形资产类别设置明细账。其账户结构见表4-44。

表4-44　　无 形 资 产

期初余额：期初无形资产的成本	
本期发生额：本期取得的无形资产增加额	本期发生额：本期出售的无形资产减少额
期末余额：期末无形资产的成本	

2.“累计摊销”账户

“累计摊销”账户用来核算企业对使用寿命有限的无形资产计提的累计摊销。企业对使用寿命不确定的无形资产不应摊销。使用寿命有限的无形资产，应当自可供使用当月起开始摊销，处置当月不再摊销，其残值应当视为零。企业按月计提无形资产摊销，它的贷方登记计提的无形资产的摊销额；借方登记已经处置的无形资产转出的累计摊销额；期末余额在贷方，表示截止本期期末已经计提的无形资产的累计摊销额。本科目应按无形资产项目进行明细核算。其账户结构见表4-45。

表4-45　　累 计 摊 销

	期初余额：期初无形资产的累计摊销额
本期发生额：处置无形资产转出的累计摊销额	本期发生额：计提的无形资产的摊销额
	期末余额：期末无形资产的累计摊销额

此外，无形资产核算涉及的科目还有“研发支出”，用来核算企业进行研究与开发无形资产过程中发生的各项支出。本科目应当按照研究开发项目，分别设置“费用化支出”与“资本化支出”明细科目进行明细分类核算。

（二）对外投资业务的账户设置

长期股权投资是企业的一项主要经济业务，通过投资可以获得投资收益，使其构成企业利润的一部分。长期股权投资包括企业持有的对其子公司、合营企业及联营企业的权益性投资以及企业持有的对被投资单位不具有控制、共同控制或重大影响，且在活跃市场中没有报价、公允价值不能可靠计量的权益性投资。

长期股权投资的核算有两种方法：成本法和权益法。

成本法核算的范围指投资企业能够对被投资单位实施控制，被投资单位为其子公司，采用成本法核算，但编制合并财务报表时，按照权益法进行调整；投资企业对被投资单位不具有共同控制或重大影响，并且在活跃市场中没有报价、公允价值不能可靠计量的长期股权投资采用成本法核算。

在成本法下，企业取得的长期股权投资按照初始投资成本计价。追加或收回投资应当调整长期股权投资的成本。被投资单位宣告分派的现金股利或利润，确认为当期投资收益。投资企业确认的投资收益，仅限于被投资单位接受投资后产生的累积净利润的分配额，所获得的利润或现金股利超过上述数额的部分作为初始投资成本的收回。

权益法核算的范围是指投资企业能够对被投资单位具有共同控制或重大影响，应该采用权益法核算。在权益法下，企业取得的长期股权投资，当初始投资成本小于投资时应享有被投资单位可辨认净资产公允价值份额的，应将差额部分计入当期损益，同时调整长期股权投资的成本；当初始投资成本大于投资时应享有被投资单位可辨认净资产公允价值份额的，不调整长期股权投资的成本。

为核算长期股权投资，企业应设置“长期股权投资”、“投资收益”等科目。“长期股权投资”借方登记长期股权投资取得时的成本以及采用权益法核算时按照被投资单位实现的净利润计算的应分享的份额；贷方登记收回长期股权投资的价值或采用权益法核算时按照被投资单位宣告分派现金股利或利润时企业按照持股比例计算应享有的份额，以及按照被投资单位发生的净亏损计算应分担的份额；期末借方余额反映企业持有的长期股权投资的价值。其账户结构见表4-46。

表4-46　　长期股权投资

借方	贷方
期初余额：期初长期投资实有数	
本期发生额：本期发生长期股权投资取得时的成本以及采用权益法核算时按照被投资单位实现的净利润计算的应分享的份额	本期发生额：本期收回长期股权投资的价值或采用权益法核算时按照被投资单位宣告分派现金股利或利润时企业按照持股比例计算应享有的份额，以及按照被投资单位发生的净亏损计算应分担的份额
期末余额：期末长期投资实有数	

此外对外投资核算涉及的科目还有“持有至到期投资”和“可供出售金融资产”。

“持有至到期投资”本科目核算企业持有至到期投资的价值。期末借方余额，反映企业持有至到期投资的摊余成本。企业委托银行或其他金融机构向其他单位贷出的款项，也在本科目核算。按照持有至到期投资的类别和品种，分别设置“投资成本”、“溢折价”、“应计利息”科目进行明细核算。

“可供出售金融资产”本科目核算企业持有的可供出售金融资产的价值，包括划分为可供出售的股票投资、债券投资等金融资产。可供出售金融资产发生减值的，应设置“减值准备”明细科目进行核算，也可以单独设置“可供出售金融资产减值准备”科目进行核算。期末借方余额，反映企业可供出售金融资产的公允价值。可以按照可供出售金融资产类别或品种进行明细核算。

（三）其他资产类业务的账户设置

1.“交易性金融资产”账户

交易性金融资产是指企业为了近期内出售而持有的金融资产，如企业为获取差价而从二级市场购入的有价证券等。本科目核算企业持有的以公允价值计量且其变动计入当期损益的金融资产，包括为交易目的所持有的债券投资、股票投资、基金投资、权证投资等和直接指定为以公允价值计量且其变动计入当期损益的金融资产。“交易性金融资产”借方登记交易性金融资产的取得成本、资产负债表日其公允价值高于账面余额的差额等；贷方登记资产负债表日其公允价值低于账面余额的差额，以及企业出售交易性金融资产时结转的成本和公允价值变动损益；期末借方余额，反映企业交易性金融资产的公允价值。本科目应当按照交易性金融资产的类别和品种，分别设置“成本”、“公允价值变动”明细科目进行明细核算。账户一般结构见表 4-47。

表 4-47 交易性金融资产

借方	贷方
期初余额：期初交易性金融资产的公允价值	
本期发生额：交易性金融资产的取得成本、资产负债表日其公允价值高于账面余额的差额	本期发生额：资产负债表日其公允价值低于账面余额的差额，出售交易性金融资产时结转的成本和公允价值变动损益
期末余额：期末交易性金融资产的公允价值	

2.“其他应收款”账户

其他应收款是指除应收账款、应收票据、预付账款等之外的企业向其他单位或个人获取的其他各种应收、暂付款项。它包括：应收的各种赔款、罚款，如应向有关保险公司收取的赔款、应向有关个人收取的罚款等；应收出租包装物的租金；应向企业职工收取的各种垫付款项，如为职工垫付的水电费、房租费等；备用金，如暂时付给有关部门和个人周转使用的资金等；存出的保证金，如租入包装物的押金；预付账款转入；其他各种应收、暂付款项。但是企业拨出用来投资、购买物资的各种款项不应列入其他应收款的范围。

“其他应收款”账户用来反映企业存在的其他各种应收、暂付款项。该账户是资产类账户。借方登记企业发生的各种其他应收款项；贷方登记企业收回的各种其他应收款项；期末余额一般在借方，表示期末尚未收到的各种其他应收款项。该账户按应收款的对象（企业或个人）设置明细分类账。该账户一般结构见表 4-48。

表 4-48　**其他应收款**

借方	贷方
期初余额：期初其他应收款实有数	
本期发生额：本期发生的其他应收款增加额	本期发生额：本期发生的其他应收款减少额
期末余额：期末其他应收款实有数	

3.“长期待摊费用”账户

长期待摊费用是指企业已经一次性预先支付，但受益期限超过一年（不含一年），需要进行分摊的各项费用。它包括：固定资产大修理支出、租入固定资产改良支出、摊销期限在一年以上的其他待摊费用。长期待摊费用的摊销期限为：固定资产大修理支出应该在大修理间隔期内平均摊销；租入固定资产改良支出应该在租赁期内平均摊销。为了监督和核算长期待摊费用的发生、摊销和结存等情况，应设置“长期待摊费用”账户。该账户是资产类账户。借方登记已经支付且受益期超过一年的预先支付的费用项目；贷方登记已经在受益期间内摊销的费用项目的部分；余额一般在借方，表明截止本期期末尚未摊销的费用项目的余额。该账户按费用项目设置明细分类账。其一般账户结构见表 4-49。

表 4-49　**长期待摊费用**

借方	贷方
期初余额：期初尚未摊销的数额	
本期发生额：本期预先支付的应由以后各期承担的费用	本期发生额：各期已摊销的费用
期末余额：期末尚未摊销的数额	

此外还有“长期应收款”账户。本科目核算企业融资租赁产生的应收款项和采用递延方式分期收款、实质上具有融资性质的销售商品和提供劳务等经营活动产生的应收款项。本科目的期末借方余额，反映企业尚未收回的长期应收款。按照承租人或购货单位（接受劳务单位）等进行明细核算。

（四）其他负债类业务的账户设置

1.“其他应付款”账户

其他应付款是指除应付账款、应付票据、预收账款等之外的企业的各种应付、暂收其他单位或个人的款项。它包括：应付的租入包装物的租金和经营租入的固定资产的租金；企业职工未按期领取的工资；存入的保证金，如收取包装物的押金；应付、暂收所属单位或个人的款项；其他各种应付、暂收款项。

“其他应付款”账户用来反映企业存在的其他各种应付、暂收款项。该账户是负债类账户。借方登记企业发生的各种应付、暂收款项；贷方登记企业支付的各种其他应付款项；期末余额一般在贷方，表示期末尚未支付的各种其他应付款项。该账户按应付、暂收款的类别和单位或个人设置明细分类账。该账户一般结构见表 4-50。

表 4-50　**其他应付款**

借方	贷方
	期初余额：期初其他应付款实有数
本期发生额：本期发生的其他应付款减少额	本期发生额：本期发生的其他应付款增加额
	期末余额：期末其他应付款实有数

2. “应交税费”账户

应交税费是指企业依法交纳的各种税金。它包括：增值税、消费税、营业税、所得税、资源税、土地增值税、城市维护建设税、房产税、土地使用税、车船使用税以及在上交国家之前由企业代扣代缴的个人所得税等。企业依法应交纳的税款，在上交前暂时停留在企业，构成企业的一笔负债。企业应该按照税法规定，根据计税依据和税率等计算应交纳的税款，并向税务部门填报纳税申报表和纳税缴款书，及时足额地上交各种税金。各种税款的纳税期限一般根据税额的大小，由税务部门分别核定，企业逐期计算纳税或按月预交，年终汇算清缴，多交的退回，少交的补上。

为了反映暂停在企业应交纳的税金的发生、缴纳和补退情况，应设置“应交税费”账户。该账户是负债类账户。借方登记已交、抵扣、转出未交的税金；贷方登记应交、不予抵扣、转出多交的税金；期末余额一般在贷方，表示未交税金。该账户按照税种设置多栏式明细分类账。其一般账户结构见表 4-51。

表 4-51 应 交 税 费

	期初余额：期初尚未缴纳的税金的实有数
本期发生额：本期发生的应交税金的减少额	本期发生额：本期发生的应交税金的增加额
	期末余额：期末尚未缴纳的税金的实有数

3. “应付债券”账户

应付债券是指企业以发行公债的方式筹措资金而形成的负债。债券是指企业依照法定程序发行并且承诺在一定时期内还本付息的一种债务书面凭证。在凭证上记载了债券利率、期限等，发行企业依照记载事项允诺在未来某一特定日期还本付息。发行债券的方式有三种：面值发行（按票面面值的价格发行）、溢价发行（按超过票面面值的价格发行）、折价发行（按低于票面面值的价格发行）。企业发行超过一年以上的债券就构成了一项长期负债。“应付债券”用来核算企业为了筹集长期资金而实际发行债券所取得的资金和应付利息以及债券归还情况的账户。应付债券的核算主要有：债券发行的核算、债券利息的核算、债券溢价和折价摊销的核算、债券还本付息的核算等。企业应在备查账簿中设置“应付债券登记簿”，用来登记企业发行的债券的票面金额、利率、还款期限与方式、发行总额、发行日期和编号、委托债券承销部门等有关情况。该账户是负债类账户。它的贷方登记应付债券的本金和利息；借方登记归还的债券本金和利息；期末余额在贷方表示企业尚未归还的债券。“应付债券”科目下设置“债券面值”、“利息调整”、“债券溢价”、“债券折价”、“应计利息”等明细科目。需要说明的是如果企业发行的是一次还本付息的债券，每期计提的利息应该记入“应付债券”科目下的“应计利息”明细科目中，但是如果企业发行的是一次还本、分期付息方式的债券则每期应付的利息应单独记入“应付利息”这个账户中，不应在“应付债券”科目下的“应计利息”中核算。“应付债券”账户在核算时按照债券的种类进行明细分类核算。账户结构见表 4-52。

表 4-52 应 付 债 券

	期初余额：期初尚未归还应付债券的实有数
本期发生额：本期归还的债券的本金和利息	本期发生额：本期应付的债券的本金和利息
	期末余额：期末尚未归还应付债券的实有数

4."长期应付款"账户

长期应付款是指企业除长期借款和应付债券以外的其他各种长期应付款项。主要有：企业采用补偿贸易方式引进国外设备在尚未偿还价款前形成的负债、融资租入固定资产在尚未支付租赁费用前形成的负债等。"长期应付款"账户用来反映企业长期应付款的发生和归还情况。该账户是负债类账户。贷方记录企业发生的长期应付款项；借方记录企业归还的长期应付款项；期末余额在贷方，表示企业尚未偿还的各种长期应付款项。该账户按照长期应付款的种类设置明细账。其账户结构见表 4-53。

表 4-53　　**长 期 应 付 款**

	期初余额：期初尚未归还长期应付款项的实有数
本期发生额：本期归还的长期应付款项	本期发生额：本期发生的长期应付款项的增加额
	期末余额：期末尚未归还长期应付款项的实有数

5."应付利息"账户

应付利息核算企业按照合同约定应支付的利息，包括分期付息到期还本的长期借款和长期债券等应支付的利息。"应付利息"科目借方记录的是实际支付的利息，贷方记录的是计算确定应支付但尚未支付的利息，期末贷方余额表示企业按照合同约定应支付但尚未支付的利息。该科目按照债权人设置明细分类账进行核算。

三、其他主要经济业务的账务处理

现以甲企业的 12 月份经济业务为例，说明其他主要经济业务的账务处理。

（一）无形资产的账务处理

【例 4-39】　本月购进一项专利权，支付专利费用 20 000 元，以银行存款支付。

这笔业务使企业无形资产增加了 20 000 元，应记入"无形资产"账户的借方；同时，企业的银行存款减少了 20 000 元应记入"银行存款"账户的贷方。其会计分录如下。

借：无形资产　　20 000

　　贷：银行存款　　20 000

【例 4-40】　企业四月份购买了一项商标权，入账价值 60 000 元，合同规定收益年限 10 年，本月摊销此项无形资产 500 元。

这笔业务是企业的无形资产摊销，本月增加的摊销费用 500 元（60 000÷10÷12）为管理费用，应记入"管理费用"账户的借方；摊销无形资产使它的价值减少 500 元，应记入"累计摊销"账户的贷方。其会计分录如下。

借：管理费用　　500

　　贷：累计摊销——商标权　　500

（二）对外投资业务的账务处理

【例 4-41】　本企业从证券市场上购入 Y 公司发行的股票，准备作为长期投资，该批股票的购买价为 50 000 元，另支付手续费 300 元，均以银行存款支付。其中：购买股本 500 股，每股购买价格为 100 元。

该笔业务属于企业的长期股票投资，按实际支付的购买价和手续费作为它的实际成本，记入"长期投资"账户的借方；同时，企业的银行存款减少了 50 300 元应记入"银行存款"

账户的贷方。其会计分录如下。

借：长期股权投资　　50 300

　　贷：银行存款　　50 300

（三）其他资产类业务的账务处理

【例 4 - 42】 本企业委托某证券公司购入某公司股票 200 万股，将其划为交易性金融资产，该笔股票投资在购买入的公允价值为 2 000 万元。

这笔业务属于企业的交易性金融资产，企业取得交易性金融资产时，按交易性金融资产的公允价值，借记“交易性金融资产”；同时企业的其他货币资金减少了，应记入“其他货币资金”账户的贷方。其会计分录如下。

借：交易性金融资产——成本　　20 000 000

　　贷：其他货币资金——存出投资款　　20 000 000

【例 4 - 43】 企业在取得一项交易性金融资产时支付相关交易费用 300 元。

该笔业务是对企业已经发生的交易性金融资产时支付相关交易费用的核算，应当在发生时记入“投资收益”账户的借方；企业的其他货币资金减少 300 元，应记入“其他货币资金”账户的贷方。其会计分录如下。

借：投资收益　　300

　　贷：其他货币资金——存出投资款　　300

【例 4 - 44】 企业租入一批包装物，用银行存款向出租方支付押金 3 000 元。

该笔业务的发生使企业的银行存款减少了 3 000 元，应记入“银行存款”账户的贷方；企业向出租方收取的款项 3 000 元应记入“其他应收款”账户的借方。其会计分录如下。

借：其他应收款——存出保证金　　3 000

　　贷：银行存款　　3 000

【例 4 - 45】 企业从 Y 公司租入一台设备，租期为 4 年，依据租赁合同，可以对它进行改良，改良所发生的费用由企业自行承担。本月对设备进行改良，所发生的支出为：应付职工工资 9 000 元，支付工程款 10 200 元。本月设备改良完工且交付使用。本月应对设备改良支出摊销 400 元。

该笔业务是对企业发生的改良费用的确认和摊销，发生的改良费用 19 200 元增加了长期待摊费用，记入“长期待摊费用”账户的借方；应付职工工资增加了 9 000 元，记入“应付职工薪酬”账户的贷方；支付的工程款 10 200 元减少了银行存款，应记入“银行存款”账户的贷方；同时，改良费用应在租赁期间平均摊销，本月摊销的 400 元应从“长期待摊费用”的贷方转出，增加的摊销费用 400 元（19 200÷4÷12）为管理费用，应记入“管理费用”账户的借方。其会计分录如下。

发生费用：

借：长期待摊费用——租入固定资产改良支出　　19 200

　　贷：应付职工薪酬　　9 000

　　　　银行存款　　10 200

摊销费用：

借：管理费用　　400

　　贷：长期待摊费用——租入固定资产改良支出　　400

（四）其他负债类业务的账务处理

【例 4-46】 企业行政部门租入一项固定资产，租金为每月 500 元，用银行存款向出租方支付租金 500 元。

该笔业务反映企业在未支付租金前，企业的应付款项增加了 500 元，记入“其他应付款”账户的贷方；同时，企业的管理费用增加，应记入“管理费用”账户的借方。支付租金时企业的银行存款减少了500 元，应记入“银行存款”账户的贷方；向出租方支付时应付款项减少 500 元，记入“其他应付款”账户的借方。其会计分录如下。

发生费用：

借：管理费用　500

　贷：其他应付款　500

支付费用：

借：其他应付款　500

　贷：银行存款　500

【例 4-47】 企业转让一项专利应交营业税 2 000 元，用银行存款支付。

该笔业务发生后，企业的银行存款减少了 2 000 元，应记入“银行存款”账户的贷方；应交营业税已支付，即应交税金减少 2 000 元，应记入“应交税费”账户的借方。其会计分录如下。

借：应交税费——应交营业税　2 000

　贷：银行存款　2 000

【例 4-48】 企业于本月按面值发行债券总额 1 000 000 元，发行期为 3 年、到期一次还本付息、年利率为 8%。价款已存入银行。

此笔业务属于企业筹措资金而形成的长期负债，债券按面值发行 1 000 000 元，增加了企业的负债，应记入“应付债券”账户的贷方；筹措到的资金 1 000 000 元，增加了企业的银行存款，应记入“银行存款”账户的借方。其会计分录如下。

借：银行存款　1 000 000

　贷：应付债券——债券面值　1 000 000

【例 4-49】 本月向租赁公司融资租入设备一台，租赁合同上价款总额为 180 000 元，从下一年初开始，分 6 年于每年年末偿还，租赁期满后，本企业可以无偿拥有此设备。

企业融资租赁固定资产，在法律形式上资产的所有权在租赁期间属于出租人，但是资产租赁期包括了此项资产的有效使用年限，承租人实质上获得了租赁资产所提供的主要经济利益，相应也承担了与资产所有权有关的风险。因而承租人应将融资租入资产作为一项固定资产入账，同时确认其相应的负债，并与自有应折旧资产一样按一致的折旧政策计提折旧。本企业融资租入设备分 6 年偿还，属于企业筹措资金间接行为，此项业务使企业的长期负债增加 180 000 元，增加了的价款应记入“长期应付款”账户的贷方；增加了的设备属于企业的固定资产，应记入“固定资产”账户的借方。其会计分录如下。

借：固定资产——融资租入固定资产　180 000

　贷：长期应付款——应付融资租赁款　180 000

第七节 财务成果的核算

一、利润形成的核算

（一）利润的形成

反映企业一定会计期间的主要经营成果的数据来自于利润。作为具有盈利目的的企业，最终关注的是在一定会计期间内的盈亏状况，因为企业的获利能力是衡量企业财务成果好坏的一个重要指标。

企业的利润表现为现行会计模式下的收入与费用相互配比的结果和能直接计入当期利润的利得和损失等。所谓收入与费用相互配比是指“收入－费用＝利润”。具体表现为：如果收入与费用相互配比的结果为正数，则企业当期盈利；若是负数，则表示企业当期发生亏损。

收入是指企业在日常活动中形成的、会导致所有者权益增加的、与所有者投入资本无关的经济利益的总流入。如：商品销售收入、提供劳务收入和让渡资产使用权收入，即营业收入。在收入之外，企业还会发生一些经济业务所产生的利得也应该列入本期利润，如“营业外收入”。费用是指企业在日常活动中发生的、会导致所有者权益减少的、与向所有者分配利润无关的经济利益的总流出。包括三方面内容：①营业成本，为生产产品或提供劳务等发生的可归属于产品成本、劳务成本等费用，在确认产品销售收入或劳务收入时，计入当期损益；②有关费用，企业发生支出不直接产生经济利益的、或者即使能够产生利益但不符合或不再符合资产确认条件的，计入当前损益；③营业税金，企业发生的交易或者事项导致其承担了一项负债而又不确认资产的，计入当前损益。此外，企业还会发生一些经济业务所产生的损失也应该列入本期利润，如“营业外支出”。企业因投资所产生的发生在本期的净收益（利得—损失）也应该列入本期盈亏中，构成利润的一部分。

本书只介绍企业利润组成的主要部分。

1. 营业利润

营业利润＝营业收入－营业成本－营业税金及附加－销售费用－管理费用－财务费用－资产减值损失＋公允价值变动收益(－公允价值变动损失)＋投资收益(－投资损失)

营业收入＝“主营业务收入”＋“其他业务收入”

营业成本＝“主营业务成本”＋“其他业务支出”

资产减值损失是指企业计提各项资产减值准备所形成的损失。

公允价值变动收益或损失是指企业交易性金融资产等公允价值变动产生的应计入当期损益的利得或损失。

投资收益或损失是指企业对外进行投资时获取的收益或损失。

2. 利润总额

利润总额＝营业利润＋营业外收入＋营业外支出

企业获取的利润并不都归企业拥有，还有一部分要分给国家，即以税收的形式给国家上交所得税。因此，企业最终得到的是当期利润总额减去所得税以后的余额，即净利润，也称税后利润。用公式表示如下。

净利润(或税后利润)＝利润总额－所得税费用

（二）利润形成的账户设置

企业营业利润所涉及的账户名称分别为“主营业务收入”、“主营业务成本”、“营业税金及附加”、“其他业务收入”、“其他业务支出”、“营业外收入”、“营业外支出”、“投资收益”、“所得税费用”、“本年利润”等。

1. “其他业务收入”账户

“其他业务收入”账户用来核算企业除主营业务之外与营业活动有关的日常活动所产生的收入。该账户属于损益类账户。贷方记录其他业务收入的发生额；借方记录期末结转到“本年利润”账户贷方的数额；经结转，期末无余额。该账户按照其他业务收入的种类设置多栏式明细账户。其账户结构见表 4-54。

表 4-54　其他业务收入

	期初余额：零
本期发生额：期末转入“本年利润”账户数额	本期发生额：本期发生的其他业务收入数额
	期末余额：零

2. “其他业务支出”账户

“其他业务支出”账户用来核算企业除主营业务之外与经营活动有关的日常活动所耗费的支出。该账户属于损益类账户。借方记录其他业务支出的发生额；贷方记录期末结转到“本年利润”账户借方的数额；经结转，期末无余额。该账户按照其他业务支出的种类设置多栏式明细账户。其账户结构见表 4-55。

表 4-55　其他业务支出

期初余额：零	
本期发生额：本期发生的其他业务支出额	本期发生额：期末转入“本年利润”账户的数额
期末余额：零	

3. “营业外收入”账户

“营业外收入”账户用来核算在企业经营活动中发生的与营业活动没有直接关系的利得。该账户属于损益类账户。贷方记录“营业外收入”的发生额；借方记录期末结转到“本年利润”账户贷方的数额；结转后期末无余额。该账户按照“营业外收入”的项目设置多栏式明细账户。其账户结构见表 4-56。

表 4-56　营业外收入

	期初余额：零
本期发生额：期末转入“本年利润”账户数额	本期发生额：本期发生利得的数额
	期末余额：零

4. “营业外支出”账户

“营业外支出”账户用来核算企业经营活动中与营业活动没有直接关系的耗费。该账户属于损益类账户。借方记录“营业外支出”的发生额；贷方记录期末结转到“本年利润”账户借方的数额；结转后期末无余额。该账户按照“营业外支出”的项目设置多栏式明细账户。其账户结构见表 4 - 57。

表 4 - 57 **营业外支出**

期初余额：零	
本期发生额：本期发生的耗费额	本期发生额：期末转入“本年利润”账户的数额
期末余额：零	

5. “投资收益”账户

“投资收益”账户用来核算企业投资所发生的损益。该账户属于损益类账户。贷方登记企业对外投资所获得的收益；借方登记企业对外投资所产生的损失；期末将本期净损益额结转到“本年利润”账户，若为收益则结转到“本年利润”账户贷方，若是损失则结转到“本年利润”账户借方；结转后期末无余额。该账户按投资损益种类设置明细账户。其账户结构见表 4 - 58。

表 4 - 58 **投资收益**

	期初余额：零
本期发生额：本期发生的投资损失额和期末转入“本年利润”账户的净收益额	本期发生额：本期发生的投资收益额和期末转入“本年利润”账户的净损失额
	期末余额：零

6. “所得税费用”账户

所得税是企业依据应纳税所得额的一定比例上缴的一种税金，并且应计入当期损益的所得税费用。应纳税所得额是在企业会计利润基础之上通过调整而确定的。公式表示如下。

应纳税所得额＝会计利润＋纳税调整增加额－纳税调整减少额

企业应交所得税的计算公式如下。

应交所得税额＝应纳税所得额×所得税税率

“所得税费用”账户用来核算企业按税法规定从当期损益中扣除的应向国家交纳的所得税额。该账户属于损益类账户。借方登记依据应纳税所得额的一定比例计缴的税额；贷方记录期末结转到“本年利润”账户借方的税额；期末结转后无余额。其账户结构见表 4 - 59。

表 4 - 59 **所得税费用**

期初余额：零	
本期发生额：本期发生的计提的应交所得税额	本期发生额：期末转入“本年利润”账户的数额
期末余额：零	

7. “本年利润”账户

设置“本年利润”账户是用来核算企业本期会计期间内实现的净利润。该账户属于临时性的具有过渡性质的账户。会计期末，企业应将收益类账户的余额转入“本年利润”账户的贷方；将当期的成本、费用、支出、损失类账户的余额转入“本年利润”科目的借方；结转后“本年利润”账户的贷方余额为盈利，借方余额为亏损。年度终了，企业再将“本年利润”账户的累计余额（贷方余额或借方余额）转入“利润分配——未分配利润”账户的贷方或借方。结转后“本年利润”账户应无余额。其账户结构见表4-60。

表4-60　本　年　利　润

借方	贷方
期初余额：期（或月）初止累计亏损额	期初余额：期（或月）初止累计实现的利润净额
本期发生额：本期转入的各项费用额，包括主营业务成本、营业费用、主营业务税金及附加、其他业务支出、营业外支出、管理费用、财务费用、投资净损失、所得税、其他损失等	本期发生额：本期转入的各项收入额，包括主营业务收入、其他业务收入、营业外收入投资净收益、其他利得等
期末余额：期（或月）末止累计亏损额，年终结转：结转全年净盈利额	期末余额：期（或月）末止累计实现的利润净额，年终结转：结转全年净亏损额

二、利润分配的核算

（一）利润的分配

利润分配是指企业根据国家的有关规定和投资者的协议，对企业净利润进行的分配。可供分配利润是指企业本年实现的净利润加年初未分配利润或减年初未弥补亏损加其他转入。企业应该区别不同的利润分配内容进行核算。

企业利润分配的内容和程序如下。

1. 提取盈余公积

盈余公积是指企业按照规定，从净利润中提取的各种积累资金。企业提取盈余公积主要用于弥补亏损和转增资本。根据其用途不同可将盈余公积分为一般盈余公积和任意盈余公积两类。

（1）提取法定盈余公积。法定盈余公积按照本年实现净利润（税后利润）的一定比例提取，公司制企业（包括国有独资公司、有限责任公司和股份有限公司）依公司法规定按净利润的10％提取；其他企业可以根据需要确定提取比例，但至少应按10％提取。企业提取的法定盈余公积累计额达到其注册资本的50％时，可以不再提取。

（2）提取任意盈余公积。公司制企业提取法定盈余公积后，经过股东大会决议，可以提取任意盈余公积，其他企业也可以根据需要提取任意盈余公积。任意盈余公积的提取比例由企业视情况自行决定。

2. 分配给投资者

企业提取法定盈余公积和法定公益金后，可以按规定向投资者分配利润。

企业如果发生亏损，可以用以后年度实现的利润弥补，也可以用以前年度提取的盈余公积弥补。企业如果以前年度亏损未弥补完，不能提取法定盈余公积。在提取法定盈余公积前，不得向投资者分配利润。

（二）利润分配的账户设置

为了反映利润分配的过程和结果，企业应设置“利润分配”账户。该账户核算企业利润分配的各个项目的具体数额，以及利润分配后的余额。

1. “利润分配”账户

“利润分配”账户属于所有者权益类账户，用来核算企业利润净额的分配（或亏损的弥补）和历年分配（或弥补）后的累计余额。该账户一般应设置“其他转入”、“提取法定盈余公积”、“提取任意盈余公积”、“应付优先股股利”、“应付普通股股利”、“提取职工奖励及福利基金”、“提取储备基金”、“提取企业发展基金”、“利润归还投资”、“转做资本（或股本）

的普通股股利”、“未分配利润”等明细账户。

“利润分配”分类账户下设的有关提取盈余公积和给投资者分配利润的两类明细账户（提取盈余公积包括“提取法定盈余公积”、“提取任意盈余公积”、“提取储备基金”、“提取企业发展基金”、“利润归还投资”等；给投资者的分配为“应付优先股股利”、“应付普通股股利”等），借方分别登记当月应提盈余公积金数、应付投资者利润数；贷方平时无发生额；期末借方余额表示本年应提取盈余公积金、应付投资者的利润总数。年度终了企业应将这两类明细账户核算的全年提取盈余公积总额、应付投资者利润总额，全部转入“利润分配——未分配利润”账户的借方，结转后这两类明细账户应无余额。

“利润分配——未分配利润”明细账户，年末借方登记全年利润的分配数或亏损数；贷方登记全年实现的净利润数或弥补亏损；年末若为贷方余额则表示历年未分配利润累计数；若为借方余额则为历年未弥补的亏损额。其账户结构见表 4 - 61。

表 4 - 61 利　润　分　配

期初余额：期（或月）初累计未弥补亏损额	期初余额：期（或月）初累计未分配的利润额
本期发生额：本期净利润分配数和结转的本年累计亏损额	本期发生额：本期弥补的亏损额和结转的本年累计利润净额
期末余额：期（或月）末累计未弥补亏损额	期末余额：期（或月）末累计未分配利润额

2. “盈余公积”账户

“盈余公积”账户用来核算企业从净利润中提取的盈余公积金。贷方登记当期提取额；借方登记用盈余公积金弥补的亏损额、转增的资本额或支出数；贷方余额为提取盈余公积结存数额。该账户设置“法定盈余公积”、“任意盈余公积”等明细账户。其账户结构见表 4 - 62。

表 4 - 62 盈　余　公　积

	期初余额：期初盈余公积结存额
本期发生额：本期盈余公积减少额	本期发生额：本期盈余公积增加额
	期末余额：期末盈余公积结存额

3. “应付股利”账户

应付股利是指企业经过股东大会或类似的权利机构决议的年度利润分配方案中应当分配给股东的现金股利或利润。“应付股利”账户用来核算企业应付给股东的利润。该账户属于负债类账户。贷方登记应支付给股东的现金股利或利润；借方登记实际已支付给股东的现金股利或利润；余额在贷方表示为未支付的股东的现金股利或利润。该账户按照股东对象设置三栏式明细账。其账户结构见表 4 - 63。

表 4 - 63 应　付　股　利

	期初余额：期初应付未付现金股利或利润额
本期发生额：本期实际支付给股东的现金股利或利润额	本期发生额：本期应支付给股东的现金股利或利润额
	期末余额：期末未支付的现金股利或利润额

三、利润清算的核算

利润清算是指年末企业将本年实现的利润净额（盈利额或亏损额）从“本年利润”账户结转到清算账户“利润分配——未分配利润”账户中，同时将本年在“利润分配”账户下的其他明细账户的余额转入“利润分配——未分配利润”账户中。结转后，其他明细账户累计余额已转到“未分配利润”这个明细账户中，这些账户应该没有年终累计余额。

四、财务成果的账务处理

现以甲企业的12月份经济业务为例，说明财务成果的核算。

【例4-50】 本企业将拥有的一项专利权出租给X公司，该专利权的账面余额为10 000元，出租每月获得租金收入2 000元存入银行，应交营业税为100(2 000×5%）元，该专利剩余摊销年限为4年。

这是有关无形资产处置的业务。企业拥有的无形资产可以依法处置，处置的方法有两种：一是转让其使用权，二是转让其所有权。此业务属于转让其使用权，是将资产让渡给X公司使用，本企业（转让企业）仍拥有该项无形资产的所有权，不应注销无形资产的账面摊余价值，转让取得的收入计入“其他业务收入”，摊销无形资产成本和发生与转让有关的各种费用支出，按照配比原则计入“其他业务支出”。企业取得租金收入2 000元应记入“其他业务收入”账户的贷方；2 000元存入银行，应记入“银行存款”账户的借方；同时将支出的营业税100元和摊销的无形资产成本2 500(10 000÷4）元记入“其他业务支出”账户的借方；无形资产成本减少2 500元应记入“累计摊销”账户的贷方；营业税100元增加了企业的负债应记入“应交税费——应交营业税”账户的贷方。其会计处理如下。

取得租金：

借：银行存款	2 000	
贷：其他业务收入		2 000

摊销的无形资产及应交营业税：

借：其他业务支出	2 600	
贷：累计摊销——专利权		2 500
应交税费——应交营业税		100

【例4-51】 本企业将拥有的一项专利权出售，该专利权的账面余额为12 000元，出售取得收入14 000元存入银行，应交的营业税为700(14 000×5%）元。

这也是有关无形资产处置的业务。此业务属于转让其所有权，即出售无形资产。企业应将转让后获取的收益计入营业外收入，转让后产生的损失计入营业外支出。本企业出售专利权后，取得收入14 000元，增加了银行存款，应记入“银行存款”账户的借方；出售的无形资产12 000元记入“无形资产”账户的贷方；应交的营业税为700元记入“应交税费——应交营业税”账户的贷方；结转的出售无形资产的收益1 300(14 000－12 000－700)元应记入“营业外收入”账户的贷方。其会计处理如下。

借：银行存款	14 000	
贷：无形资产——专利权		12 000
应交税费——应交营业税		700
营业外收入——非流动资产处置利得		1 300

【例4-52】 接［例4-20］，本月末该项固定资产清理完毕。

此笔业务结转的是净损失。结转后应记入“固定资产清理”账户的贷方。同时，结转的净损失 6 000 元应记入“营业外支出”账户的借方。其会计分录如下。

结转的净损失：

借：营业外支出——非流动资产处置损益损失　　6 000

　　贷：固定资产清理　　6 000

【例 4 - 53】 本企业经批准能采取先征后返还增值税的办法减免 10 000 元，本月收到减免的增值税存入银行。

对于收到减免的增值税，按照国家规定，应将其确认为收益并入企业利润，除有指定用途的项目以外，照章征收企业所得税。收到减免的 10 000 元应记入“银行存款”账户的借方；减免的增值税可以作为国家给予的补助，应记入“营业外收入”账户的贷方。其会计分录如下。

借：银行存款　　10 000

　　贷：营业外收入　　10 000

【例 4 - 54】 本企业对外投资取得投资收入 5 000 元（被投资单位应交所得税率与本企业相同，分来的 5 000 元是税前利润）。

此笔业务是企业获得对外投资的收益，获得的收入 5 000 元应记入“投资收益”账户的贷方；同时企业的资产增加 5 000 元应记入“银行存款”账户的借方。其会计分录如下。

借：银行存款　　5 000

　　贷：投资收益　　5 000

【例 4 - 55】 将本月发生的有关损益类账户中的金额转入“本年利润”账户中，计算出本月的利润总额。

将各收益类账户（收入、营业外收入、投资取得的税前净收益）本期的余额转入“本年利润”账户的贷方；将记入当期损益的成本、费用或支出类账户的余额转入“本年利润”账户的借方。此时本月发生的利润总额为“本年利润”账户的贷方余额。其会计分录如下。

借：主营业务收入　　280 000

　　其他业务收入　　2 000

　　投资收益　　4 700

　　营业外收入　　11 300

　　贷：本年利润　　298 000

借：本年利润　　197 505.35

　　贷：主营业务成本　　127 089.2

　　　　营业税金及附加　　17 586

　　　　其他业务支出　　2 600

　　　　销售费用　　30 000

　　　　管理费用　　13 230.15

　　　　财务费用　　1 000

　　　　营业外支出　　6 000

【例 4 - 56】 依据累计的利润总额即贷方余额 100 494.65 元（298 000－197 505.35＝100 494.65，假设不需要调整利润），计算应交的所得税，税率为 25%。

所得税是企业的一项必要支出，通过税收的形式上缴给国家。因而此笔业务的发生使企业的费用增加了 25 123.66 元（100 494.65×25%＝25 123.662 5，取小数点后两位数为 25 123.66），记入“所得税费用”账户的借方；同时企业的负债也增加了 25 123.66 元，记入“应交税金——应交所得税”账户的贷方。其会计分录如下。

借：所得税费用　25 123.66

　　贷：应交税费——应交所得税　25 123.66

【例 4-57】 将企业的所得税费用转入“本年利润”账户的借方。计算出的利润总额通过转入应交所得税，得出累计利润净额即净利润。其会计分录如下。

借：本年利润　25 123.66

　　贷：所得税费用　25 123.66

【例 4-58】 依据净利润 75 370.99 元（100 494.65－251 123.66＝75 370.99）提取 10%的法定盈余公积金，支付 45%的股利。

此笔业务属于企业的利润分配，法定盈余公积（75 370.99×10%＝7 537.099，取小数点后两位数为 7 537.10 元）应记入“盈余公积”账户的贷方；支付股利（75 370.99×45%＝33 916.945 5，取小数点后两位数为 33 916.95 元）企业的负债增加应记入“应付股利”账户的贷方；同时企业的利润分配增加记入“利润分配”账户的借方。其会计分录如下。

借：利润分配——提取法定盈余公积　7 537.10

　　　　　　——应付股利　33 916.95

　　贷：盈余公积——法定盈余公积　7 537.10

　　　　应付股利　33 916.95

【例 4-59】 对本年的利润进行清算。将“本年利润”账户的本年累计贷方余额 75 370.99元（100 494.65－25 123.66＝75 370.99）从“本年利润”账户借方转入“利润分配——未分配利润”账户的贷方。此时表明企业盈利。经结转“本年利润”账户应无余额。其会计分录如下。

借：本年利润　75 370.99

　　贷：利润分配——未分配利润　75 370.99

若“本年利润”账户本年累计余额在借方，则结转到“利润分配——未分配利润”账户的借方，表明企业亏损。其会计分录如下。

借：利润分配——未分配利润

　　贷：本年利润

【例 4-60】 将“利润分配”的其他明细账户的余额转入“利润分配——未分配利润”账户中。年末累计余额借方为 41 454.05 元，贷方余额（净利润）为 75 370.99 元，两者之差33 916.94 元再加年初贷方余额 1 500 元，即 35 416.94 元构成下年度初未分配利润。结转提取盈余公积和应付股利，会计分录如下。

借：利润分配——未分配利润　41 454.05

　　贷：利润分配——提取法定盈余公积　7 537.10

　　　　　　　　——应付股利　33 916.95

本章小结

（1）企业进行生产的前期准备首先就是资金的筹集。筹集资金的主要经济业务包括主权资本业务和债权资本业务。在资金筹集过程中会计的核算主要设置的账户有："股本（实收资本）"、"资本公积"、"长期借款"、"短期借款"等科目。

（2）主权资本即投入资本的账务处理分为：有限责任公司的业务核算；股份有限公司的业务核算；资本公积的业务核算。

有限责任公司的业务核算主要是"实收资本"的核算。具体的业务有：企业接受现金资产投资的核算；企业接受实物资产投资的核算；企业接受无形资产投资的核算和企业接受外币资产投资的核算等。

股份有限公司业务核算主要是"股本"的核算，包括：公司发行股票筹集资金的核算；境内发行外资股的公司的股本核算。

资本公积的来源主要包括：资本（或股本）溢价和直接计入所有者权益的利得和损失等。资本公积的核算有：资本（或股本）溢价的核算；其他资本公积的核算；资本公积转增资本的核算等。

（3）债权资本即借入资金的账务处理主要是长期借款的会计核算和短期借款的会计核算。

（4）生产供应过程的主要经济业务有：购买材料；支付材料采购的各项相关费用和结转材料采购成本等业务。供应过程核算应设置的主要账户有："材料采购"账户、"原材料"账户、"应付账款"账户、"应付票据"账户、"预付账款"账户、"应交税费——应交增值税"账户、"库存现金"账户、"银行存款"账户以及"其他货币资金"账户等。

（5）生产准备过程的主要经济业务有：购买和自行建造固定资产的核算以及处置固定资产的核算。生产准备过程应设置的主要账户有："固定资产"、"在建工程"、"工程物资"、"固定资产清理"账户等。

（6）生产过程的主要经济业务内容为：计算分配材料费用；计算分配工资和福利费用；计算分配外购燃料及其动力费用；计提和分配固定资产折旧费用；计算分配所支付的各种其他货币性资产；计算分配制造费用；计算和结转产成品的生产成本等业务的账务处理。生产过程核算应设置的主要账户为："生产成本"账户、"制造费用"账户、"应付职工薪酬"账户、"累计折旧"账户、"产成品"账户、"管理费用"账户、"财务费用"账户等。

（7）销售过程的主要经济业务包含：企业通过销售获得销售收入的核算；销售产品的生产成本的结转；销售过程中发生的销售费用的核算；销售过程中税金的核算。销售过程核算应设置的主要账户："主营业务收入"账户、"主营业务成本"账户、"销售费用"账户、"营业税金及附加"账户、"应收账款"账户、"应收票据"账户、"预收账款"账户等。

（8）其他主要经济业务核算有以下几个方面的内容：无形资产购置和摊销的核算；对外投资的业务核算；其他资产类业务的核算即交易性金融资产、其他应收款和其他资产如长期待摊费用等业务的核算；其他负债类业务的核算如其他应付款、应交税金（除增值税以外）、应付债券、长期应付款等业务处理。

其他主要经济业务核算应设置的主要账户分别为"无形资产"、"累计摊销"、"长期投资”、“交易性金融资产”、“其他应收款”、“长期待摊费用”、“其他应付款”、“应交税费”、“应付债券”、“长期应付款”等账户。

(9) 财务成果的核算首先应该了解利润的形成。企业利润的组成主要分三部分：营业利润、投资损益、其他具体项目列示，如资产减值损失、非流动资产减值损失、公允价值变动损失等。利润形成的会计处理除营业利润所设置的账户外，还应涉及的账户有：“其他业务收入”、“其他业务支出”、“营业外收入”账户、“营业外支出”账户、“投资收益”账户、“所得税费用”账户和“本年利润”账户等。

(10) 利润分配的核算应该了解企业利润分配的内容和程序。分配利润首先应提取盈余公积，再分配给投资者。企业如果发生亏损，可以用以后年度实现的利润弥补，也可以用以前年度提取的盈余公积弥补。

利润分配的账户设置有“利润分配”账户、“盈余公积”账户和“应付股利”账户。

利润清算是指年末企业将本年实现的利润净额（盈利额或亏损额）从“本年利润”账户结转到清算账户“利润分配——未分配利润”账户中，同时将本年在“利润分配”账户下的其他明细账户的余额转入“利润分配——未分配利润”账户中。结转后，其他明细账户累计余额已转到“未分配利润”这个明细账户中，这些明细账户无年终累计余额。

复习与思考

1. 资金的来源主要有哪些方式？在资金筹集过程中的主要经济业务的内容有哪些？怎样核算？

2. 生产供应过程的主要经济业务的内容包括哪些？怎样核算？

3. 生产准备过程中的主要经济业务是指有关固定资产的购置，该设置哪些账户来核算固定资产的购置？

4. 列举生产过程中的主要经济业务内容，该设置哪些账户来核算其业务？

5. 销售过程的主要经济业务包含哪些？怎样核算？

6. 怎样核算无形资产购置和摊销业务？

7. 在对外投资的业务中设置哪些账户来核算？

8. 什么是债券？其发行方式有几种？怎样进行会计业务处理？

9. 企业利润的组成主要分几部分？怎样核算？

10. 企业利润的分配包括哪些内容？具体程序是什么？怎样核算？

11. 什么是利润清算？

练习题

1. 某公司201×年1月1日发生以下经济业务。

(1) 收到B投资者投入的货币资金120万元，C投资者以一台设备作价60万元投资，一项专利投资作价20万元，企业注册资本200万元。

(2) 1年后，接受D投资者投入货币资金240万元，占注册资本的50%，企业注册资本为400万元。

（3）将资本公积 60 万元转增资本。

要求：根据以上资料编制有关会计分录。

2. 某公司 201×年 1 月 1 日向银行借入资金 500 000 元，期限 3 个月，年利率 6%。借款利息按月预提，按季度支付，该笔借款本金到期一次归还。要求：根据以上资料编制有关会计分录。

3. 某公司于 201×年 1 月 1 日从银行借入资金 1 200 000 元，借款期限 3 年，年利率为 10%（到期一次还本付息，不计复利），用于某项工程购建。该项工程第二年末试生产成功，交付使用并办理竣工决算手续。要求：作出借入资金、计提利息和归还本息的会计分录。

4. 某公司购入不需要安装的设备 1 台，买价 40 000 元，销售方开具的增值税专用发票上注明增值税额 6 800 元，包装费 600 元。款项已通过银行支付，设备已交付使用。要求作出相关会计分录。

5. 某公司采用汇兑结算方式购入一批甲材料，增值税专用发票上注明的价款 40 000 元，增值税额 6 800 元，材料的运杂费 1 500 元，材料尚未到达企业。要求做出相关会计分录。

6. 承题 5，上述购入的甲材料已收到，并验收入库。要求做出相关会计分录。

7. 某公司采用委托收款结算方式购入一批乙材料并验收入库，直到月末有关发票账单仍未收到，实际成本也无法确定，暂估价值为 50 000 元。要求作出相关会计分录。

8. 某公司根据“发料凭证汇总表”的记录，201×年 3 月生产产品用 200 000 元，车间管理部门领料 5 000 元，企业行政管理部门领料 3 000 元，共计 208 000 元。要求做出相关会计分录。

9. 某公司 201×年 3 月 1 日结存 A 材料 3 000 千克，每千克实际成本 10 元；3 月 6 日和 18 日分别购入该材料 9 000 千克和 8 000 千克，每千克实际成本 11 元和 12 元；3 月 10 日和 26 日分别发出该材料 8 000 千克和 10 000 千克。假定该公司采用永续盘存制。要求：采用月末一次加权平均法计算 3 月份发出和结存材料的成本。

10. 某企业 5 月份生产 A、B 两种产品，发生下列经济业务，根据资料编制会计分录。

（1）本月投产 A 产品 100 件、B 产品 50 件，生产 A 产品领用甲材料 10 000 元，生产 B 产品领用乙材料 8 000 元。

（2）本月应付职工工资如下：生产 A 产品工人的工资 5 000 元，生产 B 产品工人的工资 2 500元，车间管理人员工资 2 500 元，企业管理部门人员工资 1 500 元。

（3）按照工资总额的 14%计提职工福利费。

（4）从银行提取现金 11 500 元，以备发放职工工资。

（5）以现金发放本月份应付职工工资 11 500 元。

（6）用现金购买办公用品 450 元，其中车间办公用品 200 元，企业管理部门办公用品 250 元。

（7）以银行存款支付水电费 1 000 元，其中车间水电费 700 元，企业管理部门水电费 300 元。

（8）领用丙材料 6 000 元，其中车间一般耗用 5 500 元，企业管理部门消耗 500 元。

（9）提取本月固定资产折旧 12 000 元，其中车间使用固定资产应提折旧 7 000 元，企业管理部门用固定资产应提折旧 5 000 元。

（10）月末，将本月发生的制造费用按生产 A、B 两种产品工人的工资比例进行分配。

(11) 本月投产的两种产品全部完工并验收入库，计算并结转完工入库产品的生产成本。

11. 某企业201×年9月份发生下列经济业务，根据资料编制会计分录。

(1) 5日企业销售A产品50件，增值税专用发票所列单价为2 000元，价款100 000元，增值税额17 000元，价税合计117 000，款项全部收到存入银行。

(2) 11日企业采用托收承付方式销售给新华公司B产品80件，增值税专用发票所列单价为1 500元，价款120 000元，增值税额20 400元，价税合计140 400，全部款项尚未收到。

(3) 25日上述款项收到存入银行。

(4) 12日企业采用预收货款方式售给乙公司商品一批，销售价格500 000元，增值税85 000元，协议规定购货方在协议签订日预付150 000元，余款在交货时付清。当日收到预付款并存入银行。

(5) 销售原材料一批，价款2 000元，增值税340元。

(6) 月末，结转本月已销产品的生产成本和原材料的成本，其中A产品共销售500件，每件产品生产成本为1 000元，B产品300件，每件生产成本为800元，原材料的实际成本为1 200元。

(7) 用银行存款支付广告费2 000元。

(8) 按产品销售收入的4%计提消费税28 800元。

(9) 企业经计算，本月销售A、B产品应缴纳的城市维护建设税3 500元，教育费附加1 500元。

12. 某企业10月份又发生下列经济业务，根据资料编制会计分录。

(1) 售给国贸公司A产品200件，每件285元，货款57 000元，增值税9 690元，款项尚未收到。

(2) 以银行存款支付推销产品的电视广告费3 600元。

(3) 售给捷达公司A产品380件，每件285元，货款79 800元，增值税额13 566元，款项已收到，存入银行。

(4) 以银行存款支付销售A产品运输费3 850元。

(5) 根据合同规定，预收大华工厂订购B产品780件40%的货款37 440元，存入银行。

(6) 售给大华工厂订购的B产品780件，每件120元，计货款93 600元，增值税15 912元，其中37 440元为预收账款，其余款项尚未收到。

(7) 以银行存款支付销售B产品的运输费1 962元。

(8) 收到大华工厂前欠的部分款项30 000元，存入银行。

(9) 本月应支付销售部门职工的工资28 000元。

(10) 出租包装物收取租金1 000元存入银行。

(11) A产品单位成本为200元，B产品单位成本为100元，结转已售A、B两种产品的生产成本。

(12) 本月应交增值税的销项税为39 168元，进项税为22 253元，本月应交增值税16 915（39 168－22 253）元，按照应交增值税的7%计算应交城市维护建设税，按3%计算应交教育费附加。

13. 某企业201×年8月份发生下列有关利润形成与分配的业务，根据资料编制会计分录。

（1）企业将无法偿还的应付款 4 000 元转作营业外收入处理。

（2）捐赠某小学现金 6 000 元。

（3）收到供货单位违约罚款 1 000 元存入银行，作为营业外收入处理。

（4）结转本月实现的各项收入，其中：主营业务收入 150 000 元，其他业务收入 5 000 元，营业外收入 5 000 元。

（5）结转本月发生的各项费用，其中：主营业务成本 40 000 元，营业税金及附加 2 000 元，销售费用 3 000 元，管理费用 5 000 元，财务费用 3 000 元，营业外支出 6 000 元。

（6）按利润总额的 25%计算本月应交所得税费用，并转入"本年利润"账户。

（7）按净利润的 10%提取法定盈余公积金，按 20%提取任意盈余公积金。

（8）按净利润的 50%计算应付给投资者的利润。

14. 某企业 201×年 10 月份发生下列有关利润形成与分配的业务，根据资料编制会计分录。

（1）月末将收入类账户归集的数额结转到"本年利润"账户，其中，主营业务收入为 168 500 元，其他业务收入为 4 500 元，营业外收入为 3 000 元，投资收益 6 000 元。

（2）月末将费用类账户归集的数额结转到"本年利润"账户，其中，主营业务成本为 126 000 元，营业税金及附加为 6 720 元，销售费用为 7 210 元，管理费用为 8 220 元，财务费用为 500 元，营业外支出为 5 000 元。

（3）按照利润总额的 25%计算企业应交的所得税费用。

（4）将所得税费用结转到"本年利润"账户。

（5）按净利润的 10%计提法定盈余公积金。

（6）企业权利机构决定按净利润的 70%向投资者分配利润。

15. 某企业 12 月份发生的部分经济业务如下，根据资料编制会计分录。

（1）发生确实无法偿还的应付账款一笔，金额 3 000 元，经批准转作营业外收入。

（2）因销售产品出借给大华公司包装物一批，收取大华公司交来的包装物押金 590 元，存入银行。

（3）大华公司因将包装物丢失，未能返还包装物，没收其全部押金 590 元。

（4）出售多余甲材料一批，取得价款收入 1 500 元，收取销项税 255 元，存入银行。

（5）结转甲材料的销售成本，其账面价值为 1 000 元。

（6）以现金支付出售甲材料的搬运费 120 元。

（7）出售专利权一项，取得价款收入 1 000 元，存入银行。该专利权的账面价值为 600 元。

（8）接银行通知，已收取出租固定资产的租金收入 850 元。

（9）企业因火灾造成乙材料净损失 7 200 元。

（10）以银行存款支付违约罚款 500 元。

（11）收到股利收入 2 000 元，存入银行。

（12）期末，结转本月实现的有关收入及费用。假设 12 月末，各有关损益类账户的本月发生额如下：主营业务收入 85 000 元，主营业务成本 48 000 元，销售费用 4 200 元，营业税金及附加 1 500 元，管理费用 1 300 元，财务费用 800 元，营业外收入 3 600 元，营业外支出 9 000 元，其他业务收入 4 200 元，其他业务成本 3 000 元，投资收益 2 000 元。

（13）按利润总额的 25%计提本月应交所得税。

（14）结转所得税到“本年利润”账户。

（15）假设 12 月初，“本年利润”账户的贷方余额为 250 000 元。分别按当年净利润的 10%和 5%的比例提取法定盈余公积金和公益金。

（16）按当年净利润的 50%的比例向投资者分配利润。

（17）月末将全年实现的净利润结转到“利润分配——未分配利润”账户。

（18）将已分配的利润转入“利润分配——未分配利润”明细账户。

（19）计算当年形成的未分配利润金额。

第五章　会　计　凭　证

学习目标

（1）掌握会计凭证、原始凭证和记账凭证的含义和种类。

（2）理解原始凭证和记账凭证的内容填写方法。

会计凭证是会计核算的重要依据，填制和审核会计凭证是会计核算的一种专门方法，也是整个会计工作的基础。企业应根据《会计法》等相关法律规范的要求，做好会计凭证的填制、审核、传递和保管等工作。通过本章的学习，应掌握会计凭证的概念、种类、作用、填制方法、审核方法以及传递和保管等内容。

第一节　会计凭证的概述

一、会计凭证的含义

为了保证会计信息的真实性、可靠性和可稽核性，如实地反映各种经济业务对企业会计诸要素的影响情况，经过会计确认而进入复式记账系统的每一项经济业务在其发生的过程中所涉及的每一个原始数据都必须有根有据，这就要求企业对外或对内所发生的每一项交易或事项，都应该在其发生时具有相关的书面文件来接受这些相关的数据，也就是应该由经办或完成该项经济业务的有关人员运用这些书面文件具体地记录每一项经济业务所涉及的业务内容、数量和准确金额，同时，为了对书面文件所反映的有关内容的合法性、合理性和真实性负责，还需要经办人员在这些书面文件上签字盖章。这些书面文件就是会计凭证。

所谓会计凭证就是用来记录经济业务，明确经济责任，并作为登记账簿依据的书面证明文件，是重要的会计资料。在实际工作中，购买物品时由供货单位开出的发票、支付款项时由收款单位开给的收据、财产收发时由经办人员开出的收货单和发货单等，都属于会计凭证。

二、会计凭证的作用

会计凭证是会计信息的载体之一，会计核算工作程序主要包括"凭证—账簿—报表"三个步骤，会计凭证则是其中的起点和基础。也就是说，填制、取得并审核会计凭证是会计循环全过程中的初始阶段和最基本的环节，这个环节的工作正确与否，直接关系到会计循环中其他步骤内容的正确性。所以，在会计核算过程中，会计凭证具有非常重要的作用，简述如下。

（1）会计凭证作为一种载体，可以及时正确地反映各项经济业务的发生和完成情况。会计信息是经济信息的重要组成部分。它一般是通过数据以凭证、账簿、报表等形式反映出来的。随着生产的发展，及时准确的会计信息在企业管理中的作用越来越重要。任何一项经济业务的发生，都要编制或取得会计凭证。会计凭证是记录经济活动的最原始资料，是经济信息的载体。通过会计凭证的加工、整理和传递，可以直接取得和传导经济信息，既协调了会计主体内部各部门、各单位之间的经济活动，保证生产经营各个环节的正常运转，又为会计分析和会计检查提供了基础资料。

（2）会计凭证是登记账簿的依据（间接依据和直接依据）。任何单位，每发生一项经济业务，如现金的收付、商品的进出，以及往来款项的结算等，都必须通过填制会计凭证，来如实记录经济业务的内容、数量和金额，然后经过审核无误，才能登记入账。如果没有合法的凭证作依据，任何经济任务都不能登记到账簿中去。因此，做好会计凭证的填制和审核工作，是保证会计账簿资料真实性、正确性的重要前提。

（3）填制和审核会计凭证，可以更有效地发挥会计的监督作用，使经济业务合理合法。通过对会计凭证的审核，可以查明各项经济业务是否符合法规、制度的规定，有无贪污盗窃、铺张浪费和损公肥私的行为，从而发挥会计的监督作用，保护各会计主体所拥有资产的安全完整，维护投资者、债权人和有关各方的合法权益。

（4）填制和审核会计凭证，便于分清经济责任，加强经济管理中的责任制。由于会计凭证记录了每项经济业务的内容，并要由有关部门和经办人员签章，这就要求有关部门和有关人员对经济活动的真实性、正确性、合法性负责。这样，无疑会增强有关部门和有关人员的责任感，促使他们严格按照有关政策、法令、制度、计划或预算办事。如有发生违法乱纪或经济纠纷事件，也可借助于会计凭证确定各经办部门和人员所负的经济责任，并据以进行正确的裁决和处理，从而加强经营管理的岗位责任制。

三、会计凭证的种类

会计凭证种类繁多，按其填制程序和用途不同，可以分为原始凭证和记账凭证两大类。原始凭证是记载经济业务发生与完成的原始凭证，是登记记账凭证的依据；记账凭证以原始凭证为依据编制、确定会计分录，是登记账簿的直接依据。会计凭证的种类可归纳如图 5 - 1 所示，将在下面一一为大家举例详解。

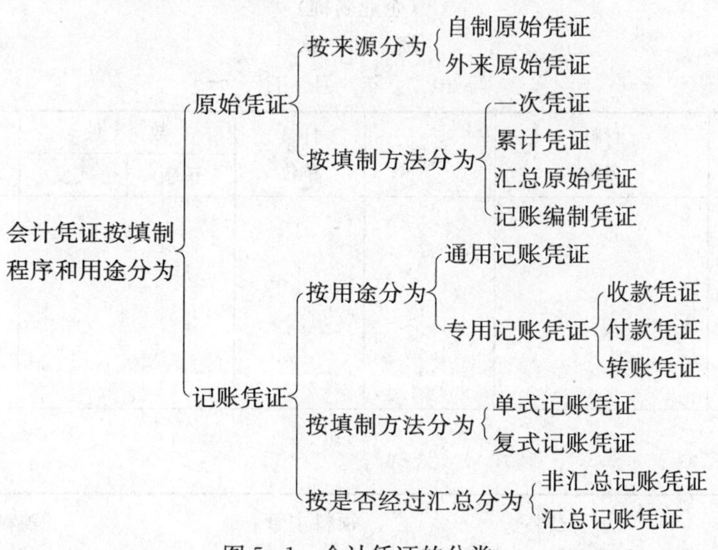

图 5 - 1　会计凭证的分类

第二节 原 始 凭 证

一、原始凭证的含义

所谓原始凭证是在经济业务发生时填制或取得的，用以证明经济业务的发生或完成情况，并作为记账依据（间接依据）的书面证明。

原始凭证是进行会计核算的原始资料和重要依据，一切经济业务的发生都应由经办部门或经办人员向会计部门提供能够证明该项经济业务已经发生或已经完成的书面单据，以明确经济责任，并作为编制记账凭证的原始依据，原始凭证是进入会计信息系统的初始数据资料。一般而言，在会计核算过程中，凡是能够证明某项经济业务已经发生或完成情况的书面单据就可以作为原始凭证，如有关的发票、收据、银行结算凭证、收料单、发料单等；凡是不能证明该项经济业务已经发生或完成情况的书面文件就不能作为原始凭证，如生产计划、购销合同、银行对账单、材料请购单等。

原始凭证不仅是一切会计事项的入账根据，而且是企业单位加强内部控制所常使用的手段之一。

二、原始凭证的种类

由于每项经济业务都要填制或取得原始凭证，不同类型的经济业务所采用的原始凭证各不相同，因此原始凭证的种类是多样的。原始凭证可以按照不同的标准进行划分。

（1）原始凭证按其来源不同，可分为自制原始凭证和外来原始凭证。

自制原始凭证，是指由本单位经办业务的部门和人员，在执行或完成某项经济业务时，按照经济业务的内容自行填制的原始凭证。例如，领用材料时填制的领料单、企业材料入库时填制的收料单、职工出差填制的差旅费报销单等。领料单的格式见表 5-1。

表 5-1　　领料单的格式

（企业名称）

领料单位：　　　　领　料　单　　　　编号：

用途：　　　　20　　年　月　日　　　　仓库：

材料类别	材料编号	材料名称	规格	计量单位	数量		单价	金额
					请领	实发		
备注：								

仓库保管员：　　　　发料：　　　　领料主管：　　　　领料：

外来原始凭证，是指在经济业务发生或完成时从其他单位或个人取得的凭证。例如，从销货单位取得的发票、银行收款通知或支款通知、上缴税金的收据等。发票的格式见表 5-2。

表 5-2　　　　　　　　**增值税专用发票**　　　　　　　　No.

开票日期：　　年　月　日

<table>
<tr><td rowspan="2">购货单位</td><td>名称</td><td colspan="3"></td><td colspan="11">纳税人登记号</td><td colspan="9"></td></tr>
<tr><td>地址、电话</td><td colspan="3"></td><td colspan="11">开户银行及账号</td><td colspan="9"></td></tr>
<tr><td colspan="2" rowspan="2">货物或应税劳务名称</td><td rowspan="2">计量单位</td><td rowspan="2">数量</td><td rowspan="2">单价</td><td colspan="10">金　额</td><td rowspan="2">税率（%）</td><td colspan="9">税　额</td></tr>
<tr><td>仟</td><td>佰</td><td>拾</td><td>万</td><td>仟</td><td>佰</td><td>拾</td><td>元</td><td>角</td><td>分</td><td>佰</td><td>拾</td><td>万</td><td>仟</td><td>佰</td><td>拾</td><td>元</td><td>角</td><td>分</td></tr>
<tr><td colspan="2"></td><td></td><td></td><td></td><td></td><td></td><td></td><td></td><td></td><td></td><td></td><td></td><td></td><td></td><td></td><td></td><td></td><td></td><td></td><td></td><td></td><td></td><td></td></tr>
<tr><td colspan="2"></td><td></td><td></td><td></td><td></td><td></td><td></td><td></td><td></td><td></td><td></td><td></td><td></td><td></td><td></td><td></td><td></td><td></td><td></td><td></td><td></td><td></td><td></td></tr>
<tr><td colspan="2"></td><td></td><td></td><td></td><td></td><td></td><td></td><td></td><td></td><td></td><td></td><td></td><td></td><td></td><td></td><td></td><td></td><td></td><td></td><td></td><td></td><td></td><td></td></tr>
<tr><td colspan="2">合　计</td><td></td><td></td><td></td><td></td><td></td><td></td><td></td><td></td><td></td><td></td><td></td><td></td><td></td><td></td><td></td><td></td><td></td><td></td><td></td><td></td><td></td><td></td></tr>
<tr><td colspan="2">价税合计（大写）</td><td colspan="23">仟　佰　拾　万　仟　佰　拾　元　角　分￥________</td></tr>
<tr><td rowspan="2">销货单位</td><td>名称</td><td colspan="3"></td><td colspan="11">纳税人登记号</td><td colspan="9"></td></tr>
<tr><td>地址、电话</td><td colspan="3"></td><td colspan="11">开户银行及账号</td><td colspan="9"></td></tr>
<tr><td>备注</td><td colspan="24"></td></tr>
</table>

第二联：发票联　购货方记账

收款人：　　　　　　　　　　　　　　　　　　开票单位（未盖章无效）：

（2）原始凭证按其填制方法的不同，可分为一次凭证、累计凭证、汇总原始凭证和记账编制凭证四种。

一次凭证，是指只反映一项经济业务或同时反映若干同类经济业务的凭证，填制手续是一次完成的，已填列的凭证不能再重复使用。绝大多数自制原始凭证和外来原始凭证都是一次凭证（见表 5-1）。

累计凭证，是指在一定时期内，用来连续地反映不断重复发生的同类经济业务的凭证，填制手续是在一张凭证中多次进行才能完成的。例如，限额领料单。限额领料单中标明了某种材料在规定期限内的领料限额，用料单位每次领料及退料，都要由经办人员在限额领料单上逐笔记录、签章，并结出限额结余。限额领料单的格式见表 5-3。

表 5-3　　　　　　　　**限额领料单的格式**

（企业名称）

限 额 领 料 单　　　　　　仓库：　　　号

领料部门：　　　　　　20　年　月　　　　　计划产量：

用途：　　　　　　　　　　　　　　　　　　单位消耗定额：

<table>
<tr><td rowspan="2">材料类别</td><td rowspan="2">材料编号</td><td rowspan="2">材料名称</td><td rowspan="2">规　格</td><td rowspan="2">计量单位</td><td rowspan="2">单价</td><td rowspan="2">领料限额</td><td colspan="2">全月实领</td></tr>
<tr><td>数量</td><td>金额</td></tr>
<tr><td></td><td></td><td></td><td></td><td></td><td></td><td></td><td></td><td></td></tr>
</table>

<table>
<tr><td rowspan="2">日期</td><td colspan="3">请　领</td><td colspan="2">实　发</td><td colspan="3">退　料</td><td rowspan="2">限额结余</td></tr>
<tr><td>数量</td><td>领料单位负责人</td><td>领料人</td><td>数量</td><td>发料人</td><td>数量</td><td>退料人</td><td>收料人</td></tr>
<tr><td></td><td></td><td></td><td></td><td></td><td></td><td></td><td></td><td></td><td></td></tr>
<tr><td></td><td></td><td></td><td></td><td></td><td></td><td></td><td></td><td></td><td></td></tr>
<tr><td></td><td></td><td></td><td></td><td></td><td></td><td></td><td></td><td></td><td></td></tr>
</table>

仓库负责人：　　　　　　　　　　　　　　车间生产计划员：

汇总原始凭证是指在一定时期内将许多反映同类经济业务的原始凭证进行汇总编制而成的原始凭证。例如，发出材料汇总表、工资结算汇总表等。发出材料汇总表的格式见表5-4。汇总原始凭证所汇总的内容，只能是同类经济业务，不能汇总两类或两类以上的经济业务。

表5-4　　　　发出材料汇总表的格式

（企业名称）

发出材料汇总表

20　年　月

会计科目		领料部门	原料及主要材料	辅助材料	燃料	合计
生产成本	基本厂产车间	一车间				
		二车间				
		小计				
	辅助生产车间	供水车间				
		机修车间				
		小计				
制造费用						
管理费用						
合　计						

制表：　　　　　　　　　　　　　　　　　　审核：

记账编制凭证，企业的原始凭证一般都是以实际发生或完成的经济业务为依据，由经办人员填制并盖章，但有些原始凭证，则是由会计人员根据账簿记录的结果，对某些特定事项进行归类、整理而编制的，这类原始凭证称为记账编制凭证。例如，月末计算产品成本时，根据制造费用账簿记录所编制的制造费用分配表，其格式见表5-5。

表5-5　　　　制造费用分配表

20　年　月

分配对象	分配标准	分配率	应分配金额
合　计			

制表：　　　　　　　　　　　　　　　　　　审核：

三、原始凭证的基本内容

各种原始凭证所记录的经济业务是多种多样的，每一原始凭证所包含的具体内容也不尽相同。例如，收料单所记录的是材料的收入，而领料单所记录的是材料的领用。但是无论哪一种原始凭证，都应该反映有关经济业务的执行和完成情况，明确经办业务的单位、部门和人员及其他有关单位的经济责任。因此，各种原始凭证都应具备一些共同的基本内容，也称为原始凭证基本要素。一般来说，这些基本内容包括以下几个方面。

（1）原始凭证的名称。反映原始凭证所记录经济业务的内容、种类和原始凭证的用途。如“发货票”、“领料单”等。

（2）填制原始凭证的日期、编号。填制原始凭证的日期一般是业务发生或完成的日期。如果在业务发生或完成时，因各种原因未能及时填制原始凭证的，应以实际填制日期为准。销售商品、产品未能及时开出发货票的，实际填制的日期即为补开发货票的日期。

（3）填制原始凭证单位的名称或填制人姓名。

（4）经办人员的签名或盖章。经办人员签名盖章是为了明确经办人员的经济责任。

（5）接受原始凭证单位的名称。将接受凭证单位与填制凭证单位或填制人员相联系，表明经济业务的来龙去脉。

（6）经济业务的内容。经济业务内容主要是表明经济业务的项目、名称及有关的附注说明。

（7）数量、单价和金额。这部分内容是原始凭证的核心，主要表明经济业务的计量。

有些原始凭证所包括的内容，不仅应当满足财务、会计工作的需要，还应当满足计划、统计和其他方面工作的需要。因此，有些原始凭证除了包括上述基本内容以外，还应当补充一些必要的内容。例如，在自制原始凭证上注明同该项经济业务有关的生产计划、合同和预算项目等。

在实际工作中，各会计主体可以根据经济业务的特点和本单位会计核算和管理的需要，按照原始凭证应当具备的基本内容和补充内容，设计和使用适合本单位的各种原始凭证，以充分发挥原始凭证的作用。对于在一定范围内经常发生的大量的同类经济业务，可以由有关主管部门设计统一的原始凭证格式。例如，由税务部门统一印制的增值税发票、交通部门统一印制的运费单据、中国人民银行统一印刷的结算凭证等。这样可以加强宏观管理，防止舞弊等违法行为的发生，促进节约。

四、原始凭证的填制要求

原始凭证是具有法律效力的证明文件，是进行会计核算的依据，必须认真填制。一般情况下，由填制人员将各项原始凭证的要素按规定方法填写齐全，办妥签章手续，明确经济责任。

虽然原始凭证的种类繁多，具体的填制方法和要求也不一样，但是就原始凭证应反映经济业务、明确经济责任而言，原始凭证的填制一般要符合下列要求。

（一）记录真实

真实性是填制原始凭证最重要的要求。凭证上记载的经济业务，必须与实际情况完全符合，决不允许有任何歪曲或弄虚作假，不得匡算、估算和随意填写。对于实物的数量质量检验和金额计算，都要经过严格的审核。从外单位取得的原始凭证若有遗失，应取得原签发单位盖有财务章的证明，并注明原来凭证的号码、金额和内容等，经单位负责人批准后，可代作原始凭证。对于确实无法取得证明的，如火车票、飞机票等凭证，由当事人写出详细情况，由经办单位负责人批准后，可代作原始凭证。

（二）内容完整

凭证中的各项内容，包括基本内容和补充内容都要详尽地填写齐全，不得漏填或省略不填。如果项目填写不全，则不能作为经济业务的合法证明，也不能作为有效的会计凭证。为了明确经济责任，原始凭证必须由经办部门和人员签章。从外单位取得的原始凭证，必须盖有填制单位的公章或财务专用章。从个人取得的原始凭证，必须有填制人员的签名或盖章。自制原始凭证必须有经办单位领导人或指定人员的签名或盖章。对外开出的原始凭证，必须加盖本单位公章或财务专用章。

（三）手续完备

原始凭证的填制手续，必须符合内部牵制原则的要求。凡是填有大写和小写金额的原始凭证，大写与小写金额必须相符；购买实物的原始凭证，必须有实物的验收证明；支付款项的原始凭证，必须有收款方的收款证明。一式几联的原始凭证，应当注明各联用途，只能以一联作为报销凭证。一式几联的发票和收据，必须用双面复写纸套写，并连续编号。作废时应当加盖作废戳记，连同存根一起保存，不得撕毁。销货退回时，除填制退货发票外，必须取得对方的收款收据或开户行的汇款凭证，不得以退货发票代替收据；职工公出借款凭据，必须附在记账凭证之后，收回借款时，应另开收据或退回收据副本，不得退回原借款收据。经有上级有关部门批准办理的经济业务，应当将批准文件作为原始凭证的附件，如果批准文件需要单独归档的，应在凭证上注明批准机关名称、日期和文件字号。

（四）书写规范

原始凭证上的文字或数字，要按规定书写，必须严肃认真，字迹要清楚、工整，易于辨认。合计的小写金额前应标注人民币符号“￥”（涉及外币业务时，凭证上的金额前要标注外币符号，如“US＄”、“HK＄”等），人民币符号与阿拉伯数字之间不得留有空白。数字后面不再写“元”字。所有以元为单位的阿拉伯数字除表示单价等情况外，一律填写到角分。无角分的角位和分位可写“00”，或符号“——”；有角无分的，分位应写“0”，不得用符号“——”代替。

汉字大写金额数字，一律用正楷或行书字书写，如壹、贰、叁、肆、伍、陆、柒、捌、玖、拾、佰、仟、万、亿、元（圆）、角、分、零、整，不得用一、二、三、四、五、六、七、八、九、十、毛、另等字样代替，不得任意使用未经国务院颁布的简化字。大写金额前应标注“人民币”（或“美元”、“港币”等）字样，币值单位与金额数字之间，以及各金额数字之间不得留有空隙。大写金额，最后为“元”的，应加“整”字断尾。

阿拉伯数字中间有“0”时，汉字大写金额要写“零”字，如￥1 804.50，汉字大写金额应写成人民币壹仟捌佰零肆元伍角。阿拉伯金额数字中间连续有几个“0”时，汉字大写金额中可以只写一个“零”字，如￥1 008.52，汉字大写金额应写成人民币壹仟零捌元伍角贰分。阿拉伯金额数字万位或元位是“0”或者数字中间连续有几个“0”，元位也是“0”，但千位、角位不是“0”时，汉字大写金额中可以只写一个“零”字，也可以不写“零”字，如￥2 380.67，应写成人民币贰仟叁佰捌拾元零陆角柒分，或者写成人民币贰仟叁佰捌拾元陆角柒分；又如￥908 000.63，应写成人民币玖拾万捌仟元零陆角叁分，或者写成人民币玖拾万零捌仟元陆角叁分。阿拉伯金额数字角位是“0”，而分位不是“0”时，汉字大写金额“元”后面应写“零”字，如￥15 401.04，应写成人民币壹万伍仟肆佰零壹元零肆分。

各种原始凭证不得随意涂改、挖补。发现原始凭证有错误的，应当由开出单位重开或者更正，更正处应当加盖开出单位的公章。对于重要的原始凭证，如支票以及各种结算凭证填写错误，则不得在原始凭证上更正，应按规定的手续办理注销留存，另行填写。

（五）填制及时

每笔经济业务发生或完成后应按规定由经办人员填写或取得原始凭证，并及时送交会计部门审核，作为记账依据。如果不能做到及时，就可能会造成差错、舞弊，甚至违法行为的发生。

五、原始凭证的填制方法

不同的原始凭证，其填制的方法不同。自制原始凭证一般是根据经济业务的执行或完成的实际情况直接填制的，如仓库根据实际收到材料的名称和数量填制的“收料单”等，也有一部分自制原始凭证是根据有关账簿记录资料按照经济业务的要求加以归类、整理而重新编制的，如“制造费用分配表”等。外来原始凭证是由其他单位或个人填制的，其填制内容和方法与自制原始凭证基本相同，也要具备能证明经济业务完成情况和明确经济责任所需要的相关内容。具体填制方法见表5-1～表5-5。

六、原始凭证的审核

我们知道，原始凭证载有的内容只是含有会计信息的原始数据，必须经过会计确认，才能进入会计信息系统进行加工处理。原始凭证在填制或取得的过程中，由于种种原因，难免会出现各种错弊。为了保证原始凭证的真实性、完整性和合法性，企业的会计部门对各种原始凭证都要进行严格的审核，只有经过严格审核合格的原始凭证，才能作为编制记账凭证和登记账簿的依据。审核原始凭证不仅是确保会计初始信息真实、可靠的一项重要措施，同时也是发挥会计监督作用的重要手段，还是会计机构、会计人员的重要职责。

《中华人民共和国会计法》第十四条规定：会计机构、会计人员必须按照国家统一的会计制度的规定对原始凭证进行审核，对不真实、不合法的原始凭证有权不予接受，并向单位负责人报告；对记载不准确、不完整的原始凭证予以退回，并要求按照国家统一的会计制度的规定更正、补充。《中华人民共和国会计法》的这条规定赋予了会计人员相应的监督权限，为企业会计人员严肃、认真地审核原始凭证提供了法律上的依据。由此不难看出，企业会计人员对原始凭证的审核，主要是审核原始凭证的真实性、完整性和合法性三个方面。具体分述如下。

（一）审核原始凭证的真实性

按照会计真实性原则的要求，原始凭证所记载的内容必须与实际发生的经济业务内容相一致，所以，审核原始凭证的真实性，就是要审核原始凭证所记载的与经济业务有关的当事单位和当事人是否真实，原始凭证的填制日期、经济业务内容、数量以及金额是否与实际情况相符等。

（二）审核原始凭证的完整性

原始凭证所反映的内容包括很多个项目，所以，在审核时要注意审核原始凭证填制的内容是否完整，应该填列的项目有无遗漏，有关手续是否齐全，金额的大小写是否相符，特别是有关签字或盖章是否都已具备等。

（三）审核原始凭证的合法性

审核原始凭证的合法性就是审核原始凭证所反映的经济业务内容是否符合国家政策、法律法规、财务制度和计划的规定，成本费用列支的范围、标准是否按规定执行，有无违反财经纪律、贪污盗窃、虚报冒领、伪造凭证等违法乱纪行为。

会计机构、会计人员在审核原始凭证时，对于不真实、不合法的原始凭证如伪造或涂改的原始凭证等，有权不予受理，并向单位负责人报告，请求查明原因，追究当事人的责任，进行严肃处理，对于不合法、不合规定的一切开支，会计人员有权拒绝付款和报销；对于记载不准确、不完整的原始凭证，应予以退回，并要求经办人员按照国家统一的会计制度的规定进行更正、补充。

会计信息系统所具有的监督作用主要体现在原始凭证的审核上。通过对原始凭证的审核，确保输入会计信息系统的数据真实、合理、合法，从而为会计系统最终所提供的财务报告信息的质量提供有效保证，所以，只有经过审核无误的原始凭证，才能作为编制记账凭证和登记有关账簿的依据。

第三节 记 账 凭 证

一、记账凭证的含义

记账凭证也称传票，是由会计人员根据审核无误的原始凭证或原始凭证汇总表，按记账的要求归类整理而编制的，用来确定会计分录并作为记账直接依据的会计凭证。

由于原始凭证的内容不同，格式各异、种类繁多、数量浩大，对应关系也不直观，如果根据原始凭证记账，容易发生差错。为此，在会计记录时，可以先根据原始凭证或汇总原始凭证编制记账凭证，确定应借、应贷的账户和金额，而将原始凭证作为附件附于其后，再据以记账，这样可以减少记账错误，便于核对和查账，保证记账工作的质量。

二、记账凭证的种类

（1）记账凭证按其用途不同，可以分为专用记账凭证和通用记账凭证。

专用记账凭证，是指分类记录经济业务的记账凭证。这种记账凭证按其记录经济业务的内容不同，又可分为收款凭证、付款凭证和转账凭证。

收款凭证是用以记录现金和银行存款收入业务的会计凭证，根据现金和银行存款收入业务的原始凭证填制而成。如用现金支付职工差旅费、以银行存款支付材料费用等。收款凭证又可根据记录的具体对象不同区分为现金收款凭证和银行存款收款凭证两种。其中，现金收款凭证是根据现金收款业务的原始凭证填制的收款凭证；银行存款收款凭证是根据银行存款收款业务的原始凭证填制的收款凭证。收款凭证的格式见表 5 - 6、表 5 - 7 和表 5 - 8。

付款凭证是用以记录现金和银行存款付出业务的会计凭证，根据现金和银行存款付出业务的原始凭证填制而成。如收到销货款项存入银行等。付款凭证又可根据记录的具体对象不同区分为现金付款凭证和银行存款付款凭证两种。其中，现金付款凭证是根据现金付款业务的原始凭证填制的付款凭证；银行存款付款凭证是根据银行存款付款业务的原始凭证填制的付款凭证。付款凭证的格式见表 5 - 9、表 5 - 10 和表 5 - 11。

表 5 - 6 收 款 凭 证

借方科目： 年 月 日 收字第 号

摘 要	贷方科目		金 额										√
	账科目	科目	千	百	十	万	千	百	十	元	角	分	
	计金额												

附单据 张

会计主管： 记账： 复核： 出纳： 制单：

表 5-7　收　款　凭　证

借方科目：库存现金　　年　月　日　　现收字第　号

摘　要	贷方科目		金　额										√	附单据　张
	总账科目	明细科目	千	百	十	万	千	百	十	元	角	分		
	合计金额													

会计主管：　记账：　复核：　出纳：　制单：

表 5-8　收　款　凭　证

借方科目：银行存款　　年　月　日　　银收字第　号

摘　要	贷方科目		金　额										√	附单据　张
	总账科目	明细科目	千	百	十	万	千	百	十	元	角	分		
	合计金额													

会计主管：　记账：　复核：　出纳：　制单：

表 5-9　付　款　凭　证

贷方科目：　　年　月　日　　付字第　号

摘　要	借方科目		金　额										√	附单据　张
	总账科目	明细科目	千	百	十	万	千	百	十	元	角	分		
	合计金额													

会计主管：　记账：　复核：　出纳：　制单：

表 5-10　付　款　凭　证

贷方科目：库存现金　　年　月　日　　现付字第　号

摘　要	借方科目		金　额										√	附单据　张
	总账科目	明细科目	千	百	十	万	千	百	十	元	角	分		
	合计金额													

会计主管：　记账：　制单：　复核：　出纳：

表 5-11 付 款 凭 证

贷方科目：银行存款 年 月 日 银付字第 号

摘要	借方科目		金额										√
	总账科目	明细科目	千	百	十	万	千	百	十	元	角	分	
	合计金额												

附单据 张

会计主管： 记账： 制单： 复核： 出纳：

需要指出的是，在会计实务中，涉及现金和银行存款之间的收付业务，也称相互划转，即将现金存入银行或从银行提取现金，通常只编付款凭证，不编收款凭证，以避免重复记账。

收款凭证和付款凭证既是登记现金日记账、银行存款日记账、明细分类账及总分类账等账簿的依据，也是出纳人员收、付款项的依据。出纳人员不能依据现金、银行存款收付业务的原始凭证收付款项，必须根据会计主管人员或指定人员审核批准的收款凭证和付款凭证收付款项，以加强对货币资金的管理，有效地监督货币资金的使用。

转账凭证是用以记录不涉及现金和银行存款收付业务（转账业务）的会计凭证，根据有关转账业务的原始凭证或记账编制凭证填制而成。如材料或产成品入库、生产费用的分配等。转账凭证的格式见表 5-12。转账凭证是登记总分类账及有关明细账的依据。

表 5-12 转 账 凭 证

年 月 日 转字第 号

摘要	总账科目	明细科目	√	借方金额										√	贷方金额									
				千	百	十	万	千	百	十	元	角	分		千	百	十	万	千	百	十	元	角	分
合计																								

附单据 张

会计主管： 记账： 复核： 制单：

通用记账凭证，是指用来记录所有经济业务的记账凭证。在规模小、会计人员少、经济业务比较简单的单位，为了简化凭证，可以使用通用的记账凭证，记录所发生的各种经济业务。其格式与转账凭证基本相同，见表 5-13。

（2）记账凭证按其填制方法的不同，可分为单式记账凭证和复式记账凭证。

单式记账凭证，是指在一张凭证上只登记一个会计科目的凭证，其对方科目不凭此记账，只供参考。一笔经济业务涉及多少个会计科目，就要填制多少张凭证。填列借方科目的称为借项记账凭证，填列贷方科目的称为贷项记账凭证。借项记账凭证和贷项记账凭证的格式见表 5 - 14 和表 5 - 15。单式记账凭证的优点，一是内容单一，便于按科目汇总，即每张凭证只汇总一次，减少差错，二是有利于分工填制凭证和记账，将责任落实到每个人身上，从而可以更好地贯彻内部控制制度，防止差错和违法行为的发生。单式记账凭证的缺点是，工作量大，不利于在一张凭证上反映经济业务的全貌，不便于分析、考核。

表 5 - 13 **记 账 凭 证**

年 月 日 第 号

摘要	总账科目	明细科目	√	借方金额										√	贷方金额									
				千	百	十	万	千	百	十	元	角	分		千	百	十	万	千	百	十	元	角	分
合计																								

附单据 张

会计主管： 记账： 出纳： 复核： 制单：

表 5 - 14 **借 项 记 账 凭 证**

年 月 日 凭证编号：

摘要	一级科目	明细科目	账页	金额
	合 计			

会计主管： 记账： 复核： 出纳： 制单：

表 5 - 15 **贷 项 记 账 凭 证**

年 月 日 凭证编号：

摘要	一级科目	明细科目	账页	金额
	合 计			

会计主管： 记账： 复核： 出纳： 制单：

复式记账凭证，是指在一张凭证上登记每笔会计分录所包含的全部会计科目。上述专用记账凭证和通用记账凭证均为复式记账凭证。复式记账凭证的优点是，在一张凭证上能反映出一笔经济业务的全貌，便于查账，减少了工作量。复式记账凭证的缺点是，不便于分工记账和汇总计算每一会计科目的发生额。在实际工作中，应根据本单位业务的繁易和会计人员分工情况选择确定。

（3）记账凭证，按其是否经过汇总不同，可分为非汇总记账凭证和汇总记账凭证。

非汇总记账凭证，是指只包括一笔会计分录的记账凭证。上述专用记账凭证和通用记账凭证，单式记账凭证和复式记账凭证均为非汇总记账凭证。

汇总记账凭证，是指把反映同类经济业务或多类经济业务的记账凭证汇总在一起编制而成的记账凭证，目的是简化登记总分类账的手续。按汇总方法不同，可分为分类汇总和全部汇总两种。分类汇总是指根据一定时期内反映同类经济业务的记账凭证定期加以汇总而重新编制的记账凭证，包括汇总收款凭证、汇总付款凭证和汇总转账凭证。全部汇总是指将一定时期内所有的记账凭证定期加以汇总而重新编制的记账凭证，这种记账凭证又称为科目汇总表。

汇总记账凭证的格式见表 5 - 16、表 5 - 17、表 5 - 18 和表 5 - 19。

表 5 - 16 **汇总收款凭证**

借方科目： 汇收字第 号

贷方科目	金额				总账页数	
	1—10 第 号至第 号	11—20 第 号至第 号	21—30 第 号至第 号	合计	借方	贷方

表 5 - 17 **汇总付款凭证**

贷方科目： 汇付字第 号

借方科目	金额				记账	
	1—10 第 号至第 号	11—20 第 号至第 号	21—30 第 号至第 号	合计	借方	贷方

表 5 - 18 **汇总转账凭证**

贷方科目： 汇转字第 号

借方科目	金额				总账页数	
	1—10 第 号至第 号	1—10 第 号至第 号	1—10 第 号至第 号	合计	借方	贷方

表 5-19　　科 目 汇 总 表

年　月　　第　号

会计科目	总账页数	本期发生额		记账凭证起讫号数
		借方	贷方	
银行存款 应收账款 原材料 生产成本 应付账款 应交税金 ⋮				
合　计				

三、记账凭证的基本内容

记账凭证的一个重要作用就在于将审核无误的原始凭证中所载有的原始数据通过运用账户和复式记账系统编制会计分录而转换为会计账簿所能接受的专有语言，从而成为登记账簿的直接依据，完成第一次会计确认。因此，作为登记账簿直接依据的记账凭证，虽然种类不同、格式各异，但一般要具备以下的基本内容。

(1) 记账凭证的名称，如"收款凭证"、"付款凭证"、"转账凭证"等。

(2) 记账凭证的填制日期，一般用年、月、日表示，要注意的是记账凭证的填制日期不一定就是经济业务发生的日期。

(3) 记账凭证的编号。

(4) 经济业务的内容摘要，由于记账凭证是对原始凭证直接处理的结果，所以，只需将原始凭证上的内容简明扼要地在记账凭证中予以说明即可。

(5) 经济业务所涉及的会计科目及金额，这是记账凭证中所要反映的主要内容。

(6) 所附原始凭证的张数，以便于日后查证。

(7) 有关人员的签字盖章，通过这一步骤，一方面能够明确各自的责任，另一方面又有利于防止在记账过程中出现的某些差错，从而在一定程度上保证了会计信息系统最终所输出会计信息的真实、可靠。

四、记账凭证的填制要求

记账凭证是登记账簿的直接依据，为了提高编制记账凭证的质量，发挥记账凭证的作用，各种记账凭证在填制时除严格按原始凭证的填制要求外，还应注意以下填制要求。

(一) 摘要要简明

记账凭证的"摘要"是对经济业务的简要说明。摘要栏的填写很重要，必须根据原始凭证正确填写，不得漏填或错填。但摘要栏空间有限，字数不能太多，尽量做到既意义完备又简明扼要。同时，填写摘要时，要考虑到登记明细账的需要，对不同的经济业务和不同性质的科目，其摘要栏的填写应有所区别。例如，反映原材料等实物财产的科目，摘要栏内要注明品种、数量、单价等，反映现金、银行存款或借款的科目，摘要栏内要注明收付凭证和结算凭证的号码以及款项增减变动原因、收付款单位名称等。

（二）分录要正确

记账凭证上会计科目的使用必须准确无误，应按照国家会计制度统一规定的会计科目名称和内容，结合经济业务的特点分析填列。如有二级和明细科目也要填列齐全。尤其是在编制复合会计分录时，应为一“借”多“贷”或一“贷”多“借”，一般不编多“借”多“贷”的会计分录。记账凭证上金额的登记方向、大小写数字必须正确，符合数字书写规定，角分位不留空格。合计金额的第一位数字前要填写币种符号，如人民币符号“￥”。

（三）要连续编号

记账凭证的编号，在1月内必须连续，以便查考。采用一种通用记账凭证，可按经济业务发生的先后顺序编号；采用专用记账凭证的，可按收、付、转记账凭证分类编号。如现收字第1号、银付字第4号、转字第8号等。若一笔经济业务需要填制两张以上记账凭证时，可采用分数编号法。如一项经济业务需要填制3张转账凭证，凭证顺序号为18，这3张凭证的编号则分别为转字第18 $\frac{1}{3}$号、转字第18 $\frac{2}{3}$号、转字第18 $\frac{3}{3}$号。每月末最后一张记账凭证的号旁还要加注“全”字。记账凭证的编号对于凭证的完整无缺具有重要作用，不可忽视。

（四）逐项填写

记账凭证应按行次逐项填写，不能跳行。记账凭证填制完经济业务事项后，如有空行，应当自金额栏最后一笔金额数字下的空行处至合计数上的空行处划线注销。

（五）要标明附件

除期末结账和更正错误的记账凭证可以不附原始凭证外，其他记账凭证必须附有原始凭证，并在记账凭证的附单据栏内，应标明记账凭证所附原始凭证的张数，以便核对摘要及所编会计分录是否正确无误。如果一张原始凭证涉及几张记账凭证，可以把原始凭证附在一张主要的记账凭证后面，并在其他记账凭证上注明附有该原始凭证的记账凭证的编号或者原始凭证复印件。一张原始凭证所列支出需要几个单位共同负担的，应当将其他单位负担的部分，开给对方原始凭证分割单，进行结算。原始凭证分割单必须具备原始凭证的基本内容。附有原始凭证的记账凭证可以根据每一张原始凭证单独填制，也可以根据若干张同类的原始凭证汇总填制，还可以先将同类的原始凭证编成原始凭证汇总表，再根据原始凭证汇总表填制记账凭证。但不得将不同内容和类别的原始凭证汇总填制在一张记账凭证上。

五、记账凭证的填制方法

如前所述，记账凭证按其所反映的经济内容不同分为收款凭证、付款凭证和转账凭证，由于它们的格式和内容不完全相同，所以其填制方法也有所不同。

收款凭证是根据有关现金和银行存款增加业务的原始凭证填制的。收款凭证（见表5-8）的左上方“借方科目”，应填写“库存现金”或“银行存款”科目；凭证上的年、月、日应按填制日起填写；右上方编号应按时间先后顺序连续填写，不得漏号、重号或错号；“摘要”栏要填写经济业务的主要内容；“贷方科目”栏填写与“库存现金”或“银行存款”相对应的科目（包括一级科目和明细科目），贷方科目的金额应填入与各科目相对应的同一行“金额”栏内；合计行的金额表示借方科目库存现金或银行存款的金额。入账后要在“过账”栏作“对号”符号或注明登记入账的页数，以备考察，并防止重复记账或漏记，“附件张数”记录所附原始凭证的张数。

付款凭证是根据有关现金和银行存款减少业务的原始凭证填制的。付款凭证（见表5-9）

与收款凭证的填制方法基本相同，不同的是在付款凭证左上角应填列相应的贷方科目；“借方科目”栏应填写与现金减少或银行存款减少相对应的一级科目和明细科目。

对于现金和银行存款之间的相互划转业务，例如从银行提取现金，或将现金存入银行，一般只填写银行存款或现金的付款凭证，以避免重复记账。还有一种做法是，同时填制收款凭证和付款凭证，并在两张凭证的对方科目过账栏事先用“对号”销号，在记账时，根据收款凭证只记借方账户，根据付款凭证只记贷方账户。

转账凭证是根据不涉及现金和银行存款增减的转账业务的原始凭证填制的。转账凭证（见表5-12）中的“会计科目”栏应分别填列一级科目和明细科目，借方金额栏填列在与贷方科目相对应的同一行内，且“借方金额”合计数与“贷方金额”合计数相等。其他项目的填列方法与收款凭证填列方法相同。

在实际工作中，一些小型企业或收付款业务较少的企业，采用通用记账凭证，通用记账凭证的填列方法与转账凭证的填列方法相同。

另外，有的企业还采用单式记账凭证，一项经济业务的会计分录涉及几个会计科目，就需要填制几张单式记账凭证。为了保持会计科目之间的对应关系，便于核对，在填制一套会计分录时编一个总号，再按凭证张数编几个分号。如第6笔经济业务涉及3个会计科目，编号则为$6\frac{1}{3}$、$6\frac{2}{3}$、$6\frac{3}{3}$。单式记账凭证中，填列借方账户名称的称为借项记账凭证，填列贷方账户名称的称为贷项记账凭证。为了便于区别，两者通常用不同的颜色印刷。

六、记账凭证的审核

正确地编制记账凭证是正确地进行会计处理的前提。所以，记账凭证填制完成以后，必须由会计主管人员或其他指定人员进行严格审核。应该说，记账凭证的审核同原始凭证的审核一样，也是会计确认的一个重要环节，都是为了保证会计信息的真实、可靠，对经济业务在会计账簿上正式加以记录之前所采取的复式记账系统内部的一种防护性措施。因此，为了正确登记账簿和监督经济业务，除了在记账凭证的编制过程中，有关人员应认真负责、正确填制、加强自审之外，还要对记账凭证建立综合审核制度。记账凭证审核的主要内容如下。

（1）记账凭证是否附有原始凭证；记账凭证的内容与所附原始凭证的内容是否相符；记账凭证上填写的附件张数与实际原始凭证张数是否相符。

（2）会计科目的应用是否正确；二级或明细科目是否齐全；会计科目的对应关系是否清晰；金额的计算是否正确。

（3）内容摘要的填写是否清楚，是否正确归纳了经济业务的实际内容；记账凭证中有关项目是否填列齐全；有关人员是否签字或盖章等。

严格地说，记账凭证的审核，同原始凭证一样，共同组成会计确认的一个环节，都是在会计账簿上正式加以记录之前的必要步骤。在记账凭证的审核过程中，如果发现差错，应查明原因，按照规定的办法及时处理和更正。只有经过审核无误的记账凭证，才能作为登记账簿的直接依据。

第四节　会计凭证的传递与保管

一、会计凭证的传递

会计凭证的传递是指从凭证的填制或取得时起，经过审核、记账、装订到归档保管时止，在单位内部有关业务部门和人员之间按规定的时间、路线办理业务手续和进行处理的过程。

正确、合理地组织会计凭证的传递，可以使经济业务得到及时处理，有利于协调单位内部各部门之间的关系，明确经济责任，实行会计监督，加强内部控制制度的执行。因此，明确规定凭证的传递过程和时间，具有重要作用。如企业职工出差借差旅费业务，首先要由职工填制借款单，注明借款用途和事由，经主管部门负责人同意签字后，到财务部门办理借款手续，经财会部门相关人员审核批准填制付款凭证后，出纳人员方可据以支付这笔款项，并在付款凭证上打上付款戳记，再交会计人员登记账簿。这个过程就涉及凭证的合理传递问题。凭证由谁填制或取得，由谁在何时将其送交哪一个部门，由谁在何时去办理下一步手续，办完所有手续后，由谁负责送交会计部门，由谁审核，由谁在何时负责整理，由谁在何时填制记账凭证和登记账簿，直到归档保管为止。

科学合理地组织会计凭证的传递一般包括规定凭证的传递路线、传递时间以及传递手续三个方面的内容。

（一）传递路线

会计凭证的传递路线是指凭证流经的各环节及其先后次序。各单位的经济业务不同，内部机构设置和人员分工情况不同，会计凭证的传递程序也不同。因此各单位应根据自己的特点，恰当地规定会计凭证传递的路线。既要保证会计凭证经过必要的环节进行处理和审核，又要尽量避免会计凭证经过不必要的环节，做到既有利于会计反映和监督，又要减少不必要的劳动，从而提高工作效率。

（二）传递时间

会计凭证的传递时间，是指各种凭证在各经办部门、环节所停留的最长时间。

关于凭证传递时间的确定，应考虑各环节的工作内容和工作量，以及在正常情况下完成工作所需的时间。为了保证核算的及时性，应明确规定各种凭证在各个部门和业务环节停留的最长时间，指定专人负责按规定的顺序和时间监督凭证的传递。只有这样才能保证凭证传递畅通无阻，使其通过最短途径并以最快速度传递。

（三）传递手续

会计凭证的传递手续，是指凭证在传递过程中的衔接手续。

应尽量做到既完备严密，又简便易行。凭证的收发、交接应有一定的制度手续，以确保会计凭证的安全和完整。

在会计凭证传递过程中，若遇有不合理的环节，应根据实际情况及时加以修改，确保会计凭证传递程序的合理化、制度化和传递时间的节约。

二、会计凭证的保管

会计凭证是各项经济活动的历史记录，是重要的经济档案。为了便于随时查阅利用，各种会计凭证在办理好各项业务手续，并据以记账后，应由会计部门加以整理、归类，并送交档案部门妥善保管。为了保管好会计凭证，更好地发挥会计凭证的作用，《会计基础工作规范》第五十五条对此作了明确的规定，具体可归纳为以下几点。

（一）会计凭证的整理归类

会计部门在记账以后，应定期（一般为每月）将会计凭证加以归类整理，即把记账凭证及其所附原始凭证，按记账凭证的编号顺序进行整理，在确保记账凭证及其所附原始凭证完整无缺后，将其折叠整齐，加上封面、封底，装订成册，并在装订线上加贴封签，以防散失和任意拆装。在封面上要注明单位名称、凭证种类、所属年月和起讫日期、起讫号码、凭证张数等。会计主管或指定装订人员要在装订线封签处签名或盖章，然后入档保管。

对于那些数量过多或各种随时需要查阅的原始凭证，可以单独装订保管，在封面上注明记账凭证的日期、编号、种类，同时在记账凭证上注明“附件另订”字样。各种经济合同和重要的涉外文件等凭证，应另编目录，单独登记保管，并在有关记账凭证和原始凭证上注明。

（二）会计凭证的造册归档

每年的会计凭证都应由会计部门按照归档的要求，负责整理立卷或装订成册。当年的会计凭证，在会计年度终了后，可暂由会计部门保管一年，期满后，原则上应由会计部门编造清册移交本单位档案部门保管。档案部门接收的会计凭证，原则上要保持原卷册的封装，个别需要拆封重新整理的，应由会计部门和经办人员共同拆封整理，以明确责任。会计凭证必须做到妥善保管，存放有序，查找方便，并要严防毁损、丢失和泄密。

（三）会计凭证的借阅

会计凭证原则上不得借出，如有特殊需要，须报请批准，但不得拆散原卷册，并应限期归还。需要查阅已入档的会计凭证时，必须办理借阅手续。其他单位因特殊原因需要使用原始凭证时，经本单位负责人批准，可以复制。但向外单位提供的原始凭证复印件，应在专设的登记簿上登记，并由提供人员和收取人员共同签名或盖章。

（四）会计凭证的销毁

会计凭证的保管期限，一般为 15 年。保管期未满，任何人都不得随意销毁会计凭证。按规定销毁会计凭证时，必须开列清单，报经批准后，由档案部门和会计部门共同派员监销。在销毁会计凭证前，监督销毁人员应认真清点核对，销毁后，在销毁清册上签名或盖章，并将监销情况报本单位负责人。

本 章 小 结

会计凭证就是用来记录经济业务，明确经济责任，并作为登记账簿依据的书面证明文件，是重要的会计资料。会计凭证具有非常重要的作用：①会计凭证作为一种载体，可以及时正确地反映各项经济业务的发生和完成情况；②会计凭证是登记账簿的依据（间接依据和直接依据）；③填制和审核会计凭证，可以更有效地发挥会计的监督作用，使经济业务合理合法；④填制和审核会计凭证，便于分清经济责任，加强经济管理中的责任制。会计凭证种类繁多，按其填制程序和用途不同，可以分为原始凭证和记账凭证两大类。

所谓原始凭证是在经济业务发生时填制或取得的，用以证明经济业务的发生或完成情况，并作为记账依据（间接依据）的书面证明。原始凭证不仅是一切会计事项的入账根据，而且是企业单位加强内部控制所常使用的手段之一。原始凭证按其来源不同，可分为自制原始凭证和外来原始凭证；按其填制方法的不同，可分为一次凭证、累计凭证、汇总原始凭证和记账编制凭证四种。原始凭证的填制一般要符合记录真实、内容完整、书写规范、手续完备、填制及时。审核原始凭证，主要是审核其真实性、合法性、准确性和完整性。

记账凭证也称传票，是由会计人员根据审核无误的原始凭证或原始凭证汇总表，按记账的要求归类整理而编制的，用来确定会计分录并作为记账直接依据的会计凭证。记账凭证按其用途不同，可以分为专用记账凭证和通用记账凭证。专用记账凭证又可分为收款凭证、付款凭证和转账凭证。记账凭证应当根据经过审核的原始凭证及有关资料编制。只有经过审核无误后的记账凭证，才能据以登记账簿。

会计凭证的传递是指从凭证的填制或取得时起，经过审核、记账、装订到归档保管时止，在单位内部有关业务部门和人员之间按规定的时间、路线办理业务手续和进行处理的过程。会计凭证的整理、归档、保管必须严格执行会计制度的有关规定。

复习与思考

1. 什么是会计凭证？其作用有哪些？
2. 为什么要取得或填制原始凭证？原始凭证的作用是什么？
3. 如何对原始凭证进行分类？它们之间的关系是怎样的？
4. 为什么要编制记账凭证？它与原始凭证的关系是怎样的？
5. 如何对记账凭证进行分类？它们之间的关系是怎样的？
6. 说明原始凭证的一般内容和审核办法。
7. 说明记账凭证的一般内容和审核办法。
8. 说明记账凭证的编号方法及不同编号方法各自的优缺点。
9. 什么是汇总记账凭证？比较科目汇总表与汇总记账凭证。
10. 什么是会计凭证的传递保管？如何进行会计凭证的传递与保管？
11. 会计凭证销毁时应注意哪些问题？

练习题

某企业201×年5月份发生下列经济业务。

（1）1日从银行提取现金3 000元用于零星支出。

（2）8日从宏伟公司购入甲材料100 000元，增值税17 000元，共计117 000元，款项结算单据已经取得，款项尚未支付，材料已经验收入库。

（3）14日，收到顺风公司前欠货款100 000元，已经存入银行。

（4）19日，收到大鹏公司预付货款50 000元，存入银行。

（5）25日，生产车间领用甲材料200 000元，用于生产A产品；管理部门消耗领用甲材料30 000元。

（6）27日，销售给远航公司B产品500 000元，增值税850 000元，共计585 000元，款项已收。

（7）5月31日，编制固定资产折旧计算表，其中生产车间应计折旧5 000元，管理部门应计折旧1 000元。

（8）5月31日，编制当月工资结算汇总表，其中A产品工人工资为81 000元，车间管理人员工资为250 000元，企业行政管理人员工资为30 000元。

要求：根据以上业务，指明应分别编制什么类别的记账凭证，并编写会计分录。

第六章 会 计 账 簿

学习目标

(1) 理解会计账簿的含义。
(2) 掌握会计账簿的种类。
(3) 掌握会计账簿的基本内容及登记会计账簿的方法

第一节 会计账簿的概述

一、会计账簿的含义

账簿是以会计凭证为依据，由一定格式、相互联系的账页组成，用来序时地、分类地、全面连续地反映企业各项经济业务内容及其变动情况的会计账簿。就其外表形式看，是由具有一定格式、互相联系的账页组成的；就其内容看，是对企业所有的经济业务，按照账户进行归类并序时进行登记，是反映企业经济业务变动情况的数据库，是编制会计报表的依据。

在会计核算过程中，由于填制和审核会计凭证只能零散地反映企业某项经济业务内容，不能全面、系统、连续地反映企业生产经营过程的变动情况，不能够满足经济管理的需要，所以，就有必要采用设置和登记账簿的方法，来全面、系统、连续地反映企业各项经济业务的内容及其变动情况；把会计凭证提供的大量零散的资料，加以归类、整理、集中，登记到账簿中去，使其系统化、条理化、连续化，以便能给经济管理提供系统、全面的会计资料信息。

二、会计账簿的作用

科学地设置和正确地登记账簿，对于全面反映经济活动情况加强经济核算，充分发挥会计的作用，有着十分重要的意义。

第一，可以为企业的经营管理提供系统、完整的会计信息。在账簿中，可以对全部经济业务按照不同的性质进行归类和汇总，使分散的资料进一步系统化，通过对经济业务进行序时的核算，可以防止账务处理上的错误和遗漏。通过对经济业务进行分类核算，能够全面地提供有关企业成本费用、财务状况和经营成果的总括的和明细的核算资料。

第二，为定期编制会计报表提供数据资料。账簿通过对会计凭证所反映的大量经济业务进行序时的、分类的记录和加工后，在一定时期终了，通过整理就成为编制会计报表的资料。因此，会计报表指标是否真实，会计报表编报能否及时，都与账簿设置和登记的质量有密切关系。

第三，为考核企业经营成果、分析企业经济活动提供必要的核算资料，同时，根据账簿所提供的信息资料，还可以为企业的经营决策和预测提供可靠的参考数据。

三、会计账簿的种类

会计账簿的分类一般按其用途和外表形式划分。

（一）会计账簿按用途分类

账簿按其用途不同，可以分为序时账簿、分类账簿和备查账簿三种。

（1）序时账簿。亦称日记账，是按照经济业务发生的时间顺序，逐日逐笔登记经济业务的账簿。序时账簿有两种：一种是用来登记某一类经济业务的序时账，即特种日记账；另一种是用来登记全部经济业务的序时账，即普通日记账。目前，应用比较广泛的是记录某一类经济业务的序时账簿，如“现金日记账”和“银行存款日记账”，在实际工作中，特种日记账由会计部门的出纳售货员经管，并进行逐日逐笔登记。

（2）分类账簿。分类账簿是指对全部经济业务进行分类登记的账簿。按照账簿反映经济内容的详细程度不同，可以分为总分类账簿和明细分类账簿两种。总分类账簿简称总账，它是根据总分类账户设置的，是用来核算经济业务总括内容，提供总括资料的账簿。在实际工作中，总分类账簿由会计部门的主管人员经管并登记。明细分类账簿简称明细账，它是根据明细分类账户设置的，是用来核算经济业务明细内容，提供详细资料的账簿。在实际工作中，明细分类账簿由会计部门的相关会计人员经管并登记。总分类账簿的总额与其所属明细分类账簿的金额之和相等，它们的作用各不相同，但互为补充。

（3）备查账簿。亦称辅助账簿，是指对某些在序时账簿和分类账簿中未能记载或记载不全的经济业务进行补充登记的账簿，如“租入固定资产备查簿”、“应收票据备查簿”等，其账簿记录的内容主要是用于备查的，所以，备查账簿不属于账簿体系中的主要账簿、正式账簿。

（二）会计账簿按外表形式分类

会计账簿按其外表形式的不同可以分为订本式账簿、活页式账簿和卡片式账簿三种。

（1）订本式账簿。订本式账簿是指把若干账页事先装订成册的账簿。如“总分类账”、“现金日记账”、“银行存款日记账”等，这种账簿的优点是能够防止账页散失或抽换，比较安全；缺点是由于订本式账簿的账页固定，使用时不够灵活方便，也不便于分工记账。

（2）活页式账簿。活页式账簿是指把若干账页用活页形式装订成册的账簿。如“材料采购明细账”、“应付票据明细账”等，这种账簿的优点是账页可以根据需要确定，随时能够增减，也便于分工记账；缺点是账页容易失散或抽换，有一定的随意性，为了弥补上述不足，对空白账页在使用时必须连续编号，并装订在账簿中，由经管人员在账页上盖章，以防弊端。

（3）卡片式账簿。卡片式账簿是指把若干卡片式的账页组合在一起的账簿。如“固定资产明细账”等。卡片式账簿的卡片账页数量可以根据经济业务的多少增减，账页可跨年度使用，如使用完毕，不再登账时，可将卡片穿孔固定保管。卡片式账簿的优缺点与活页式账簿相同，使用卡片式账簿，应在卡片上编号，并将其存放在卡片箱或卡片盒内，以保证账簿安全。

四、会计账簿的基本内容

由于各企业的经济业务性质、特点不同，账簿的组织结构也不完全一样，但各种账簿一般都应具备以下基本内容。

1．封面

在封面上应注明账簿名称和记账单位名称。

2. 扉页

在扉页上应写明账簿启用的日期和截止日期、页数、册次、经管账簿人员一览表和签章、会计主管人员签章、账户目录等内容。

3. 账页

账页结构因反映的经济业务不同，存在不同的结构。但都应包括以下基本内容：

（1）账户名称（包括一级会计科目、二级或明细会计科目）。

（2）登账日期。

（3）凭证种类字号。

（4）摘要栏（对记录的经济业务内容作简要说明）。

（5）金额栏（记录经济业务增减变动情况）。

（6）总页次和分页次。

第二节　会计账簿的设置与登记

一、会计账簿的设置原则

任何单位都应该根据其经济业务的特点和经营管理上的需要设置一定种类和数量的账簿。一般来讲，设置账簿应该遵循下列基本原则。

第一，账簿的设置要能够保证全面、系统地反映和控制各个单位的经济活动情况，为经营管理提供系统、分类的核算资料。

账簿的设置，必须能保证反映和监督企业的全部经济活动，提供全面、系统、连续的会计资料，为企业经营管理服务。由于各单位的经济活动各有其特点，在业务规模上和会计人员配备上又不尽相同，所以在设置账簿时，应从实际情况出发，充分考虑自己单位的特点，依照会计准则和国家统一会计制度规定来设置。一般来说，经济业务复杂、规模大的企业，账簿可以设置细一些；对于业务简单、规模小的企业，可以相应地简略一些。但是设置账簿必须以保证提供准确而全面的会计信息，以满足经营管理需要为前提。

第二，账簿的设置要在满足实际需要的前提下，考虑本单位的人力物力的节约，避免重复设账。

企业的经济活动有主次之分，设置账簿应以此为依据。各账簿之间应有明确的分工，主次分明、互相配合、既不重复又不脱节，力求科学化、条理化，使其组织严密，以保证提供全面的会计资料信息。因此，在账簿设置上既要避免烦琐重复，又要避免过于简化。否则均会影响会计核算工作的准确性、完整性。

第三，账簿中账页的格式，要按照所记录的经济业务的内容和需要提供的核算指标进行设计，力求简便适用、灵活统一。

账簿的格式应简便适用、灵活统一、通俗易懂，便于会计人员进行会计核算工作，便于会计资料信息的使用。这对于加强企业经营管理有着重要的作用。

二、日记账的格式和登记方法

日记账是用来序时地记录和反映全部经济业务的发生和完成情况，或者是用来序时地记录的反映某一类或某一项经济业务的发生和完成情况的账簿。因此，日记账又分为普通日记账和特种日记账，其特点、作用前面已经介绍，下面着重介绍其结构和登记方法。

（一）普通日记账

普通日记账也称分录簿，是用来序时地记录和反映全部经济业务的发生或完成情况的账簿。其结构一般有两种：其一是两栏式，故称两栏式日记账；其二是多栏式，故称多栏式日记账。

两栏式日记账特点是日记账设有借方和贷方两个金额栏，以分别记录各项业务所确定的有关账户的借方金额和贷方金额。其格式见表6-1。

表6-1　　普通日记账（两栏式）

201×年		摘要	会计科目	借方金额	贷方金额	过账
月	日					
4	1	领用材料 投入生产	生产成本 原材料	30 000	 30 000	√ √
…	…	…	…	…	…	

采用两栏式日记账每天应按照经济业务的发生或完成的先后顺序逐笔进行登记。登记时，先在“日期”栏内记入经济业务发生或完成的日期；然后在“会计科目”及“摘要”栏内记入应借和应贷的会计科目和经济业务的简要说明，并将借方金额和贷方金额分别记入两个金额栏内。每天根据日记账中应借、应贷的会计科目和金额登记总分类账，并将总分类账的页数记入“过账”栏内，或者写明“√”符号，表示已经过账。该日记账可以逐日反映经济业务的发生或完成情况，但其缺点是只有一本日记账，不便于分工记账；另外它只是把每一张记账凭证的内容集合在一起，实质上是一种重复记账；再者要逐笔过账，工作比较繁重。该种日记账目前使用较少。

多栏式日记账的特点是，依照对应账户为那些常用的会计科目设置专门金额栏，因此也称专栏式日记账。其一般格式见表6-2。

表6-2　　普通日记账（多栏式）

201×年		摘要	库存现金		银行存款		物资采购（借方）	…	其他科目			
月	日		借方	贷方	借方	贷方			会计科目	借方	贷方	过账
4	1	生产领用							生产成本	30 000		√
		原材料						…	原材料		30 000	√
	2	提取现金	200			200						
		本月合计										

多栏式日记账的登记方法基本上与两栏式日记账相同，仍须每天逐笔进行登记。对于设有专栏的会计科目，只须将有关的金额记入它的专栏内；对于那些没有设专栏的会计科目，则须记入“其他科目”专栏下的“会计科目”栏内，并把借方和贷方金额记入相应的“借方”和“贷方”金额栏内。“其他科目”专栏的会计分录要按照会计科目，逐笔过账；至于设有专栏的会计科目，只须在月末结算合计数，将合计数过入总账，过账后把所记总账的页数写在专栏合计数的下面，表示已经过账。多栏式日记账由于设有专栏会计科目，因而过账工作量极大地减少，专栏内记录的经济业务的发生或完成情况能精确地得以反映，这是其优

点。它的缺点是，因为只有一本日记账，同时设置专栏导致账页过长，且不便于分工记账。

（二）特种日记账的结构和登记

由于普通日记账不能够反映各类经济业务的发生或完成情况，同时存在工作量繁重且不便分工的缺点。因此，为了弥补这些缺点，就有必要把经常发生次数较多的同类经济业务从普通日记账中分离出来，通过设置和登记特种日记账进行。

一般来讲，一个企业通常可以设置几本特种日记账，如现金日记账、银行存款日记账、转账日记账等，用以逐日核算和监督各类经济业务的发生与完成情况。由于一般企业常设的特种日记账是现金日记和银行存款日记账，故在此主要介绍这两种日记账的结构和登记方法。

1. 现金日记账的结构和登记

现金日记账是用来登记现金每天收入、支出和结余情况的账簿，设置和登记现金日记账对于现金的保管、使用及现金内部控制的执行情况进行有效监督是必不可少的。

现金日记账的账页格式，一般采用三栏式或多栏式，分别见表 6-3 和表 6-4。实际工作中多数企业采用的是三栏式现金日记账。

表 6-3　　现金日记账（三栏式）

第　　页

201×年		凭证		摘要	对方科目	收入	支出	结余
月	日	字	号					
5	1			期初余额				1 000
	1	付	1	厂部购买办公用品	管理费用		100	900
	1	付	2	李军预借差旅费	其他应收款		300	600
	1	收	1	收回应收账款	应收账款	5 000		5 600
				本日合计		5 000	400	5 600

表 6-4　　现 金 日 记 账（多栏式）

第　　页

201×年		凭证		摘要	收　入				付　出				结余
					应贷科目			合计	应借科目			合计	
月	日	字	号						管理费用	营业费用	物资采购		
5	10	付	3						600			600	
				本日合计									

现金日记账一般是由出纳人员根据审核后的现金收、付款凭证，逐笔按顺序登记。对于从银行提取现金的业务，因只须填制银行存款付款凭证，无须填制现金收款凭证，所以这种情况下现金的收入数应依据“银行存款付款凭证”登记填写。每日收、付款项逐笔登记完毕，应分别计算现金的收入合计数和支出合计数并结清账面余额。同时，还应把现金日记账的账面余额与库存现金核对，检验每日现金收、支和结存情况是否有误。

以上是三栏式现金日记账登记方法。如果现金收支业务量大，则可采用多栏式的现金日记账，多栏式现金日记账登记方法可以比照前面多栏式普通日记账登记方法登记。此外，当现金收支业务较多时，也可以采用以下两种方法设置和登记日记账。

第一种，由于现金收付业务量大，出纳人员可以依据每日审核后的收、付款凭证，分别设置多栏式现金收入日记账和多栏式现金支出日记账，进行逐笔登记。现金收入日记账和现金支出日记账的格式见表 6 - 5 和表 6 - 6。这两种日记账可以参考前面现金日记账登记方法登记。但应注意，在每日终了时，应把现金支出日记账中当日支出合计数，转记入现金收入日记账中当日支出合计栏中，结算当日账面结余额，以便能够检验当日现金收入、支出和结存情况。

表 6 - 5　　**现 金 收 入 日 记 账**

第　页

201×年		付款凭证号数	摘要	贷方科目				支出合计	结余
月	日						收入合计		
			本日合计						

表 6 - 6　　**现 金 支 出 日 记 账**

第　页

201×年		付款凭证号数	摘要	结算凭证		借方科目			
月	日			字	号				支出合计
			本日合计						

第二种是单设现金收付出纳登记簿，出纳人员根据审核后的收、付款凭证逐笔登记该账簿；然后将收、付款凭证交给会计人员逐日汇总登记多栏式现金日记账，月末根据日记账登记总分类账，将出纳登记簿与多栏式现金日记账互相核对。这样既便于掌握库存现金收、付情况，也便于会计内部相互牵制。

2. 银行存款日记账的结构和登记

银行存款日记账是用来逐日逐笔反映银行存款的增减变化和结余情况的账簿。设置和登记银行存款日记账，可以加强对银行存款收支进行日常的监督和管理，并且便于与银行进行账项的核对。

银行存款日记账的格式，也有三栏式和多栏式两种，其基本结构与现金日记账类似。由于银行存款的收付都是根据特定的结算凭证进行的，为了反映结算凭证的种类、号数，以便与银行进行账项的核对，特设了“结算凭证——种类、号”栏。三栏式银行存款日记账的格式见表 6 - 7。

表 6-7 **银行存款日记账**

第 页

201×年		凭证		摘要	结算凭证		对方科目	收入	支出	结余
月	日	字	号		种类	号				
8	1			期初余额						1 500
	1	银付	1	付 702 厂货款	信汇		应付账款		2 200	
	1	银付	2	提现备用	现支	0105	库存现金		300	
	1	银收	1	北京×公司	托收		应收账款	8 000		
	1	银付	3	购甲材料	转账	3513	原材料		4 500	
	1	现付	4	存昌盛退款	现进		库存现金	200		
				本日合计				8 200	7 000	2 700
	31			本月合计						

三、总分类账的格式和登记方法

总分类账亦称总账。它是按照一级会计科目设置，分类、连续地记录和反映各种资产、负债、所有者权益以及费用、成本和收入成果的总括情况的账簿。总分类账簿能总括而全面地反映一个单位经济活动情况，并且是编制会计报表的主要依据，因而任何单位都要设置总分类账。

总分类账多为三栏式订本账，其格式见表 6-8。

表 6-8 **总分类账（三栏式）**

账户名称： 第 页

年		凭证		摘要	借方余额	贷方余额	借或贷	余额
月	日	字	号					
				本期发生额及余额				

总分类账的格式也有多栏式。多栏式总分类账通常把日记账和总分类账结合在一起，成为一种联合账簿。它具有日记账和总分类账的双重作用，故又称为“日记总账”。其格式见表 6-9。采用这种账簿，可减少记账工作量，提高效率，并能全面集中地反映资金运动情况，便于分析。但是，如果一个单位使用的会计科目较多，日记总账中的栏目设置也必然多，使得账簿的篇幅较大，不便于使用和保管。因此，这种日记总账一般适用于经济业务较少、规模不大的单位。

表 6-9 **总分类账（多栏式）**

第 页

年		凭证		摘要	发生额	____科目		____科目		____科目	
月	日	字	号			借	贷	借	贷	借	贷

总分类账的登记方法，由于采用的会计核算形式不同，其登记依据和登记程序也不一样。它可以直接根据收款凭证、付款凭证和转账凭证并按照经济业务发生时间的先后顺序逐笔登记，也可以通过一定的汇总记账凭证方式按期或分次汇总登记，其具体登记方法参见第九章。

四、明细分类账的格式和登记方法

明细分类账的格式一般采用三栏式、多栏式、数量金额式，分别反映不同总分类账的详细情况。

（一）三栏式明细分类账

三栏式明细分类账的格式是设置借方、贷方、余额三个金额栏。这种格式适用于只需要进行金额核算，不需要提供数量变化情况的账户。如“应收账款”、“应付账款”、“其他应收款”、“其他应付款”、“预收账款”、“预付账款”等的明细分类核算。具体格式见表 6 - 10。

表 6 - 10 三栏式明细分类账

总账科目： 第 页

明细科目：

<table>
<tr><th colspan="2">年</th><th colspan="2">凭证</th><th rowspan="2">摘要</th><th rowspan="2">借方</th><th rowspan="2">贷方</th><th rowspan="2">借或贷</th><th rowspan="2">余额</th></tr>
<tr><th>月</th><th>日</th><th>字</th><th>号</th></tr>
<tr><td></td><td></td><td></td><td></td><td></td><td></td><td></td><td></td><td></td></tr>
</table>

三栏式明细账的登记方法是：根据有关记账凭证逐笔进行借方、贷方金额登记，而后结出余额。如为借方余额，在“借或贷”栏目中填写“借”字，如为贷方余额，则填写“贷”字。

（二）多栏式明细分类账

多栏式明细账是根据经营管理的需要，在明细分类账户的借方栏或贷方栏分别按明细项目设置若干专栏，借以提供有关某项经济业务的详细资料。多栏式的设置比较灵活，可以是借方多栏，适用于诸如生产成本、制造费用、管理费用、财务费用、主营业务成本、营业费用等成本费用明细账；也可以是贷方多栏，适用于诸如主营业务收入、其他业务收入、营业外收入等收入明细账；还可以是借贷方多栏，适用于负债（如应交税金）、所有者权益（如本年利润）等账户。多栏式明细账的格式见表 6 - 11 和表 6 - 12。

表 6 - 11 多栏式明细分类账

明细科目： 第 页

<table>
<tr><th colspan="2">年</th><th colspan="2">凭证</th><th rowspan="2">摘要</th><th colspan="4">借方（或贷方）</th><th rowspan="2">借或贷</th><th rowspan="2">余额</th></tr>
<tr><th>月</th><th>日</th><th>字</th><th>号</th><th></th><th></th><th></th><th>合计</th></tr>
<tr><td></td><td></td><td></td><td></td><td></td><td></td><td></td><td></td><td></td><td></td><td></td></tr>
</table>

表 6-12　　多栏式明细分类账

明细科目：　　　　　　　　　　　　　　　　第　页

年		凭证		摘要	借方			贷方			借或贷	余额
月	日	字	号				合计			合计		

（三）数量金额式明细分类账

数量金额式明细分类账是对具有实物形态的财产物资进行明细分类核算的账簿。因此，该账簿的格式是设“收入”、“发出”、“结余”三栏，每栏分别按“数量”、“单价”、“金额”进行登记，故称“数量金额式”明细账。如“库存商品明细分类账”、“包装物明细分类账”等。具体格式见表 6-13。

表 6-13　　数量金额式明细分类账

明细科目：　　　　　　　　　　　　　　　　计量单位：

年		凭证		摘要	收入			发出			结存		
月	日	字	号		数量	单价	金额	数量	单价	金额	数量	单价	金额

数量金额式明细分类账的登记方法是：根据财产物资收入、发出的原始凭证或原始凭证汇总表分别进行“收入”栏、“发出”栏的登记。如根据材料的“收料单”原始凭证可以登记材料明细账的“收入”栏，根据“发料单”可以登记“发出”栏；而后计算出“结余”栏的数量、单价、金额。

第三节　会计账簿的使用规则

一、账簿启用规则和交接规则

由于账簿能够提供全面、系统、连续的会计资料信息，同时也是企业重要的经济档案，所以，每一个单位企业都应建立健全记账工作制度。登记、审核、保管账簿均应有专人负责，每本账簿也应有明确的分工，以保证账簿记录的合法性、完整性，明确记账责任。

（一）账簿启用规则

启用新会计账簿时，应当在账簿封面上写明单位名称和账簿名称。另外，登记账簿之前，必须在账簿扉页上印制、填写“账簿使用登记表”或“账簿启用表”。表中主要内容有：启用日期、账簿页数、记账人员和会计机构负责人、会计主管人员姓名，并加盖名章和单位公章、交接记录等。具体格式见表 6-14。

启用账簿时，应填列以上内容（活页账和卡片账应在装订成册后填列），以便明确记账内容和记账责任。其中，“账簿页数”填列之前，应先对账簿进行页码编号，订本账应从第一页到最后一页，顺序编订页数，不得跳页、缺页；活页式账簿，应按账户顺序编号，装订成册后再按实际使用的账页顺序编定页码，另加目录，记明每个账户的名称和页次。经管账簿人在调动工作时，应办理交接手续，在“交接记录”内填写交接日期及交接人员并签章。以上内容填写完毕之后，应在该页上贴印花税票，并划线注销，表明该账的合法性。

启用订本账簿，应当从第一页到最后一页顺序编定页数，不得跳页、缺号。

使用活页式账页，应当按账户顺序编号，并须定期装订成册。装订后再按实际使用的账页顺序编定页码，另加目录，记明每个账户的名称和页次。

表 6-14 **账簿启用及经管人员一览表**

账簿名称＿＿＿＿＿ 单位名称＿＿＿＿＿

账簿编号＿＿＿＿＿ 账簿页数＿＿＿＿＿

账簿册数＿＿＿＿＿ 启用日期＿＿＿＿＿

会计主管（签章） 记账人（签章）

移交日期			移交人		接管日期			接管人		会计主管	
年	月	日	姓名	签章	年	月	日	姓名	签章	姓名	签章

（二）账簿交接规则

经管账簿的会计人员如果调动工作，或因故长期离职，应及时安排其他会计人员接替其负责的工作，同时必须按规定办理账簿交接手续。在交接账簿之前，移交人应先把账簿记录整理结算清楚，然后会同接管人和监交人（一般由会计主管人员负责监交），将账簿记录与实际结存的实物或货币资金进行核对，核对相符后，移交人还应在账簿中所记录的移交时结算出的余额数字上盖章，以表示对余额的真实性负责。上述工作完成后，还应填写“经管账簿人员一览表”，在表上注明交接日期、交接人和监交人的姓名，并分别由移交人、接管人和监交人盖章，以明确责任。具体格式见表 6-14。

二、会计账簿的登记规则

为了保证账簿的信息质量，使其正确、及时、完整、清晰，会计人员记账时应遵循以下规则。

（一）书写规则

（1）记账时必须用钢笔和蓝黑墨水书写。为了保证账簿记录清晰、整洁，防止涂改，便于长期保管，记账时要用钢笔和蓝黑墨水书写，不得使用铅笔或圆珠笔，红色墨水只能在结账、划线、改错和冲账时使用，不得刮擦、挖补、涂抹或用退色药水更改字迹。

（2）记账的文字和数字发行股书写工整、美观、准确规范。为了使账簿记录准确清楚，便于有关人员使用，记账时文字和数字必须工整、准确规范。金额除单价外应以“元”为单位，“元”以下记至“角”、“分”，“分”以下四舍五入。文字和数字应紧靠行格底线书写约占全格的 1/2 或 2/3 位置，留有余地，以便更正时书写。

（二）过账规则

过账就是把记账凭证所反映的经济业务内容过记到总分类账的有关账户之中。过账一般有以下两个步骤。

第一步，过入账户，即把记账凭证所记载的每笔经济业务的日期、凭证的种类（字）和号数（号）、摘要，借、贷方金额分别过入总分类账中有关账户的相应栏内，并做好过账标志。在该步骤中应注意以下几点要求。

（1）注意先后次序。过入账户的先后次序可以按照分类账户排列的先后次序，或者是按照记账凭证号数顺序进行。按照分类账户排列的顺序过账的优点是，分类账不需翻前翻后，但易于漏记或重记；按照记账凭证号数顺序过账的优点是，不易漏记或重记，但分类账翻前翻后浪费时间。

（2）账户名称和记账方向必须保持一致。即记账凭证借方、贷方会计科目必须与过入的总分类账的账户借方、贷方会计科目以及记账方向保持一致，不应发生错误。

（3）过入账户的日期、凭证号数、金额必须与记账凭证完全相同或相符，不能有更改。

（4）摘要栏原则上应与记账凭证摘要一致，文字应言简意赅，概括业务全部内容，但注意不要过分简化。

（5）过账后，应逐栏检查过账有无错误，包括会计科目名称、日期、凭证字号、摘要、金额以及记账方向等项目有无错误。复核无误后，在记账凭证上注明分类账页或“√”过账标记。

第二步，结算账户余额。每一账户应每行结算一个余额，或同一天账项结算一个余额。在填余额栏时，应在“借或贷”栏填写“借”或者“贷”字；如果账户的借、贷双方金额相等，没有余额，应在“借或贷”栏填写“平”字或不填，并在余额栏内用“○”标记。

（三）过页规则

为了保持记账的连续性，每一张账页记满时，应办理过页手续。应在账页最末一行，加计本页发生额累计数，结出余额，并在摘要栏内注明“转次页”字样；然后将发生额累计数和余额记入下一页的第一行，并在摘要栏内注明“承前页”字样。

（四）隔页、跳行处理规则

在总分类账和明细分类账中，应在首页注明账户的名称和页数，并按编定的页次逐页逐行顺序、连续地登记，不得隔页、跳行登记。如果发生隔页、跳行现象时，不得随意涂改，就将空页、空行用红线对角划掉，并加盖“作废”字样，并由记账人员签章。对订本式账簿不能随意撕毁，对活页式账簿也不能任意抽换。

（五）账簿的更换与保管规则

1. 更换规则

总分类账、日记账和大部分明细分类账均须每年更换一次；只有少部分明细分类账，如固定资产明细账，不必每年更换，可以继续使用。各种账簿在年度终了结账时，各个账户的年终余额都直接记入新年度启用的有关新账中去。新旧账有关账户之间转记余额时，不需编制记账凭证。

2. 保管规则

账簿同会计凭证一样，都是重要会计档案，因而都应按照规定妥善保管。正在使用的账簿应由经管账簿的有关人员负责保管，保证其安全、完整。对年度终了的旧账会计机构可保管一年，期满后应装订成册或封扎，加其封面后统一编号，交档案室统一由专人保管。总账、明细账、辅助账应保管 15 年，现金和银行存款日记账应保管 25 年，固定资产卡片在固定资产报废清理后应保管 5 年。保管期满以后，按照规定的审批程序报经批准以后，才能销毁。

第四节　错账的查找及更正方法

查错就是查找账目错误并分析产生错误的原因。会计核算工作中，难免出现错误，对于发生的错账要及时查找出来并加以更正。

一、试算平衡和发生错误的关系

试算平衡是检查分类账错误的基本方法。试算是根据借贷平衡的原理来设计的，凡是影响试算平衡的错误都能发现；反之，凡是不影响试算平衡的错误，试算就不能发现。错账类型与试算平衡的关系见表 6-15。

表 6-15　　错误类型与试算平衡的关系

错误类型	试算表能发现（影响平衡）	试算表不能发现（不影响平衡）
1. 试算表错误：		
各账户金额抄错	能发现	
各栏合计数加错	能发现	
2. 账户余额结错	能发现	借贷金额相抵的同数错误
3. 过账错误：		
科目过错		科目过错，方向无误
方向过错	单方向过错	借贷方向同时颠倒
漏过账	单方向漏过	借贷同时漏过
重过账	单方向重过	借贷同时重过
金额过错		
数字移位	能发现	
邻数颠倒	能发现	
不规则过错	能发现	
4. 记账凭证编错	借贷金额不平衡	会计科目用错 会计科目借贷颠倒

二、错账查找的程序和方法

（一）影响试算平衡错账的查找方法

在有关数字未抄错的情况下，如果试算不平衡，可以肯定记账已经发生了错误，必须查错。查错应该先肯定错误的范围和确定差数（正确数字与误记数字的差额），反差数的金额和相关情况联系起来，找出线索，以便把差错的范围逐步缩小，有针对性地进行查找，最终把错误找出来。试算表不平衡，首先应检查试算表。记账错误主要表现在总分类账借贷不平衡。查错工作一般按如下程序进行。

首先，检查试算表本身。复核试算表内各栏金额是否抄错，各账户期初余额加减本期发生额是否等于期末余额。通过检查，可以查出试算表金额抄错、各栏合计数加错的错误。如果某个账户的余额不平衡，则可以肯定错误是发生在这个账户内，并可查出差额是多少。

然后，检查分类账内试算不平衡的账户。逐笔复算余额，查看余额结算是否正确，特别注意从上页过入下页时的余额抄录是否错误，核对统驭账及其所属明细账户的发生额及余额是否相符。复核时应注意某些账户的余额有无不正常现象，从而发现问题。

通过以上检查，若试算表仍不能平衡，则可能是过账错误。

过账错误中会影响借贷平衡的错误有方向过错以及借方或贷方的单方向漏过或重过、金额过错。方向过错是指借贷一方的过账方向错误，使借贷记在同一方，如上一笔过入某账户借方，下一笔也过入了借方。漏过是指一笔分录的单方向过错，使借方或贷方缺少一个金额。重过是指一笔分录有一方重复过账，另一方过账正确。以上错误都可以用“除 2 法”检查。即将试算表中借贷金额相减的差额除以 2，再从分类账户中查找与商数相同的金额，通过检查记账凭证确定是方向记错，还是单方向漏过或重过，再行更正。

如果用“除 2 法”不能找到错误，则说明是过账时将金额过错。这种错误一般都是用“除 9 法”检查，即将错贷方金额相减的差额除以 9，如果能除尽，则可以查找出两种错误：一种可能是属于相邻两位数的数码倒置错误，比如将 23 误记为 32；另一种可能是数字移位错误，即某数扩大或缩小 10 倍，或小数点点错。

例如，用 9 除尽后，其商是一位数的，很可能是 100 以内的一个数字前后两位数字颠倒所致。如已发现的差错是 81，它除以 9 的商数为 9，又如发现的差错数为 72，除以 9 后的商数为 8。

因此，差错可能发生在 90 与 09 误记（0 与 9 之差是 9），或者发生在相邻两位数字之差为 8 的数字上，如 91 与 19 或 80 与 08 的误记（9 与 1，8 与 0 之差都是 8）。

例如，若已发现的差错是 198、297 这类用 9 除后的商为循环的自然数（如 22、33）时，则可肯定是记账时将与商相同的数扩大或缩小了 10 倍。本例为 22 错记为 220 或相反，330 错记为 33 或相反。

又如，已发现的差错数是 324，它用 9 除后的商数为 36，因此，差错可能是与商 36 相等或大 10 倍的数字误记了，如把 36 误记为 360 或相反。

（二）不影响试算平衡错误的查找方法

如前所述，不影响试算平衡的错误是试算表本身所不能反映出来的错误，主要有以下两种。

（1）重记或漏记了一项会计记录。这种错误不会影响总分类账户发生额和余额试算表的平衡，只是本期发生额不正确。查找时，可以将总分类账户发生额和余额试算表的本期发生额同本期全部记账登记的合计数相核对。如果记账凭证的合计数比试算表的本期发生额小，可能是重记；反之，则可能是漏记。

例如：总分类账户发生额及余额试算表的本期发生额为 80 895 元，本期全部记账凭证的合计额为 80 195 元，两者相差 700 元，则可能是一笔金额为 700 元的记账凭证重记所致。如果试算表本期发生额为 80 995 元，比本期全部记账凭证合计数多 100 元，则可能是一笔金额为 100 元的记账凭证漏记所致。

（2）会计分录中错用了会计科目。这种错误比较难找，要避免这样的错误，必须在编制记账凭证后认真审核，细致小心。即使编制棋盘式本期发生额对照表，不属于异常的错误分录也难于查找。因此，查找这类错误的最有效办法是重新每张记账凭证的账户对应关系。

三、错账的更正方法

记账错误的更正方法，一般有下列几种。

（一）划线更正法

在结账以前，如果发现账簿记录中数字或文字错误，但记账凭证正确，即纯属过账时笔误，一般可能划线更正法进行改正。更正时，先在错误的数字或文字上划一条红线，表示注销。然后在划线的上方写上正确的数字或文字，并在划线处加盖记账员图章，以示负责。但应注意错数要整笔划掉，不能只划去其中一个或几个写错的数字，并保持划去的字迹仍清晰可辨认。

例如，记账员李军登账时，把 325.80 元误记为 328.50 元，不能只划去其中的“8.5”，改为“5.8”；而是要把“328.50”全数用红细线划去，并在其上方写上“325.80”。

（二）红字更正法

如果发现会计分录中应借、应贷的账户或金额有错误并已登记入账，可用红字更正法进行更正。更正时，先用红字金额编制一笔内容与错误的会计分录相同的会计分录，注明更正某月某日的错账，用红字金额记入有关账簿，冲销原来的错误记录；然后再用蓝字编制一笔正确的会计分录，注明更正某月某日错账，并记入有关账簿。

例如，从银行存款中支付购进物料用品款 120 元，应借记“低值易耗品”账户，而误为借记“管理费用”账户。原错记的会计分录如下。

借：管理费用　　120

　　贷：银行存款　　120

上述分录已登入分类账。发现这一错误时，可先用红字金额作一笔与上述相同的分录如下（本书用括弧表示红字，下同）。

借：管理费用　　(120)

　　贷：银行存款　　(120)

再编制一笔正确的会计分录如下。

借：低值易耗品　　120

　　贷：银行存款　　120

把后两笔分录登入相应的账簿中去，就得到了正确的记录。

如果发现原编会计分录中应借、应贷账户虽然没有错误，但所写金额大于正确的金额，并已过账，或者会计分录完全正确，只是登账时发生笔误，使得登记金额大于正确金额，且已结账，也可用红字更正法进行更正。具体更正时，只需用红字编制一笔金额为错误金额超过正确金额部分的日记账分录，并登入有关账簿即可。

例如，向供货单位赊购商品一批，计 2 000 元，原编会计分录误写为 20 000 元，并已登记入账。原错记的会计分录如下。

借：库存商品　　20 000

　　贷：应付账款　　20 000

发现上述记账错误时，可将多记的 18 000 元用红字金额编制会计分录，从原记数中冲销如下。

借：库存商品　　(18 000)

　　贷：应付账款　　(18 000)

（三）补充登记法

在记账以后，如果发现原编会计分录中应借、应贷账户虽然没有错误，但所写金额小于正确的金额，且已过账，或者会计分录中应借、应贷账户和金额完全正确，只是过账中发生笔误，导致登记金额小于正确金额，且已结账，可用补充登记法进行更正。更正时，把少记的金额，编制一笔会计分录，注明补记某月某日的金额，将其补记入账。

例如，销售商品一批，价款54 000元尚未收到，原编会计分录把金额误写为5 400元，并已登记入账。原错记的会计分录如下。

借：应付账款　　5 400
　　贷：主营业务收入　　5 400

当发现上述记账错误时，可将少记的48 600元再编一笔会计分录如下。

借：应付账款　　48 600
　　贷：主营业务收入　　48 600

由上可见，记账错误应按不同情况用不同的方法予以更正。

第五节　对 账 与 结 账

一、对账

一个单位的经济活动，应该根据能够证明经济实际情况的原始凭证来编制记账凭证，根据审核无误的记账凭证登记账簿，期末要进行结账，根据结账后的账面数字，编制各种会计报表。从理论上讲，按照上述程序核算的结果应该是四个方面相符，即账证相符、账账相符、账表相符、账实相符。但是，由于各种原因，在各个环节上可能发生各种错误。如记账凭证编制错误、过账错误、账户余额结算错误等，造成总分类账借贷不平衡，或总分类账和所属明细分类账不平衡等，这就需要进行查错和对账。

对账就是核对账目，是将账簿上所记载的资料进行内部核对，内外核对、账实核对，以保证会计核算资料正确可靠的一项会计工作。通过对账，可以使各种账簿记录完整和正确，如实地反映和监督经济活动情况，为编制会计报表提供可靠的数据资料。对账的主要内容主要包括以下几个方面。

（一）账证核对

账证核对，是指各种账簿（包括总账、明细账以及现金、银行存款日记账）的记录与有关的记账凭证和原始凭证进行核对，要求做到账证相符。这种核对，通常是在日常工作中进行，如记账之后要及时检查所记账目是否正确。月末，如果发现账账不符时，也可以再将账簿记录与有关会计凭证进行核对，以保证账证相符。

（二）账账核对

账账核对就是将各种账簿之间的有关数字相互核对。这种核对至少应在每月月终进行一次。具体内容如下。

（1）核对总分类账中各账户的期末借方发生额、余额总计数与其贷方发生额、余额总计数是否平衡。

（2）现金总账和银行存款总账的期末余额与现金日记账和银行存款日记账的期末余额核对相符。

（3）各种明细分类账中的余额、本期发生额之和应该与总分类账有关账户的余额和本期发生额核对相符。

（4）会计部门有关财产物资明细分类账的余额应该同财产物资保管部门和使用部门经管的明细记录的余额核对相符。

（三）账实核对

账实核对，是指各种财产物资的账面余额应与实存数额核对相符。具体包括以下几点。

(1) 现金日记账的账面余额，应每天同现金实际库存数相核对，不准以借条抵充现金或挪用现金。

(2) 银行存款日记账的账面余额，应与开户银行的对账单相核对，一般至少一月一次。

(3) 原材料、产成品、固定资产等明细账的账面应与其实际数量相核对。

(4) 各种应收账款、应收票据、应付账款、应付票据、银行借款等结算款项，以及应交税金等，应同有关单位定期核对相符。

（四）账表核对

月、季、年度财务报表中的数字，应该与账簿中的有关数字核对相符。

二、结账

结账就是会计期末（月末、季末、年末）在将本期应记的经济业务全部登记入账的基础上，结算、登记每个账户的本期发生额和期末余额的账务处理工作。结账后才能进一步根据账簿资料编制会计报表。结账工作的内容和程序主要如下。

第一，将本期内所发生的经济业务全部记入有关账簿。不属于本期的经济业务不能提前入账，也不能将本期发生的经济业务延至下期入账。

第二，按照权责发生制原则调整和结转有关账项。本期内所有应计入账的应计和预收收入以及应计和预付费用业务，均应编制记账凭证记入有关账簿，以调整账簿记录。如待摊费用应按规定的比例分摊到本期成本或费用中去。又如本期所发生的各项收入、费用、成本、支出应结转到“本年利润”账户。

第三，计算各账户本期发生额和期末余额。在本期全部经济业务登记入账的基础上，结算出现金日记账、银行存款日记账，以及总分类账和明细分类账各账户的本期发生额和期末余额。

结账通常是为了总结一定时期经济活动所引起的财务状况变化和经营成果。因此，月末、季末、年度终了应进行结账工作。结账的一般方法如下。

(1) 月结。月末结账是在各账户本月份最后一笔业务记录的下页划一条通栏红线，在红线下结算出本月发生额和月末余额，在摘要栏内注明“本月合计”或“本月份发生额及余额”，然后在数字下面再划一通栏红线，以便区分本月业务和下月业务。月末如无余额，应在“余额”栏前面的“借或贷”一栏内登记“平”字，并在“余额”栏中记“0”，然后在下面再划一道通栏红线。对于需要逐月结算本年累计发生额的账簿，在结算本月发生额及期末余额以后，应在下一行增加“本年累计发生额”。对本月份未发生金额变化的账户，可不进行月结。

(2) 季结。季度终了，结算出本季度三个月的发生额合计数，写在月结数的下一行内，在“摘要”栏内注明“×季度季结”字样，并在季结下面划一条通栏红线，表示季结完毕。

(3) 年结。应该在 12 月份月结或第四季度的季结记录的下一行，结算填列全年 12 个月的发生额合计和年末余额，并在摘要栏内注明“年度发生额及余额”。年度终了，要把各账户的余额结转下年，并在摘要栏内注明“结转下年度”字样。在下年新账第一行余额栏内填写上年结转的余额，并在摘要栏内注明“上年结转”字样。

现以“固定资产”账户为例说明结账的情形，见表 6-16。

表 6-16 **固定资产总分类账**

201×年		凭证号数	摘要	借方	贷方	借或贷	余额
月	日						
1	1		上年结转			借	1 500 000
	5				60 000	借	1 440 000
	10			100 000		借	1 540 000
	21				40 000	借	1 500 000
	31		1月份发生额及余额	100 000	100 000	借	1 500 000
2	1		月初余额			借	1 500 000
	5			200 000		借	1 700 000
	10			50 000		借	1 750 000
	25				100 000	借	1 650 000
	28		2月份发生额及余额	250 000	100 000	借	1 650 000
3	1		月初余额			借	1 650 000
	5			100 000		借	1 750 000
	10			50 000		借	1 800 000
	15			150 000		借	1 950 000
	20				50 000	借	1 900 000
	31		3月份发生额及余额	300 000	50 000	借	1 900 000
	31		第一季度合计	650 000	250 000	借	1 900 000
			⋮	⋮	⋮	⋮	⋮
	⋮		第四季度合计	⋮	⋮	⋮	⋮
12	31		201×年度发生额总计	1 000 000	600 000	借	1 900 000
12	31		结转下年			借	1 900 000

结账工作在期末进行，做好结账工作，不仅可以使账簿记录完整正确，而且是编制会计报表的前期准备工作，因此，直接关系到会计报表的真实与正确。

本 章 小 结

（1）账簿是由一定格式的账页组成的，用以连续、分类记录各项经济业务的账簿。它有序时账和分类账、总账和明细账之分，是会计信息的重要载体。

（2）账簿是根据会计凭证登记的，其登记必须按一定的规则进行，如果发生登记错误，也应按规定的更正方法予以更正。

（3）错账的更正方法有三种：划线更正法、红字更正法和补充登记法。划线更正法适合于记账凭证正确并在结账以前发现的错账更正；红字更正法适合于结账以后发现的由于记账凭证中科目用错或金额写错，并已记账的错账改正；补充登记法适合于已记金额小于应记金额的错误更正（记账凭证正确但账簿中少记，或记账凭证科目正确而金额少记）。

（4）每期会计期末都应进行结账和对账工作。结账是加计各账户的借贷方发生额并结算出余额的工作，结账的目的是为了对账和编制会计报表；对账是账户之间的核对，包括账证核对、账账核对、账实核对和账表核对。

复习与思考

1. 什么是会计账簿？如何对账户进行分类？
2. 普通日记账、特种日记账应怎样登记和过账？它们各有哪些优缺点？
3. 明细分类账有账和不同的格式，各适用于什么情况？
4. 记账应遵循哪些规则？当记账过程中发现错误，应如何选用恰当的方法更正？
5. 什么是结账？结账包括哪些内容？
6. 为什么要进行对账？对账的内容是什么？

练习题

1. 某公司201×年11月初银行存款余额为42 800元，1日发生业务如下。

（1）销售产品收入80 000元存入银行。（记38号）

（2）开出现金支票，从银行提取现金2 000元。（记42号）

（3）收回A公司货款50 000元，存入银行。（记44号）

（4）向银行借入短期借款100 000元存入银行。（记46号）

要求：根据上述资料，登记银行存款日记账，见表6-17。

表6-17 银行存款日记账

年		凭证字号	摘要	对方科目	收入（借方）	支出（贷方）	余额
月	日						

2. 某公司201×年12月初现金余额为2 800元，1日发生业务如下。

（1）职工王华出差借支差旅费1 800元，以现金支付。（记08号）

（2）开出现金支票，从银行提取现金2 000元。（记14号）

（3）出售商品收入现金500元（不考虑税金）。（记18号）

（4）现金购买办公用品680元，办公用品已经交付使用。（记22号）

要求：根据以上资料，首先编制会计分录，然后根据编制的会计分录登记现金日记账，见表6-18。

表 6-18　库存现金日记账

年		凭证字号	摘要	对方科目	收入（借方）	支出（贷方）	余额
月	日						

3. 某公司属于工业企业，为增值税一般纳税人。该公司会计人员在结账前将账簿记录与记账凭证进行核对时，发现下列经济业务的凭证内容或账簿记录有误。

（1）生产车间领用 24 000 元，编制的会计分录如下。

借：制造费用　　2 400

　　贷：原材料　　2 400

（2）预提本月短期借款利息 3 000 元，编制的会计分录如下。

借：应付利息　　3 000

　　贷：财务费用　　3 000

（3）收回新华公司贷款 28 000 元存入银行。编制的会计分录如下。

借：银行存款　　28 000

　　贷：应收账款　　28 000

甲公司登记账簿时，在“银行存款”和“应收账款“账户登记的金额为 2 800 元。

（4）接受某企业投资固定资产，价值 70 000 元。查账时发现凭证与账簿均记录如下。

借：固定资产　　70 000

　　贷：资本公积　　70 000

（5）用银行存款 5 000 元购入 5 台小型计算器，查账时发现凭证与账簿均记录如下。

借：固定资产　　5 000

　　贷：银行存款　　5 000

（6）以银行存款偿还短期借款 4 000 元，查账时发现凭证与账簿中科目没有记错，但金额均记为 40 000 元。

（7）将一部分盈余公积金按规定程序转为实收资本，凭证与账簿均将金额少记 72 000元。

（8）从银行提取现金 3 500 元，过账后，原记账凭证没错，账簿错将金额记为 5 300 元。

要求：

（1）指出对上述错账应采用何种方法更正？

（2）分别编制错账更正的会计分录。

第七章 财 产 清 查

学习目标

(1) 理解财产清查的含义、作用和种类。

(2) 了解财产清查的方法。

(3) 掌握财产清查结果的处理方法。

第一节 财产清查的概述

一、财产清查的含义

财产清查就是通过对财产物资和现金的实地盘点以及对银行存款、债权债务的清查，来确定财产物资、货币资金和债权债务的实存数，并查明账面结存数与实存数是否相符的一种会计核算方法。

各项财产物资的增减变动和结存都是通过账簿的记录来反映的，账簿的结存数应该与实存数相一致。但是，在实际工作中，由于财产物资的自然损耗、计量检验工作的不准确、管理和核算上发生的失误，以及工作人员的失职、贪污盗窃等原因造成财产物资的毁损或短缺，使账面结存数与财产物资的实存数往往不一致。为了保证账簿资料的数据与财产物资、债权债务的实存数一致，达到账实相符，必须进行定期和不定期的财产清查。

二、财产清查的作用

正确合理地组织财产清查，是实现会计监督职能的重要手段，也是会计工作的一个重要环节。财产清查主要有以下四个方面的作用。

(1) 可以保证会计核算资料真实可靠。通过财产清查，可以查出财产账实不符的情况，进而找出账实不符的原因，及时进行账面调整，做到账实相符，保证会计核算资料的真实、准确、可靠。

(2) 可以掌握财产物资的实有情况，挖掘财产物资的使用潜力。通过财产清查，可以查明财产物资的储存、利用和保管情况以及债权资产的应收和收回情况，查明有无储备不足、超储积压的现象；是否存在长期债权应收未收的情况，以便及时采取措施，处理积压、闲置资产，补充需要但是储备不足的资产，对尚未收回的债权资产，应积极清理，减小坏账损失，对已经确认的坏账，应及时调整账簿记录，保证会计资料的真实性。

(3) 可以保护财产物资的真实完整。通过财产清查，可以检查各项财产物资的保管情况，有无管理不善、损坏丢失、非法挪用、贪污盗窃等情况，从而采取措施，改善对财产物资的管理，保护其安全完整。

(4) 可以促使企业建立和完善各项财产物资的管理制度，提高管理水平。通过财产清查，可以发现财产物资管理过程中的漏洞，促使企业建立和完善财产物资管理的规章制度。可以通过建立岗位责任制，将财产物资的管理责任落实到具体的人，制订严明的奖惩制度，增强工作人员的责任心，确保财产物资的安全完整。

三、财产清查的种类

财产清查的对象和范围往往不同，在清查的时间上也有区别，财产清查一般有以下三种分类方法。

（一）按照清查的对象和范围，财产清查分为全面清查和局部清查

1. 全面清查

全面清查是指对全部财产进行盘点和核对。例如，工业企业的全面清查对象一般包括以下几类。

（1）现金、银行存款和银行借款等货币资金。

（2）所有的固定资产、材料、在产品、产成品及其他物资。

（3）各项在途材料、在途商品及其他在途物资。

（4）各项债权、债务及预算缴拨款项。

（5）各项其他单位加工或保管的材料、商品及物资等。

全面清查范围广，参加的部门多，一般来讲，在以下几种情况下，需要进行全面清查。

（1）年终决算前，为了确保年终决算会计资料真实、正确，需要一次全面清查。

（2）单位撤销、合并或改变隶属关系，需要进行全面清查。

（3）中外合资、国内联营，需要进行全面清查。

（4）开展清产核资，需要进行全面清查。

（5）单位在主要负责人调离工作，需要进行全面清查。

2. 局部清查

局部清查是指根据需要对一部分财产物资进行的清查，其清查的主要对象是流动性较大的财产，例如现金、原材料、在产品和产成品等。

局部清查范围小，内容少，涉及的人也少，但是专业性较强，一般有以下几种。

（1）现金应由出纳员在每日终了时点清，做到日清月结。

（2）银行存款和银行借款应由出纳员每月同银行核对一次。

（3）原材料、在产品和产成品除年度清查外，应有计划地每月重点抽查，对于贵重财产物资，应每月清查盘点一次。

（4）债权债务应在年度内至少核对一次到两次，有问题的应该及时核对，及时查找原因并做出相应处理。

（二）按照财产清查的时间划分，可以分为定期清查和不定期清查

1. 定期清查

定期清查是指根据管理制度的规定或预先计划安排的时间对财产进行的清查。这种清查的对象不确定，可以是全面清查，也可以是局部清查。定期清查的目的是保证会计核算资料的真实正确，一般是在年末、季末或月末结账时进行。

2. 不定期清查

不定期清查是指根据需要所进行的临时清查。其清查对象是局部清查，如更换出纳员时对现金、银行存款所进行的清查；更换仓库保管员时对其所保管的财产物资所进行的清查等。其目的在于分清责任，查明情况。

（三）按照财产清查的组织实施者的不同，分为内部清查和外部清查

1. 内部清查

内部清查是指由企业内部组织实施的清查，是企业借以保护财产安全，提高资产利用效率的一种必要的管理手段。

2. 外部清查

外部清查是指由企业以外的单位或部门对企业实施的财产清查。这种财产清查的结果主要为企业以外的会计资料使用者服务。

第二节 财产清查的方法

一、财产清查的程序

财产清查的程序是指清查工作的阶段划分及其先后顺序。一般来讲，财产清查可以分为三个阶段：准备阶段、实施阶段和分析处理阶段。

1. 准备阶段

财产清查的准备工作包括组织准备和业务准备两个方面。在组织准备方面的主要工作是落实清查工作的领导人或负责人，成立清查小组等形式的工作组织，并进行分工以及制订清查工作方案等。在业务准备方面的主要工作包括：将清查日前的资产账簿登记齐全并结出账面余额；通过核对账目，做到账证相符、账账相符，把各类资产进行归类整理，按照一定规律排列并加挂标签，以便盘点；检查校正度量衡并备好清册及有关单证。

2. 实施阶段

实施阶段主要是针对不同类别资产的特点，分别采取与之相对应的方法对资产的数量、质量进行清查，将账存数与实存数填列到有关的盘点凭证中，例如“盘存单”和“实存账存对比表”等。

3. 分析处理阶段

分析处理阶段主要是以“实存账存对比表”为基础，核准资产盘盈、盘亏的数量，分析其原因和性质，将结果上报有关部门和领导。同时，针对清查中发现的资产管理的漏洞，提出改进措施，健全和完善各项规章制度等。此外，对盘盈、盘亏的资产，按照规定报经有关部门批准后，还需要及时做出必要的账务处理，即调整账面记录。

二、财产盘存制度

在日常会计核算中，存在着两种不同的确定资产账面结存额的方式，即两种不同的盘存制度：永续盘存制和实地盘存制。

1. 永续盘存制

永续盘存制又称账面盘存制，是指平时对各种财产物资的收入和发出数，都要根据原始凭证和记账凭证在有关账簿中进行连续登记，并随时能结算出各种财产物资的账面结存数的一种管理制度。采用永续盘存制，有利于加强对财产物资的管理，并能随时了解各种库存财产物资的收入、发出和结存情况，能够计算出盘盈、盘亏数额，便于分清经济责任。同实地盘存制相比，永续盘存制在控制和保护财产物资安全完整方面有较大的优越性。永续盘存制的缺点是登记明细分类账的工作量较大。

2. 实地盘存制

实地盘存制是根据有关会计凭证，平时只在账簿中登记财产物资的增加数，不登记减少数，在期末时通过实地盘点实物，来确定财产物资的实存数并倒挤出财产物资的减少数的一种管理制度。计算公式如下。

本期资产的减少数＝期初结存数＋本期增加数－期末结存数

实地盘存制的优点是简化登记明细账的工作，这主要体现在平时减少的财产物资不在明细账中登记。但是，由于实地盘点后的实物数量是登记账簿中财产物资发出数的唯一依据，所以，保管中存在的问题不易被发现，都被视为耗用或销售，从而影响成本计算的正确性，削弱了对财产物资的控制和监督作用。实地盘存制只适用于鲜活商品或领发次数频繁而且价值不贵重的财产物资。

采用实地盘存制，每期末都要进行实物盘点；为了保证账实相符，永续盘存制也要定期进行财产清查。

三、财产清查的方法

1. 实物清查

企业实物财产主要包括固定资产、材料、产成品、在产品和低值易耗品等。实物清查一般是采用实物盘点，求得实际数额，再与账面数额进行比较，查清有无差异的方法。实物清查的程序如下。

第一，盘点实物。对要清查的实物，要一一点数、过秤、丈量，求出实物的实存数量。

第二，登记盘存单。对实物财产盘点后，必须将盘点物资的数量及质量，如实地计入盘存单中，并由盘点人和实物保管人签字盖章。“盘存单”格式见表 7-1。

表 7-1 **盘 存 单**

单位名称：

财产类别： 盘点时间：

编 号	名 称	计量单位	数 量	单 价	金 额	备注

盘点人签章： 实物保管人签章：

第三，编制实存账存对比表。为了核对清查结果，企业财会人员应根据盘存单和账簿资料编制“实存账存对比表”，以确定实存账存的差异。该表是分析及查明差异原因，经过有关领导批准调整账面记录的依据。“实存账存对比表”格式见表 7-2。

2. 往来款项的清查

往来款项的清查主要包括应收账款、应付账款、其他应收款和其他应付款的清查。主要是采用同对方单位核对账目的方法。首先要检查本单位各项往来款项记录的正确性和完整性。查明本单位记账正确无误后，再编制对账单，寄送到对方单位，进行核对，此单一式两份。如果有未达账项应该进行调整。往来款项的清查结果，应填制“往来款项清查表”，填列各项债权、债务的余额。

表 7-2　　实存账存对比表

单位名称：　　　　　　　　　　　　　　　　　　　　　　　　　　年　月　日

<table>
<tr><th rowspan="3">序号</th><th rowspan="3">名称</th><th rowspan="3">单位</th><th rowspan="3">单价</th><th colspan="2">实存</th><th colspan="2">账存</th><th colspan="4">对比结果</th></tr>
<tr><th rowspan="2">数量</th><th rowspan="2">金额</th><th rowspan="2">数量</th><th rowspan="2">金额</th><th colspan="2">盘盈</th><th colspan="2">盘亏</th></tr>
<tr><th>数量</th><th>金额</th><th>数量</th><th>金额</th></tr>
<tr><td></td><td></td><td></td><td></td><td></td><td></td><td></td><td></td><td></td><td></td><td></td><td></td></tr>
<tr><td></td><td></td><td></td><td></td><td></td><td></td><td></td><td></td><td></td><td></td><td></td><td></td></tr>
<tr><td></td><td></td><td></td><td></td><td></td><td></td><td></td><td></td><td></td><td></td><td></td><td></td></tr>
<tr><td></td><td></td><td></td><td></td><td></td><td></td><td></td><td></td><td></td><td></td><td></td><td></td></tr>
<tr><td></td><td></td><td></td><td></td><td></td><td></td><td></td><td></td><td></td><td></td><td></td><td></td></tr>
</table>

3. 现金的清查

现金的清查是通过实地盘点的方法，确定库存现金的实存数，再与现金日记账的账面余额核对，以查明盈亏情况。在进行现金清查时，为了明确经济责任，出纳员必须在场。在清查过程中，不允许白条抵库，也就是不能用不具有法律效力的借条、收据等抵充库存现金。现金盘点后，应根据盘点的结果与现金日记账核对的情况，填制“现金盘点报告表”。现金盘点报告表也是重要的原始凭证，它既起“盘存单”的作用，又起“实存账存对比表”的作用。“现金盘点报告表”应由盘点人和出纳员共同签章方能生效。“现金盘点报告表”的一般格式见表 7-3。

表 7-3　　现金盘点报告表

单位：　　　　　　　　　　　　　　　　　　　　　　　　　　　　年　月　日

<table>
<tr><th rowspan="2">实存金额</th><th rowspan="2">账存金额</th><th colspan="2">实存与账存对比</th><th rowspan="2">备　注</th></tr>
<tr><th>盘盈</th><th>盘亏</th></tr>
<tr><td></td><td></td><td></td><td></td><td></td></tr>
<tr><td></td><td></td><td></td><td></td><td></td></tr>
<tr><td></td><td></td><td></td><td></td><td></td></tr>
<tr><td></td><td></td><td></td><td></td><td></td></tr>
<tr><td></td><td></td><td></td><td></td><td></td></tr>
<tr><td></td><td></td><td></td><td></td><td></td></tr>
</table>

盘点人：　　　　　　　　　　　　　　　　出纳员：

4. 银行存款的清查

银行存款的清查是采用与开户银行核对账目的方法进行的，即将本单位的银行存款日记账与开户银行转来的对账单逐笔进行核对。一般来讲，银行存款日记账的余额和银行对账单的余额往往不一致。这种不一致的原因，一是银企一方或者双方记账有错误，二是存在未达账项。未达账项是指企业和银行之间对于同一项业务，由于取得结算凭证的时间不同，导致记账时间不一致而发生的一方已经取得结算凭证已登记入账，而另一方由于尚未取得结算凭证尚未入账的款项。未达账项有以下四种。

企业已收银行未收的款项。例如，企业销售产品收到支票，送存银行后即可根据银行盖章退回的进账单回联登记银行存款增加，而银行则不能马上增加，要等到款项收妥后再记增加。如果此时对账，则形成企业已收银行未收的款项。

企业已付银行未付的款项。例如，企业开出一张支票支付购料款，企业可以根据支票存根、发货票及收料单等凭证，记银行存款的减少，而此时银行由于尚未接到支付款项的凭证尚未登记减少。如果此时对账，则形成企业已付银行未付的款项。

银行已收企业未收的款项。例如，外地某单位给银行汇来款项，银行收到汇款单后马上登记存款增加，但是企业由于尚未收到汇款凭证还没有登记银行存款增加。如果此时对账，就形成银行已收企业未收的款项。

银行已付企业未付的款项。例如，银行代企业支付款项，银行已取得支付凭证已经登记存款减少，企业尚未接到凭证还没有登记银行存款减少。如果此时对账，就形成银行已付企业未付款项。

上述任何一项未达账项的存在，都会使企业银行存款日记账余额与银行对账单余额不符。因此，在与银行对账时，应首先查明有无未达账项。如果有未达账项，可以编制“银行存款余额调节表”，对未达账项进行调整后，再确定企业与银行双方记账是否一致，双方的账面余额是否相符。

假定某企业 2011 年 6 月 30 日银行存款日记账余额为 30 000 元，银行对账单上面的余额为 29 500 元。经逐笔核对，发现有以下未达账项。

企业于月末存入银行的转账支票 1 500 元，银行尚未入账。

企业于月末开出转账支票 2 000 元，银行尚未入账。

委托银行代收的销货款 4 000 元，银行已收到入账，但企业尚未收到银行存款通知，尚未入账。

银行代企业支付的水电费 5 000 元，企业尚未收到银行的付款通知，尚未入账。

根据上述未达账项，编制“银行存款余额调节表”，见表 7 - 4。

表 7 - 4 银行存款余额调节表

企业名称： 2011 年 6 月 30 日 单位：元

项　目	金　额	项　目	金　额
企业银行存款日记账余额	30 000	银行对账单余额	29 500
加：银收企未收	4 000	加：企收银未收	1 500
减：银付企未付	5 000	减：企付银未付	2 000
调节后的存款余额	29 000	调节后的存款余额	29 000

经过调节后求得的存款余额，既不等于本企业存款的账面余额，也不等于银行的账面余额，而是企业可以支取的银行存款实有数额。银行存款余额调节表不能作为更改账簿记录的凭证，未达账项无须作账面调整。各未达账项要在收到有关收、付款结算凭证后，才能登记

入账，此时未达账项自然消失。

第三节 财产清查结果的处理

一、财产清查结果的处理要求和步骤

财产清查的结果，必须按照国家有关财务制度的规定，严肃认真地给予处理。财产清查中发现的盘盈、盘亏、毁损和变质或超储积压等问题，应认真核准数字，按规定的程序上报批准后再行处理；对长期不清或有争执的债权、债务，也应该核准数字后上报批准处理。其具体步骤如下。

1. 核准数字，查明原因

根据清查情况，编制全部清查结果的“实存账存对比表”，核准货币资金、财产物资及债权债务的盈亏数字，对各项差异产生的原因进行分析，明确经济责任，据实提出处理意见，呈报有关领导和部门批准。对于债权债务在核对过程中出现的争议问题，应及时组织处理；对于超储积压物资应尽早提出处理方案。

2. 调整账簿，做到账实相符

在核准数字，查明原因的基础上，根据“实存账存对比表”编制记账凭证，并据以登记账簿，使各项财产物资做到账实相符。但对于应收而收不回的坏账，在批准前不做此项账务处理，待批准后再行处理。在做好上项调整账簿工作后，即可将所编制的“实存账存对比表”和所撰写的文字说明，一并报送有关领导和部门批准。

3. 经批准，进行账务处理

当有关领导部门对所呈报的财产清查结果提出处理意见后，应严格按批复意见进行账务处理，编制记账凭证，登记有关账簿，并追回由于责任者个人原因造成的损失。

二、财产清查结果的账务处理

为了做到账实相符，财务会计部门对于清查中发现的账实差异以及对差异的处理，必须及时地进行账簿记录的调整。具体应分两步：第一步，应将已查明的财产盘盈、盘亏和损失等，根据有关原始凭证（如实存账存对比表）编制记账凭证，据以记入有关账户，使各项财产物资的账存数与实存数相一致。第二步，按照差异产生的原因和报经批准的结果，编制记账凭证，据以登记入账。

为了核算和监督企业在财产清查中查明的财产物资的盘盈、盘亏和毁损情况及其处理结果，应设置“待处理财产损溢”账户。该账户借方登记待处理财产物资的盘亏和毁损数以及盘盈财产批准后的转销数；贷方登记待处理财产物资的盘盈数以及盘亏、毁损财产批准后的转销数；期末余额如在借方，表示尚待处理的财产盘亏数大于盘盈数的差额；余额如在贷方，表示尚待处理的财产盘盈数大于盘亏数的差额。该账户还应下设“待处理流动资产损溢”和“待处理固定资产损溢”两个明细账户进行明细分类核算。

下面举例说明财产清查结果的处理。

【例 7-1】 某企业在财产清查中，发现盘盈价值 1 000 元的 A 材料。

报经批准前，根据“实存账存对比表”的记录编制如下会计分录。

借：原材料——A 材料　　1 000

　　贷：待处理财产损溢——待处理流动资产损溢　　1 000

经查明盘盈的A材料为收发错误所致，经批准冲减本月管理费用，编制如下会计分录。

借：待处理财产损溢——待处理流动资产损溢 1 000

贷：管理费用 1 000

【例7-2】 某企业在财产清查中，发现短缺价值2 000元的B材料。

报经批准前，根据“实存账存对比表”的记录编制如下会计分录。

借：待处理财产损溢——待处理流动资产损溢 2 000

贷：原材料 2 000

经查明发现属于定额范围内的自然损耗则应列作管理费用，编制如下分录。

借：管理费用 2 000

贷：待处理财产损溢——待处理流动资产损溢 2 000

如果是属于管理人员过失造成的，应由过失人赔偿，则借记“其他应收款”账户；如果属于非常灾害造成的，则应列作营业外支出，借记“营业外支出”账户。

【例7-3】 某企业在财产清查中盘盈设备一台，估计重置价值为30 000元，已提累计折旧10 000元。

在审批之前，调整账簿记录，作如下会计分录。

借：固定资产 30 000

贷：累计折旧 10 000

待处理财产损溢——待处理固定资产损溢 20 000

经批准，该设备由企业留用，作为增加营业外收入处理，编制如下会计分录。

借：待处理财产损溢——待处理固定资产损溢 20 000

贷：营业外收入 20 000

【例7-4】 某企业财产清查中，发现短缺设备一台，其账面原价为20 000元，已提折旧15 000元。

在查明原因审批之前，调整账簿记录作如下会计分录。

借：待处理财产损溢——待处理固定资产损溢 5 000

累计折旧 15 000

贷：固定资产 20 000

经查明该项固定资产短缺，属于保管不善被盗，经领导批准由保管员赔偿30%，其余部分列作营业外支出，编制如下分录。

借：其他应收款 1 500

营业外支出 3 500

贷：待处理财产损溢——待处理固定资产损溢 5 000

【例7-5】 某企业在财产清查中，查明确实无法收回的应收账款2 000元，对该笔应收账款没有提坏账准备，报经批准转销。

对于这笔确实无法收回的应收账款，按照规定手续审批后，以批准的文件作为原始凭证，计入本期损溢，编制如下会计分录。

借：管理费用 2 000

贷：应收账款 2 000

企业在财产清查中查明的有关坏账损失，报经批准后，按照上述分录直接进行转销，不需要通过“待处理财产损溢”账户核算。

本 章 小 结

财产清查就是通过对财产物资和现金的实地盘点以及对银行存款、债权债务的清查，来确定财产物资、货币资金和债权债务的实存数，并查明账面结存数与实存数是否相符的一种会计核算方法。财产清查主要有以下四个方面的作用：①可以保证会计核算资料真实可靠；②可以掌握财产物资的实有情况，挖掘财产物资的使用潜力；③可以保护财产物资的真实完整；④可以促使企业建立和完善各项财产物资的管理制度，提高管理水平。

按照清查的对象和范围，财产清查分为全面清查和局部清查；按照财产清查的时间划分，可以分为定期清查和不定期清查；按照财产清查的组织实施者的不同，分为内部清查和外部清查。

一般来讲，财产清查可以分为三个阶段：准备阶段、实施阶段和分析处理阶段。在日常会计核算中，存在着两种不同的确定资产账面结存额的方式，即两种不同的盘存制度：永续盘存制和实地盘存制。采用实地盘存制，每期末都要进行实物盘点；为了保证账实相符，永续盘存制也要定期进行财产清查。

财产清查中发现的盘盈、盘亏、毁损和变质或超储积压等问题，应认真核准数字，按规定的程序上报批准后再行处理；对长期不清或有争执的债权、债务，也应该核准数字后上报批准处理。步骤是：①核准数字，查明原因；②调整账簿，做到账实相符；③经批准，进行账务处理。进行账务处理时，分两步：第一步，应将已查明的财产盘盈、盘亏和损失等，根据有关原始凭证（如实存账存对比表）编制记账凭证，据以记入有关账户，使各项财产物资的账存数与实存数相一致。第二步，按照差异产生的原因和报经批准的结果，编制记账凭证，据以登记入账。核算和监督企业在财产清查中查明的财产物资的盘盈、盘亏和毁损情况及其处理结果，应设置“待处理财产损溢”账户。

复 习 与 思 考

1. 什么是财产清查？财产清查有什么作用？
2. 财产清查有哪几类？
3. 对财产清查的结果，如何进行账务处理？

练 习 题

1. 某企业201×年12月31日银行存款日记账的账面余额为48 200元，银行对账单上的余额为47 500元。经核对，发现有下列未达账项。

（1）12月28日，银行代企业支付水电费1 000元，银行已经登记入账，企业尚未入账。

（2）12月29日，银行收到企业委托收款900元，银行已经登记入账，企业尚未入账。

（3）12月29日，企业销售产品收到转账支票一张计2 300元，企业已经登记入账，而银行尚未入账。

（4）12 月 30 日，企业支付货款开出转账支票一张计 1 700 元，企业已经登记入账，而银行尚未入账。

要求：根据以上资料编制银行存款余额调节表。

2. 某企业进行存货清查时，发现材料短缺 500 千克，实际总成本为 18 500 元。经查，该项短缺分别由多种原因造成，材料短缺中属于责任过失人造成 2 000 元损失，应由其予以赔偿；属于定额内合理损耗部分，价值 500 元；属于非常损失部分，价值 16 000 元，其中收回残料 100 元，保险公司给予赔款 15 800 元，剩余 100 元为净损失。要求：根据以上资料编制会计分录。

3. 某公司在财产清查中发现一批原材料盘亏，其价值 16 000 元。经查是由于自然灾害造成的，保险公司应给予的赔偿核定为 9 500 元。要求做出原材料盘亏批准前、后的会计分录。

第八章　会　计　报　表

学习目标

（1）掌握财务会计报告与会计报表的含义。
（2）理解会计报表的作用。
（3）掌握会计报表的分类和编表前的准备工作。
（4）理解并掌握资产负债表的编制方法。
（5）理解并掌握利润表的编制方法。
（6）理解现金流量表的编制方法。
（7）理解所有者权益变动表的编制方法。

第一节　会计报表概述

一、财务会计报告与会计报表的含义

财务会计报告是指企业对外提供的反映企业某一特定日期的财务状况和某一会计期间的经营成果、现金流量等会计信息的文件。财务会计报告包括会计报表及其附注和其他应当在财务会计报告中披露的相关信息和资料。会计报表是根据日常会计核算资料，按照一定的格式和指标体系，定期编制的总括反映会计主体在一定日期的财务状况和一定期间经营成果及现金流量信息的报告文件。它是会计核算的最终产品。会计报表至少应当包括资产负债表、利润表、现金流量表等报表。

二、会计报表的作用

会计报表是企业的重要经济档案，概括起来，主要有以下几个方面的作用。

1. 对投资者的作用

投资者通过会计报表提供的会计信息，了解企业的盈利能力、资本结构、利润分配的政策，预测企业未来的发展趋势，从而做出投资决策。

2. 对金融机构及其他债权人的作用

金融机构及其他债权人通过阅读会计报表，了解企业的资产、负债、所有者权益的结构，评估企业的偿债能力，做出贷款的决策。

3. 对政府及相关部门的作用

政府机构、税务、工商、海关等部门通过会计报表，监督企业是否执行了国家的有关法律法规、方针政策。如工商管理部门监督企业是否严格执行了国家工商行政法规；税务部门监督企业是否严格执行国家税收法规。

4. 对企业管理当局的作用

企业管理当局通过会计报表提供的信息，及时了解企业的财务状况、经营成果及现金流量，为生产经营决策、改善经营管理提供参考。

5. 对企业职工和工会的作用

企业职工和工会利用会计报表，了解企业支付工资的水平、提供福利的能力及就业的稳定性。

6. 对社会公众的作用

随着资本市场的发展，社会公众（包括企业潜在的投资者和债权人）也将利用企业（特别是对股份有限公司）的财务会计报表了解企业的兴衰及其发展情况，以决定是否对该企业进行投资和向其贷款。

三、会计报表的种类

（1）按照会计报表所反映的经济内容，可分为资产负债表、利润表和现金流量表及相关的附表。

资产负债表是反映企业某一特定日期财务状况的报表。利润表是反映企业在某一会计期间经营成果的报表。现金流量表是反映企业在某一会计期间现金流入、流出情况的报表。相关的附表是对以上三张主表进行补充的报表，如反映财务状况的股东权益变动表；反映经营成果分配情况的利润分配表等。

（2）按照会计报表的编报时间，可分为年度报表和中期报表。

年度报表是指年度终了对外提供的一个完整年度的会计报表。中期报表是指短于一个完整的会计年度的报表，它包括半年报、季报、月报。它们分别在月末、季末、上半年末编制。

（3）按照会计报表的报送范围，可分为内部会计报表和外部会计报表。

内部会计报表是为企业、单位内部各职能部门管理需要提供信息而编制的会计报表。它可根据各自的经营特点和管理需要自行设计，国家一般不做硬性规定，而且这类报表一般都涉及企业的经营秘密，如成本、费用报表，因而不宜公开，编制时间可以是定期的，也可以是不定期的。外部会计报表是指向企业外部信息使用者提供的会计报表。由于外部信息使用者不参与企业的经营活动，只能依赖会计报表来了解企业的情况，据以做出相应的决策。因此必须有一套统一的外部报表体系，确保会计信息的横向可比性，如资产负债表、利润表、现金流量表等。

（4）按照会计报表反映的资金运动状态，可分为静态报表和动态报表。

静态报表是反映企业资金运动处于某一相对静止状态的会计报表。如资产负债表，它是反映企业某一时点资产、负债和所有者权益的报表。动态报表是反映企业一定时期资金循环情况的会计报表。如反映企业经营过程及成果的利润表，反映企业财务状况变动的现金流量表。

（5）按照会计报表的编制范围，可分为个别会计报表和合并会计报表。

个别会计报表是指以一个特定的会计主体为核算范围而编制的会计报表，它不反映投资单位和其他会计主体的财务状况和经营成果。合并会计报表是指以母公司和子公司组成的企业集团为一个会计主体，以母公司和子公司单独编制的个别会计报表为基础，由母公司编制的综合反映企业集团财务状况、经营成果和现金流量的会计报表。

（6）按照会计报表的编制单位，可分为单位会计报表和汇总会计报表。

单位会计报表是指独立核算的单位对其账簿记录进行加工编制的，反映本单位财务状况和经营成果的会计报表。汇总会计报表是指各级主管部门根据所属单位报来的单位会计报表，加以汇总编制的会计报表。

四、会计报表的编制要求

为了保证会计报表的质量，企业编制的会计报表必须做到数字真实、内容完整、计算准确、报送及时。

1. 数字真实

会计报表的编制应当根据记录完整、核对无误的会计账簿记录和其他有关资料编制，如实反映财务状况和经营成果。不能用估计数字、计划数字或推算数字代替实际数字，更不能弄虚作假，篡改数字，以确保会计报表的真实性。

2. 内容完整

企业必须按照统一规定的会计报表的种类、格式和内容来编制。做到账表齐全，项目完整；不得漏编、漏报会计报表，也不应漏填、漏列报表中的项目。如果有的项目无数字填列，应在金额栏内画一段横线，以示此项目无数字填报。报表中须加以说明的项目，应在报表附注中用文字加以说明。

3. 计算准确

会计报表中各项目的数字主要来自于会计账簿记录，有些项目的数字须根据相关账户的记录进行分析、计算后才能填列，要求按规定的方法准确计算。

4. 报送及时

会计报表信息具有时效性。各企业必须遵照国家或上级机关规定的报表期限和程序，及时编制，及时报送，以便报表使用者及时了解编报单位的财务状况和经营成果，也便于有关部门和地方财政部门及时进行汇总。根据规定，月度会计报表应当于月度终了后 6 天内对外提供；季度会计报表应当于季度终了后 15 天内对外提供；半年度会计报表应当于半年度结束后 60 天内对外提供；年度会计报表应当于年度终了后 4 个月内对外提供。

五、会计报表编制前的准备工作

在编制会计报表前应做好一系列的准备工作。

（1）检查当期的经济业务是否全部登记入账，做到账证相符。企业在一定时期内的经济业务，是按照审核无误后的会计凭证进行记录的。登记账簿时要注意总分类账户和明细分类账户的平行登记，防止重复登记和漏记。在一个月份的全部经济业务都登记入账后，才能结账，编制会计报表。为此，应认真做好检查，以确保账证相符。

（2）按权责发生制原则的要求进行期末账项调整。本期该摊销的费用应予以摊销，该预提的费用按规定预提，该结转的应予以结转，以保证本期各项费用成本计算的正确，从而合理地确定当期损益。

（3）认真进行对账和财产清查。编制会计报表所需的资料，有的是从总分类账中直接取得的，有的是从明细账中分析得到的。因此在编制报表之前做好总分类账本身的试算平衡，还必须检查总分类账及明细账登记的正确性，做到总分账与所属明细账分类核对相符。同时要对有关的财产物资进行清点，对债权、债务和银行存款进行查询核对，保证账实相符。如有不符，应查明原因，予以更正后，方能编制会计报表。

第二节 资产负债表

一、资产负债表概述

资产负债表是指反映企业在某一特定日期的财务状况的报表。资产负债表主要反映资产、负债和所有者权益三方面的内容，并满足“资产＝负债＋所有者权益”平衡式。

(1) 资产，反映由过去的交易、事项形成并由企业在某一特定日期所拥有或控制的、预期会给企业带来经济利益的资源。资产应当按照流动资产和非流动资产两大类别在资产负债表中列示，在流动资产和非流动资产类别下进一步按性质分项列示。

流动资产是指预计在一个正常营业周期中发现、出售或耗用，或者主要为交易目的而持有，或者预计在资产负债表日起一年内（含一年）变现的资产，或者资产负债表日起一年内交换其他资产或清偿负债的能力不受限制的现金或现金等价物。

资产负债表中列示的流动资产项目通常包括：货币资金、交易性金融资产、应收票据、应收账款、预付款项、应收利息、应收股利、其他应收款、存货和一年内到期的非流动资产等。

非流动资产是指流动资产以外的资产。资产负债表中列示的非流动资产项目通常包括：长期股权投资、固定资产、在建工程、工程物资、固定资产清理、无形资产、开发支出、长期待摊费用以及其他非流动资产等。

(2) 负债，反映在某一特定日期企业所承担的、预期会导致经济利益流出企业的现时义务。负债应当按照流动负债和非流动负债在资产负债表中进行列示，在流动负债和非流动负债类别下再进一步按性质分项列示。

流动负债是指预计在一个正常营业周期中清偿，或者主要为交易目的而持有，或者资产负债表日起一年内（含一年）到期应予以清偿，或者企业无权自主地将清偿推迟至资产负债日后一年以上的负债。资产负债表中列示的流动负债项目通常包括：短期借款、应付票据、应付账款、预收款项、应付职工薪酬、应交税费、应付利息、应付股利、其他应付款、一年内到期的非流动负债等。

(3) 所有者权益，是企业资产扣除负债后的剩余权益，反映企业在某一特定日期股东（投资者）拥有的净资产的总额，它一般按照实收资本、资本公积、盈余公积和未分配利润分项列示。

二、资产负债表的结构

我国企业的资产负债表采用账户式结构。账户式资产负债表分左右两方，左方为资产项目，大体按资产的流动性大小排列，流动性大的资产如“货币资金”、“交易性金融资产”等排在前面，流动性小的资产如“长期股权投资”、“固定资产”等排在后面。右方为负债及所有者权益项目，一般按要求清偿时间的先后顺序排列：“短期借款”、“应付票据”、“应付账款”等需要在一年内或者长于一年的一个正常营业周期内偿还的流动性负债排在前面，“长期借款”等在一年以上才需偿还的非流动负债排在中间，在企业清算之前不需要偿还的所有权益项目排在后面。

账户式资产负债表中的资产各项目的合计等于负债和所有权益各项目的合计，即资产负债表左方和右方平衡。因此，通过账户式资产负债表，可以反映资产、负债、所有者权益之间的内在关系，即“资产＝负债＋所有者权益”。

我国企业资产负债表格式见表 8 - 1。

三、资产负债表的编制

资产负债表各项目均需填列“年初余额”和“期末余额”两栏。其中“年初余额”栏内各项数字，应根据上年末资产负债表的“期末余额”栏内所列数字填列。“期末余额”栏主要有以下几种填列方法。

表 8-1 **资 产 负 债 表**

会企 01 表

编制单位：　　　　　　　　　　年　　月　　日　　　　　　　　　　单位：元

资　　产	期末余额	年初余额	负债和所有者权益（或股东权益）	期末余额	年初余额
流动资产：			流动负债：		
货币资金			短期借款		
交易性金融资产			交易性金融负债		
应收票据			应付票据		
应收账款			应付账款		
预付款项			预收款项		
应收利息			应付职工薪酬		
应收股利			应交税费		
其他应收款			应付利息		
存货			应付股利		
一年内到期的非流动资产			其他应付款		
其他流动资产			一年内到期的非流动负债		
流动资产合计			其他流动负债		
非流动资产：			流动负债合计		
可供出售金融资产			非流动负债：		
持有至到期投资			长期借款		
长期应收款			应付债券		
长期股权投资			长期应付款		
投资性房地产			专项应付款		
固定资产			预计负债		
在建工程			递延所得税负债		
工程物资			其他非流动负债		
固定资产清理			非流动负债合计		
生产性生物资产			负债合计		
油气资产			所有者权益（或股东权益）：		
无形资产			实收资本（股本）		
开发支出			资本公积		
商誉			减：库存股		
长期待摊费用			盈余公积		
递延所得税资产			未分配利润		
其他非流动资产			所有者权益（或股东权益）合计		
非流动资产合计					
资产总计			负债和所有者权益（或股东权益）合计		

1. 根据总账科目余额填列

如“交易性金融资产”、“短期借款”、“应付票据”、“应付职工薪酬”等项目，根据“交易性金融资产”、“短期借款”、“应付票据”、“应付职工薪酬”各总账科目的余额直接填列；有些项目则需根据几个总账科目的余额计算填列，如“货币资金”项目，需根据“库存现金”、“银行存款”、“其他货币资金”三个总账科目的期末余额的合计数填列。

【例 8-1】 某企业2011年12月31日结账后的“库存现金”科目余额为20 000元，“银行存款”科目余额为5 000 000元，“其他货币资金”科目余额为80 000元。该企业2011年12月31日资产负债表中的“货币资金”项目金额为

20 000＋5 000 000＋80 000＝5 100 000（元）

本例中，企业应当按照“库存现金”、“银行存款”和“其他货币资金”三个总账科目余额加总后的余额，作为资产负债表中“货币资金”项目的金额。

【例 8-2】 某企业2011年12月31日结账后的“交易性金融资产”科目余额为600 000元。

该企业2011年12月31日资产负债表中的“交易性金融资产”项目金额为600 000元。

本例中，由于企业是以公允价值计量交易性金融资产，每期交易性金融资产价值的变动，无论上升还是下降，均已直接调整“交易性金融资产”科目金额，因此，企业应当直接以“交易性金融资产”总账科目余额填列在资产负债表中。

【例 8-3】 某企业2011年3月1日向银行借入一年期借款450 000元，向其他金融机构借款200 000元，无其他短期借款业务发生。

企业2011年12月31日资产负债表的“短期借款”项目金额为

450 000＋200 000＝650 000（元）

本例中，企业直接以“短期借款”总账科目余额填列在资产负债表中。

【例 8-4】 某企业年末向股东发放现金股利400 000元，股票股利100 000元，现金股利尚未支付。

该企业2011年12月31日资产负债表中的“应付股利”项目余额为400 000元。

本例中，企业发放的股票股利不通过“应付股利”科目核算，因此，资产负债表中“应付股利”即为尚未支付的现金股利金额，即400 000元。

【例 8-5】 某企业2011年12月31日应付甲企业商业票据32 000元，应付乙企业商业票据56 000元，应付丙企业商业票据680 000元，尚未支付。

该企业在2011年12月31日资产负债表中“应付票据”项目金额为

32 000＋56 000＋680 000＝768 000（元）

本例中，企业直接以“应付票据”总账科目余额填列在资产负债表中。

【例 8-6】 某企业2011年12月31日应付管理人员工资300 000元，应计提福利费42 000元，应付车间工作人员工资57 000元，无其他应付职工薪酬项目。

企业2011年12月31日资产负债表中“应付职工薪酬”项目金额为

300 000＋42 000＋57 000＝399 000（元）

本例中，管理人员工资、车间工作人员工资和福利费都属于职工薪酬的范围，应当以各种应付未付职工薪酬加总后的金额，即“应付职工薪酬”总账科目余额填列在资产负债表中。

【例 8-7】 某企业 2011 年 1 月 1 日发行了公司债券，面值为 1 000 000 元，当年 12 月 31 日应计提的利息为 10 000 元。

该企业 2011 年 12 月 31 日资产负债表中“应付债券”项目金额为

1 000 000＋10 000＝1 010 000（元）

本例中，企业应当将债券面值和应计提的利息作为“应付债券”填列为资产负债表中“应付债券”项目的金额。

2. 根据明细账科目余额计算填列

如“应付账款”项目，需要根据“应付账款”和“预付账款”两个科目所属的相关明细科目的期末贷方余额计算填列；“应收账款”项目，需要根据“应收账款”和“预收账款”两个科目所属的相关明细科目的期末借方余额计算填列。

【例 8-8】 某企业 2011 年 12 月 31 日结账后有关科目余额见表 8-2。

表 8-2　某企业 2011 年 12 月 31 日结账后有关科目余额表

单位：元

科目名称	借方余额	贷方余额
应收账款	1 600 000	100 000
预付账款	800 000	60 000
应付账款	400 000	1 800 000
预收账款	600 000	1 400 000

该企业 2011 年 12 月 31 日资产负债表中相关项目的金额如下。

（1）“应收账款”项目金额为 1 600 000＋600 000＝2 200 000（元）

（2）“预付账款”项目金额为 800 000＋400 000＝1 200 000（元）

（3）“应付账款”项目金额为 60 000＋1 800 000＝1 860 000（元）

（4）“预收账款”项目金额为 1 400 000＋100 000＝1 500 000（元）

本例中，应收账款项目，应当根据“应收账款”科目所属明细科目借方余额 1 600 000 元和“预收账款”科目所属明细科目借方余额 600 000 元加总，作为资产负债表中“应收账款”的项目金额，即 2 200 000 元。

预付款项项目，应当根据“预付账款”科目所属明细科目借方余额 800 000 元和“应付账款”科目所属明细科目借方余额 400 000 加总，作为资产负债表中“预付款项”的项目金额，即 1 200 000 元。

应付账款项目，应当根据“应付账款”科目所属明细科目贷方余额 1 800 000 元和“预付账款”科目所属明细科目贷方余额 60 000 元加总，作为资产负债表中“应付账款”的项目金额，即 1 860 000 元。

预收款项项目，应当根据“预收账款”科目所属明细科目贷方余额 1 400 000 元和“应收账款”科目所属明细科目贷方余额 100 000 元加总，作为资产负债表中“预收款项”的项目金额，即 1 500 000 元。

【例 8-9】 某企业 2011 年 12 月 31 日购入原材料一批，价款 150 000 元，增值税 25 500 元，款项已付，材料已验收入库，当年根据实现的产品销售收入计算的增值税销项税额为 50 000 元。该月转让一项专利，需要交纳营业税 50 000 元尚未支付，没有其他未支付的税费。

该企业 2011 年 12 月 31 日资产负债表中"应交税费"项目金额为

50 000－25 500＋50 000＝74 500（元）

本例中，只有未付增值税和营业税两项，由于本期应交增值税为销项税额减进项税额，即 24 500(50 000－25 500）元，加上未交纳的营业税 50 000 元，作为资产负债表中"应交税费"的项目金额，即 74 500 元。

3. 根据总账科目和明细账科目余额分析计算填列

如"长期借款"项目，需要根据"长期借款"总账科目余额扣除"长期借款"科目所属的明细科目中将在一年内到期且企业不能自主地将清偿义务延期的长期借款后的金额计算填列。

【例 8-10】 某企业长期借款情况见表 8-3。

表 8-3　某企业长期借款情况表

借款起始日期	借款期限（年）	金　额　（元）
2011 年 1 月 1 日	3	1 000 000
2009 年 1 月 1 日	5	2 000 000
2008 年 6 月 1 日	4	1 500 000

该企业 2011 年 12 月 31 日资产负债表中"长期借款"项目金额为

1 000 000＋2 000 000＝3 000 000（元）

本例中，企业应当根据"长期借款"总账科目余额 4 500 000(1 000 000＋2 000 000＋1 500 000）元，减去一年内到期的长期借款 1 500 000 元，作为资产负债表中"长期借款"项目的金额，即 3 000 000 元。将在一年内到期的长期借款 1 500 000 元，应当填列在流动资产下"一年内到期的非流动资产"项目中。

【例 8-11】 某企业 2011 年"长期待摊费用"科目的期末余额为 365 000 元，将于一年内摊销的数额为 204 000 元。

该企业 2011 年 12 月 31 日资产负债表中的"长期待摊费用"项目金额为

365 000－204 000＝161 000（元）

本例中，企业应当根据"长期待摊费用"总账科目余额 365 000 元，减去将于一年内摊销的金额 204 000 元，作为资产负债表中"长期待摊费用"项目的金额，即 161 000 元，将于一年内摊销完毕的 204 000 元，应当填列在流动资产下"一年内到期的非流动资产"项目中。

4. 根据有关科目余额减去其备抵科目余额后的净额填列

如资产负债表中的"应收票据"、"应收账款"、"长期股权投资"、"在建工程"等项目，应当根据"应收票据"、"应收账款"、"长期股权投资"、"在建工程"等科目的期末余额减去"坏账准备"、"长期股权投资减值准备"、"在建工程减值准备"等科目余额后的净额填列。"固定资产"项目，应当根据"固定资产"科目的期末余额减去"累计折旧"、"固定资产减值准备"备抵科目余额后的净额填列；"无形资产"项目，应当根据"无形资产"科目的期末余额，减去"累计摊销"、"无形资产减值准备"备抵后的净额填列。

【例 8-12】 某企业 2011 年 12 月 31 日因出售商品应收 A 企业票据金额为 123 000 元，

因提供劳务应收B企业票据342 000元，12月31日将所持C企业金额为10 000元的未到期商业汇票向银行贴现，实际收到金额为9 000元。

该企业2011年12月31日资产负债表中的“应收票据”项目金额为

123 000＋342 000－10 000＝455 000（元）

本例中，企业直接以“应收票据”总账科目余额填列，对于已贴现的票据应扣减。应收票据已计提坏账准备的，还应以扣减相应坏账准备后的金额填列。

【例8-13】 某企业2011年12月31日结账后“应收账款”科目所属各明细科目的期末借方余额合计450 000元，贷方余额合计220 000元，对应收账款计提的坏账准备为50 000元，假定“预收账款”科目所属明细科目无借方余额。

该2011年12月31日资产负债表中的“应收账款”项目金额为

450 000－50 000＝400 000（元）

本例中，企业应当以“应收账款”科目所属明细科目借方余额450 000元，减去对应收账款计提的坏账准备50 000元后的金额，作为资产负债表“应收账款”项目的金额，即400 000元。应收账款科目所属明细科目贷方余额，应与“预收账款”科目所属明细科目贷方余额加总，填列为“预收账款”项目。

【例8-14】 某企业2011年12月31日结账后“其他应收款”科目余额为63 000元，“坏账准备”科目中有关其他应收款计提的坏账准备为2 000元。

该企业2011年12月31日资产负债表中的“其他应收款”项目金额为

63 000－2 000＝61 000（元）

本例中，企业应当以“其他应收款”总账科目余额，减去“坏账准备”科目中为其他应收款计提的坏账准备金额后的金额，作为资产负债表中“其他应收款”的项目金额。

【例8-15】 某企业2011年12月31日结账后“长期股权投资”科目余额为100 000元，“长期股权投资减值准备”科目余额为6 000元。

则该企业2011年12月31日资产负债表中的“长期股权投资”项目金额为

100 000－6 000＝94 000（元）

本例中，企业应当以“长期股权投资”总账科目余额，减去其备抵科目“长期股权投资减值准备”科目余额后的金额，作为资产负债表中“长期股权投资”的项目金额。

【例8-16】 某企业2011年12月31日结账后“固定资产”科目余额为1 000 000元，“累计折旧”科目余额为90 000元，“固定资产减值准备”科目余额为200 000元。

该企业2011年12月31日资产负债表中的“固定资产”项目金额为

1 000 000－90 000－200 000＝710 000（元）

本例中，企业应当以“固定资产”总账科目余额，减去“累计折旧”和“固定资产减值准备”两个备抵类总账科目余额后的金额，作为资产负债表中“固定资产”的项目金额。

【例8-17】 某企业2011年交付安装的设备价值为305 000元，未完建筑安装工程已经耗用的材料64 000元，工资费用支出70 200元，“在建工程减值准备”科目余额为20 000元，安装工作尚未完成。

该企业2011年12月31日资产负债表中的“在建工程”项目金额为

305 000＋64 000＋70 200－20 000＝419 200（元）

本例中，企业应当以“在建工程”总账科目余额（即待安装设备价值305 000元＋工程用材料 64 000 元＋工程用人员工资费用 70 200 元），减去为该项工程已经计提的减值准备总账科目余额 20 000 元后的金额，作为资产负债表中“在建工程”的项目金额。

【例 8-18】 某企业 2011 年 12 月 31 日结账后的“无形资产”科目余额为 488 000 元，“累计摊销”科目余额为 48 800 元，“无形资产减值准备”科目余额为 93 000 元。

该企业 2011 年 12 月 31 日资产负债表中的“无形资产”项目金额为

488 000－48 800－93 000＝346 200（元）

本例中，企业应当以“无形资产”总账科目余额，减去“累计摊销”和“无形资产减值准备”两个备抵类总账科目余额后的金额，作为资产负债表中“无形资产”的项目金额。

5. 综合运用上述填列方法分析填列

如资产负债表中的“存货”项目，需要根据“原材料”、“委托加工物资”、“周转材料”、“材料采购”、“在途物资”、“发出商品”、“材料成本差异”等总账科目期末余额的分析汇总数，再减去“存货跌价准备”科目余额后的净额填列。

【例 8-19】 某企业采用计划成本核算材料，2011 年 12 月 31 日结账后有关科目余额为：“材料采购”科目余额为 140 000 元（借方），“原材料”科目余额为 2 400 000 元（借方），“周转材料”科目余额为 1 800 000 元（借方），“库存商品”科目余额为 1 600 000 元（借方），“生产成本”科目余额为 600 000 元（借方），“材料成本差异”科目余额为 120 000 元（贷方），“存货跌价准备”科目余额为 210 000 元。

该企业 2011 年 12 月 31 日资产负债表中的“存货”项目金额为

140 000＋2 400 000＋1 800 000＋1 600 000＋600 000－120 000－210 000＝6 210 000（元）

本例中，企业应当以“材料采购”（表示在途材料采购成本）、“原材料”、“周转材料”（比如包装物和低值易耗品等）、“库存商品”、“生产成本”（表示期末在产品金额）各总账科目余额加总后，加上或减去“材料成本差异”总账科目的余额（若为贷方余额，应减去；若为借方余额，应加上），再减去“存货跌价准备”总账科目余额后的金额，作为资产负债表中“存货”的项目余额。

第三节 利 润 表

一、利润表的概念和结构

利润表是指反映企业在一定会计期间的经营成果的报表。

通过提供利润表，可以反映企业在一定会计期间收入、费用、利润（或亏损）的数额、构成情况，帮助会计报表使用者全面了解企业的经营成果，分析企业的获利能力及盈利增长趋势，从而为其作出经济决策提供依据。

我国企业的利润表采用多步式格式，见表 8-4。

二、利润表的编制

我国企业利润表的主要编制步骤和内容如下。

第一步，以营业收入为基础，减去营业成本、营业税金及附加、销售费用、管理费用、财务费用、资产减值损失，加上公允价值变动收益（减去公允价值变动损失）和投资收益（减去投资损失），计算出营业利润。

第二步，以营业利润为基础，加上营业外收入，减去营业外支出，计算出利润总额。

表 8-4 **利 润 表**

会企 02 表

编制单位： ____年____月 单位：元

项　　目	本期金额	上期金额
一、营业收入		
减：营业成本		
营业税金及附加		
销售费用		
管理费用		
财务费用		
资产减值损失		
加：公允价值变动收益（损失以“－”填列）		
其中：对联营企业和合营企业的投资收益		
二、营业利润（亏损以“－”号填列）		
加：营业外收入		
减：营业外支出		
其中：非流动资产处置损失		
三、利润总额（亏损总额以“－”号填列）		
减：所得税费用		
四、净利润（净亏损以“－”号填列）		
五、每股收益：		
（一）基本每股收益		
（二）稀释每股收益		

第三步，以利润总额为基础，减去所得税费用，计算出净利润（或亏损）。

普通股或潜在普通股已公开交易的企业，以及正处在公开发行普通股或潜在普通股过程中的企业，还应当在利润表中列示每股收益信息。

利润表各项目均需填列“本期金额”和“上期金额”两栏。其中“上期金额”栏内各项数字，应根据上年该期利润表的“本期金额”栏内所列数字填列。“本期金额”栏内各期数字，除“基本每股收益”和“稀释每股收益”项目外，应当按照相关科目的发生额分析填列。如“营业收入”项目，根据“主营业务收入”、“其他业务收入”科目的发生额分析计算填列；“营业成本”项目，根据“主营业务成本”、“其他业务成本”科目的发生额分析计算填列。其他项目均按照各该科目的发生额分析填列。

【例 8-20】 某企业 2011 年度“主营业务收入”科目的贷方发生额为 33 000 000 元，借方发生额为 200 000 元（系 11 月份发生的购买方退货），“其他业务收入”科目的贷方发生额为 2 000 000 元。

该企业 2011 年度利润表中“营业收入”的项目金额为

$$33\ 000\ 000-200\ 000+2\ 000\ 000=34\ 800\ 000\text{（元）}$$

本例中，企业一般应当以“主营业务收入”和“其他业务收入”两个总账科目的贷方发生额之和作为利润表中“营业收入”的项目金额。当年发生销售退回的，以应冲减销售退回主营业务收入后的金额，填列“营业收入”项目。

【例 8-21】 某企业 2011 年度“主营业务成本”科目的借方发生额为 30 000 000 元；2012 年 1 月 8 日，2011 年 12 月销售给某单位的一批产品由于质量问题被退回，其成本为 1 800 000 元；该企业的会计报表批准报出日为 2012 年 3 月 1 日；“其他业务成本”科目借方发生额为 800 000 元。

该企业 2011 年度利润表中的“营业成本”的项目金额为

30 000 000－1 800 000＋800 000＝29 000 000（元）

本例中，企业一般应当以“主营业务成本”和“其他业务成本”两个总账科目的借方发生额之和，作为利润表中“营业成本”的项目金额。当年发生销售退回的，应加上销售退回商品成本后的金额，填列“营业成本”项目。

【例 8-22】 某企业 2011 年 12 月 31 日“资产减值损失”科目当年借方发生额为 680 000元，贷方发生额为 320 000 元。

该企业 2011 年度利润表中的“资产减值损失”的项目金额为

680 000－320 000＝360 000（元）

本例中，企业应当以“资产减值损失”总账科目借方发生额减去贷方发生额后的余额，作为利润表中“资产减值损失”的项目金额。

【例 8-23】 某企业 2011 年“公允价值变动损益”科目贷方发生额为 900 000 元，借方发生额为 120 000 元。

该企业 2011 年度利润表中的“公允价值变动收益”的项目金额为

900 000－120 000＝780 000（元）

本例中，企业应当以“公允价值变动损益”总账科目贷方发生额减去借方发生额后的余额，作为利润表中“公允价值变动收益”的项目金额，若相减后为负数，表示公允价值变动损失，以“－”号填列。

【例 8-24】 截止到 2011 年 12 月 31 日，某企业“主营业务收入”科目发生额为 1 990 000 元，“主营业务成本”科目发生额为 630 000 元，“其他业务收入”科目发生额为 500 000 元，“其他业务成本”科目发生额为 150 000 元，“营业税金及附加”科目发生额为 780 000 元，“销售费用”科目发生额为 50 000 元，“管理费用”科目发生额为 50 000 元，“财务费用”科目发生额为 170 000 元，“资产减值损失”科目发生额为 50 000 元，“公允价值变动损益”科目为借方发生额 450 000 元（无贷方发生额），“投资收益”科目贷方发生额为 850 000 元（无借方发生额），“营业外收入”科目发生额为 100 000 元，“营业外支出”科目发生额为 40 000 元，“所得税费用”科目发生额为 171 600 元。

该企业 2011 年度利润表中营业利润、利润总额和净利润的计算过程如下。

营业利润＝1 990 000＋500 000－630 000－150 000－780 000－60 000－50 000－170 000－50 000－450 000＋850 000＝1 000 000（元）

利润总额＝1 000 000＋100 000－40 000＝1 060 000（元）

净利润＝1 060 000－171 600＝888 400（元）

本例中，企业应当根据编制利润表的多步式步骤，确定利润表中各主要项目的金额，相关计算公式如下。

（1）营业利润＝营业收入－营业成本－营业税金及附加－销售费用－管理费用－财务费用－资产减值损失＋公允价值变动收益（或公允价值变动损失）＋投资收益（或－投资损失）

其中，营业收入＝主营业务收入＋其他业务收入；营业成本＝主营业务成本＋其他业务成本。

（2）利润总额＝营业利润＋营业外收入－营业外支出。

（3）净利润＝利润总额－所得税费用。

第四节 现金流量表

一、现金流量表概述

现金流量表是反映企业在一定会计期间现金和现金等价物流入和流出的报表。

现金流量是指一定会计期间内企业现金和现金等价物的流入和流出。企业从银行提取现金、用现金购买短期到期的国库券等现金和现金等价物之间的转换不属于现金流量。

现金是指企业库存现金以及可以随时用于支付的存款，包括库存现金、银行存款和其他货币资金（如外埠存款、银行汇票存款、银行本票存款等）等。不能随时用于支付的存款不属于现金。

现金等价物，是指企业持有的期限短、流动性强、易于转换为已知金额现金、价值变动风险很小的投资。期限短，一般是指从购买日起三个月内到期。现金等价物通常包括三个月内到期的债券投资等。权益性投资变现的金额通常不确定，因而不属于现金等价物。企业应当根据具体情况，确定现金等价物的范围，一经确定不得随意变更。

企业产生的现金流量分为三类。

1. 经营活动产生的现金流量

经营活动，是指企业投资活动和筹资活动以外的所有交易和事项。经营活动产生的现金流量主要包括销售商品或提供劳务、购买商品、接受劳务、支付工资和交纳税款等流入和流出的现金和现金等价物。

2. 投资活动产生的现金流量

投资活动，是指企业长期资产的购建和不包括在现金等价物范围内的投资及其处置活动。投资活动产生的现金流量主要包括购建固定资产、处置子公司及其他营业单位等流入和流出的现金和现金等价物。

3. 筹资活动产生的现金流量

筹资活动，是指导致企业资本及债务规模和构成发生变化的活动。筹资活动产生的现金流量主要包括吸收投资、发行股票、分配利润、发生债券、偿还债务等流入和流出的现金和现金等价物。偿付应付账款、应付票据等商业应付款等属于经营活动，不属于筹资活动。

二、现金流量表的结构

我国企业现金流量表采用报告式结构，分类反映经营活动产生的现金流量、投资活动产生的现金流量和筹资活动产生的现金流量，最后汇总反映企业某一期间现金及现金等价物的净增加额。

我国企业现金流量表的格式见表 8-5 和表 8-6。

表 8-5　**现 金 流 量 表**

会企 03 表

编制单位：　　________年____月　　单位：元

项　　目	本期金额	上期金额
一、经营活动产生的现金流量：		
销售商品、提供劳务收到的现金		
收到的税费返还		
收到其他与经营活动有关的现金		
经营活动现金流入小计		
购买商品、接受劳务支付的现金		
支付给职工及为职工支付的现金		
支付的各项税费		
支付其他与经营活动有关的现金		
经营活动现金流出小计		
经营活动产生的现金流量净额		
二、投资活动产生的现金流量：		
收回投资收到的现金		
取得投资收益收到的现金		
处置固定资产、无形资产和其他长期资产收回的现金净额		
处置子公司及其他营业单位收到的现金净额		
收到其他与投资活动有关的现金		
投资活动现金流入小计		
购建固定资产、无形资产和其他长期资产支付的现金		
投资支付的现金		
取得子公司及其他营业单位支付的现金净额		
支付其他与投资活动有关的现金		
投资活动现金流出小计		
投资活动产生的现金流量净额		
三、筹资活动产生的现金流量：		
吸收投资收到的现金		
取得借款收到的现金		
收到其他与筹资活动有关的现金		
筹资活动现金流入小计		
偿还债务支付的现金		
分配股利、利润或偿付利息支付的现金		
支付其他与筹资活动有关的现金		
筹资活动现金流出小计		
筹资活动产生的现金流量净额		

续表

项　　目	本期金额	上期金额
四、汇率变动对现金及现金等价物的影响		
五、现金及现金等价物净增加额		
加：期初现金及现金等价物余额		
六、期末现金及现金等价物余额		

表 8-6　　现金流量表补充资料

补　充　资　料	本期金额	上期金额
1. 将净利润调节为经营活动现金流量		
净利润		
加：资产减值准备		
固定资产折旧、油气资产折耗、生产性生物资产折旧		
无形资产摊销		
长期待摊费用摊销		
处置固定资产、无形资产和其他长期资产的损失（收益以“—”号填列）		
固定资产报废损失（收益以“—”号填列）		
公允价值变动损失（收益以“—”号填列）		
财务费用（收益以“—”号填列）		
投资损失（收益以“—”号填列）		
递延所得税资产减少（增加以“—”号填列）		
递延所得税资产增加（减少以“—”号填列）		
存货的减少（增加以“—”号填列）		
经营性应收项目的减少（增加以“—”号填列）		
经营性应付项目的增加（减少以“—”号填列）		
其他		
经营活动产生的现金流量净额		
2. 不涉及现金收支的重大投资和筹资活动		
债务转为资本		
一年内到期的可转换公司债券		
融资租入固定资产		
3. 现金及现金等价物净变动情况		
现金的期末余额		
减：现金的期初余额		
加：现金等价物的期末余额		
减：现金等价物的期初余额		
现金及现金等价物净增加额		

三、现金流量表的编制

在具体编制现金流量表时，企业可根据业务量的大小及复杂程度，采用工作底稿法、T形账户法，或直接根据有关科目的记录分析填列。

1. 工作底稿法

工作底稿法是以工作底稿为手段，以利润表和资产负债表数据为基础，结合有关科目的记录，对现金流量表的每一项目进行分析并编制调整分录，从而编制出现金流量表的一种方法。

采用工作底稿法编制现金流量表的具体步骤如下。

第一步，将资产负债表的年初余额和期末余额过入工作底稿的年初余额栏和期末余额栏。

第二步，对当期业务进行分析并编制调整分录。调整分录大体有这样几类：第一类涉及利润表中的收入、成本和费用项目以及资产负债表中的资产、负债及所有者权益项目，通过调整，将权责发生制下的收入、费用转换为现金基础；第二类是涉及资产负债表和现金流量表中的投资、筹资项目，反映投资和筹资活动的现金流量；第三类是涉及利润表和现金流量表中的投资和筹资项目，目的是将利润表中有关投资和筹资方面的收入和费用列入现金流量表投资、筹资现金流量中去。此外，还有一些调整分录并不涉及现金收支，只是为了核对资产负债表项目的期末年初变动。

在调整分录中，有关现金和现金等价物的事项，并不直接借记或贷记现金，而是分别记入“经营活动产生的现金流量”、“投资活动产生的现金流量”、“筹资活动产生的现金流量”有关项目，借记表明现金流入，贷记表明现金流出。

第三步，将调整分录过入工作底稿中的相应部分。

第四步，核对调整分录，借贷合计应当相等，资产负债表项目年初余额加减调整分录中的借贷金额以后，应当等于期末余额。

第五步，根据工作底稿中的现金流量表项目部分编制正式的现金流量表。

2. T形账户法

T形账户法是以利润表和资产负债表为基础，结合有关科目的记录，对现金流量表的每一项目进行分析并编制调整分录，通过“T形账户”编制出现金流量表的一种方法。

采用T形账户法编制现金流量表的具体步骤如下。

第一步，为所有的非现金项目（包括资产负债表项目和利润表项目）分别开设T形账户，并将各自的期末年初变动数过入各该账户。

第二步，开设一个大的“现金及现金等价物”T形账户，每边分为经营活动、投资活动和筹资活动三个部分，左边记现金流入，右边记现金流出。与其他账户一样，过入期末年初变动数。

第三步，以利润表项目为基础，结合资产负债表分析每一个非现金项目的增减变动，并据此编制调整分录。

第四步，将调整分录过入各T形账户，并进行核对，该账户借贷相抵后的余额与原先过入的期末年初变动数应当一致。

第五步，根据大的“现金及现金等价物”T形账户编制正式的现金流量表。

3. 分析填列法

分析填列法是直接根据资产负债表、利润表和有关会计科目明细账的记录，分析计算出现金流量表各项目的金额，并据以编制现金流量表的一种方法。

第五节　所有者权益变动表

一、所有者权益变动表的内容及结构

所有者权益变动表，是指反映构成所有者权益各组成部分当期增减变动情况的报表。当期损益、直接计入所有者权益的利得和损失，以及与所有者的资本交易导致的所有者权益的变动，应当分别列示。

在所有者权益变动中，企业至少应当单独列示反映下列信息的项目：①净利润；②直接记入所有者权益的利得和损失项目及其总额；③会计政策变更和差错更正的累积影响金额；④所有者投入资本和向所有者分配利润等；⑤提取的盈余公积；⑥实收资本或股本、资本公积、盈余公积、未分配利润的期初和期末余额及其调节情况。

所有者权益变动表的格式见表 8-7。

表 8-7　　所有者权益变动表

会企 04 表

编制单位：　　　　________年　　　　单位：元

项　目	本年金额						上年金额					
	实收资本（或股本）	资本公积	减：库存股	盈余公积	未分配利润	所有者权益合计	实收资本（或股本）	资本公积	减：库存股	盈余公积	未分配利润	所有者权益合计
一、上年年末金额												
加：会计政策变更												
前期差错更正												
二、本年年初余额												
三、本年增减变动金额（减少以“－”号填列）												
（一）净利润												
（二）直接计入所有者权益的利得和损失）												
1. 可供出售金融资产公允价值变动净额												

续表

项　　目	本　年　金　额						上　年　金　额					
	实收资本（或股本）	资本公积	减：库存股	盈余公积	未分配利润	所有者权益合计	实收资本（或股本）	资本公积	减：库存股	盈余公积	未分配利润	所有者权益合计
2. 权益法下被投资单位其他所有者权益变动的影响												
3. 与计入所有者权益项目相关的所得税影响												
4. 其他												
上述（一）和（二）小计												
（三）所有者投入和减少资本												
1. 所有者投入资本												
2. 股份支付计入所有者权益的金额												
3. 其他												
（四）利润分配												
1. 提取盈余公积												
2. 对所有者（或股东）的分配												
3. 其他												
（五）所有者权益内部结转												
1. 资本公积转增资本（或股本）												
2. 盈余公积转增资本（或股本）												
3. 盈余公积弥补亏损												
4. 其他												
四、本年年末余额												

二、所有者权益变动表的填列方法

1."上年年末余额"项目

反映企业上年资产负债表中实收资本（或股本）、资本公积、库存股、盈余公积、未分配利润的年末余额。

2."会计政策变更"、"前期差错更正"项目

分别反映企业采用追溯调整法处理的会计政策变更的累积影响金额和采用追溯重述法处理的会计差错更正的累积影响金额。

三、"本年增减变动额"项目

1."净利润"项目

反映企业当年实现的净利润（或净亏损）金额。

2."直接计入所有者权益的利得和损失"项目

反映企业当年直接计入所有者的利得和损失金额。

(1)"可供出售金融资产公允价值变动净额"项目，反映企业持有的可供出售金融资产当年公允价值变动的金额。

(2)"权益法下被投资单位其他所有者权益变动的影响"项目，反映企业对按照权益法核算的长期股权投资，在被投资单位除当年实现的净损益以外其他所有者权益当年变动中应享有的份额。

(3)"与计入所有者权益项目相关的所得税影响"项目，反映企业根据《企业会计准则第 18 号——所得税》规定应计入所有者权益项目的当年所得税影响金额。

3."所有者投入和减少资本"项目

反映企业当年所有者投入的资本和减少的资本。

(1)"所有者投入资本"项目，反映企业接受投资者投入形成的实收资本（或股本）和资本溢价或股本溢价。

(2)"股份支付计入所有者权益的金额"项目，反映企业处于等待期中的权益结算的股份支付当年计入资本公积的金额。

4."利润分配"项目

反映企业当年的利润分配金额。

(1)"提取盈余公积"项目，反映企业按照规定提取的盈余公积。

(2)"对所有者（或股东）的分配"项目，反映对所有者（或股东）分配的利润（或股利）金额。

5."所有者权益内部结转"项目

反映企业构成所有者权益的组成部分之间的增减变动情况。

(1)"资本公积转增资本（或股本）"项目，反映企业以资本公积转增资本或股本的金额。

(2)"盈余公积转增资本（或股本）"项目，反映企业以盈余公积转增资本或股本的金额。

(3)"盈余公积弥补亏损"项目，反映企业以盈余公积弥补亏损的金额。

本 章 小 结

一是会计报表的概念和组成。一套完整的会计报表包括资产负债表、利润表、现金流量表、所有者权益（或股东权益）变动表和附注。

二是资产负债表的内容、结构和编制方法。资产负债表反映某一会计期末资产、负债和所有者权益情况。我国企业资产负债表采用账户式结构，左方为资产，右方为负债和所有者权益。资产负债表各项目的填列方法主要有按照总账科目余额、按照明细科目余额直接或分析填列、根据总账及相关备抵科目余额分析等。

三是利润表的内容、结构和编制方法。利润表反映某一会计期间实现的损益情况。我国企业利润表采用多步式进行编制。利润表中可反映营业利润、利润总额和净利润金额，利润表项目一般按其发生额填列。

四是现金流量表的内容、结构和编制方法。现金流量表反映企业在某一会计期间现金和现金等价物流入和流出的情况。我国企业现金流量表采用报告式，分为经营活动产生的现金流量、投资活动产生的现金流量和筹资活动产生的现金流量三类。现金流量表的编制方法主要有工作底稿法、T 形账户法和分析填列法。

五是所有者权益变动表的编制。企业应当分别列示当期损益、直接计入所有者权益的利得和损失，以及与所有者的资本交易导致的所有权益变动等内容。

复 习 与 思 考

1. 什么是会计报表？一套完整的会计报表由哪些部分构成？

2. 企业编制会计报表主要为谁提供会计信息？

3. 流动资产的划分标准是什么？企业中主要的流动资产项目有哪些？

4. 什么是非流动资产？非流动资产主要有哪些项目？资产负债表中列示的固定资产项目代表什么内涵？

5. 我国企业利润表是多步式还是单步式？

6. 编制多步式利润表分为哪几个步骤？从利润表能否直接得出营业利润、利润总额和净利润的金额？

7. 利润表中“资产减值损失”是否仅包括长期股权投资、固定资产、在建工程和无形资产等长期资产发生的减值损失？

8. 如何采用分析填列法编制现金流量表？如何采用工作底稿法、T 形账户法编制现金流量表？

练 习 题

1. 计算资产负债表项目金额。某公司 201×年 12 月 31 日部分账户的期末余额资料如下（单位：元）。

库存现金　　10 000

银行存款	7 500 000
其他货币资金	540 000
应收账款	29 600 000
其中：明细账借方余额合计	30 900 000
明细账贷方余额合计	1 300 000
坏账准备（应收账款所提坏账准备）	630 000
材料采购	1 200 000
原材料	11 600 000
材料成本差异（贷方差异）	150 000
库存商品	13 870 000
委托加工物资	750 000
周转材料	2 810 000
存货跌价准备	530 000
预收账款	4 000 000
其中：明细账借方余额合计	600 000
明细账贷方余额合计	4 600 000

要求：根据上述资料计算资产负债表中货币资金项目、应收账款项目、存货项目的金额。

2. 编制利润表。某公司201×年度的损益类账户发生额一览表见表8-8。

表8-8　　损益类科目发生额一览表　　单位：元

损益类会计科目	本年累计借方发生额	本年累计贷方发生额
主营业务收入		300 500 000
主营业务成本	200 900 000	
营业税金及附加	16 000 000	
销售费用	15 800 000	
管理费用	25 800 000	
财务费用	3 950 000	250 000
资产减值损失	100 000	
投资收益		1 200 000
营业外收入		1 400 000
营业外支出	760 000	
所得税费用	9 870 000	

要求：根据上表资料编制利润表。

3. 计算题。

（1）某公司201×年营业收入为300 000元，营业成本为180 000元，期间费用为60 000元，资产减值损失为5 000元，投资收益为20 000元。计算当年营业利润。

（2）某企业年初资产总额600万元，年末资产总额1 000万元，本年增加所有者权益100万元。计算该企业本年负债的增加额。

第九章　账务处理程序

学习目标

（1）掌握账务处理程序的含义。

（2）理解并掌握记账凭证账务处理程序。

（3）理解并掌握科目汇总表账务处理程序。

（4）理解并掌握汇总记账凭证账务处理程序。

（5）理解并掌握多栏式日记账账务处理程序。

第一节　账务处理程序概述

一、账务处理程序的含义

账务处理程序是指账簿组织、记账程序和记账方法相互结合的方式，也称为会计核算组织或会计核算形式。账簿组织是指会计凭证和账簿的种类、格式以及各种凭证和账簿之间的相互关系；记账程序是指从审核整理原始凭证开始到填制记账凭证、登记账簿和编制会计报表为止的一系列步骤；记账方法是指从审核整理原始凭证开始到填制记账凭证、登记账簿和编制会计报表为止的过程中所采用的专门方法。不同的账簿组织、记账程序和记账方法科学地结合在一起，形成不同的财务处理程序。

二、账务处理程序的作用

在会计核算工作中，会计凭证、会计账簿、会计报表之间不是相互孤立的，而是以一定的形式紧密联系在一起，形成一个完整的体系。而这个"形式"就是账务处理程序，具体说来，合理的、恰当的账务处理程序，有以下三个方面的作用。

（1）有利于会计工作程序的规范化，确定合理的凭证、账簿与报表之间的联系方式，保证会计信息加工过程的严密性，提高会计工作的质量。

（2）有利于保证会计记录的完整性、正确性，通过凭证、账簿及报表之间的牵制作用，增强会计信息的可靠性。

（3）有利于减少不必要的会计核算环节，提高会计工作效率，保证会计信息的及时性。

三、账务处理程序的要求

一个单位要选择一个合理的、恰当的账务处理程序，一般应符合以下要求。

要适应本单位的经济活动的特点、规模的大小和业务的简繁程度，有利于会计人员的分工，有利于加强岗位责任制。

要适应本单位、主管部门以至国家管理经济的需要，全面、系统、及时、正确地提供反映本单位经济活动的会计核算资料。

要在保证核算正确、及时和完整的前提条件下，尽可能地简化会计核算手续，提高会计工作效率，节约人力、物力和核算费用。

四、账务处理程序的种类

我国在长期的会计工作实践中形成了多种不同的账务处理程序，通常包括记账凭证账务处理程序、汇总记账凭证账务处理程序、科目汇总表账务处理程序、多栏式日记账账务处理程序等几种。这几种会计账务处理程序有许多共同点，但也有一些不同之处，它们之间的根本区别在于登记总分类账的依据和方法不同，下面分别予以阐述。

第二节 记账凭证账务处理程序

一、记账凭证账务处理程序的含义及特点

（一）记账凭证账务处理程序的特点

记账凭证账务处理程序的主要特点是直接根据记账凭证逐笔登记总分类账。由于总分类账是直接根据记账凭证逐笔登记，所以这种账务处理程序就被称为记账凭证账务处理程序。它是最基本的账务处理程序，其他财务处理程序都是在此基础上发展演变而形成的。

（二）记账凭证账务处理程序的凭证、账簿的设置

在记账凭证账务处理程序中，记账凭证可以是通用记账凭证，也可以是分设收款凭证、付款凭证和转账凭证的专用凭证；需要设置现金日记账、银行存款日记账、各种明细账和总分类账，其中现金日记账、银行存款日记账和总分类账一般采用三栏式，明细分类账根据需要采用三栏式、多栏式和数量金额式。

二、记账凭证账务处理程序的步骤

根据原始凭证编制汇总原始凭证；根据原始凭证或汇总原始凭证，编制记账凭证；根据收款凭证、付款凭证逐笔登记现金日记账和银行存款日记账；根据原始凭证、汇总原始凭证和记账凭证，登记各种明细账；根据记账凭证逐笔登记总分类账；期末，现金日记账、银行存款日记账和明细分类账的余额同有关总分类账的余额核对，并根据总分类账和明细分类账的记录，编制会计报表。记账凭证财务处理程序如图 9－1 所示。

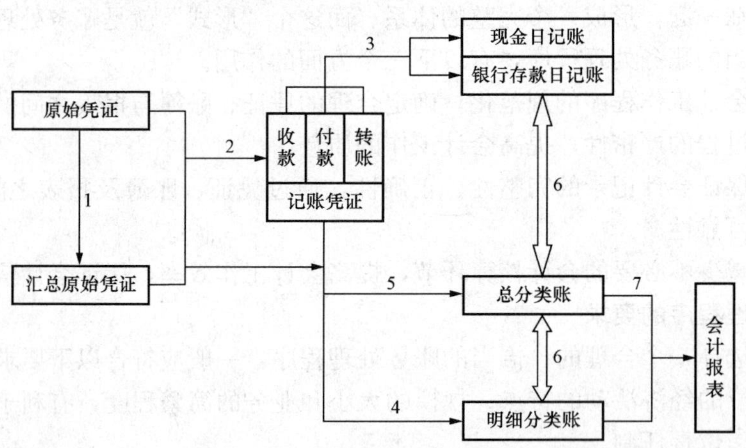

图 9－1 记账凭证账务处理程序

三、记账凭证账务处理程序的优缺点和适用范围

记账凭证账务处理程序的优点：在记账凭证上能够清晰地反映账户之间的对应关系。在

记账凭证账务处理程序下，所采用的不管是专用记账凭证或通用记账凭证，当一笔经济业务发生以后，利用一张记账凭证就可以编制出该笔经济业务的完整会计分录，涉及几个会计科目就填写几个会计科目，因而在记账凭证上，账户的对应关系一目了然。

总分类账上能够比较详细地反映经济业务的发生情况。在记账凭证账务处理程序下，不仅对各种日记账和明细账采取逐笔登记的方法，对于总分类账的登记方法也是如此。因而，在总分类账上能够详细登记所发生的经济业务情况。

总分类账登记方法简单，易于掌握。根据记账凭证直接登记账户是最为简单的一种登记方法，便于初学者掌握。

记账凭证账务处理程序的缺点：它直接根据记账凭证登记总分类账的工作量较大，而且不便于对会计工作进行分工，不能满足大型企业经营管理的需要。

记账凭证账务处理程序的适用范围：记账凭证账务处理程序一般只适用于规模较小、经济业务量较少的会计主体。

第三节 科目汇总表账务处理程序

一、科目汇总表账务处理程序的含义及特点

科目汇总表财务处理程序的特点是先在定期内（五天或十天）将所有记账凭证汇总编制成科目汇总表；然后根据科目汇总表登记总分类账。由于这种账务处理程序是根据科目汇总表登记总分类账，所以称其为科目汇总表账务处理程序。

二、科目汇总表账务处理程序的凭证及账簿设置

科目汇总表账务处理程序的凭证、账簿的设置与记账凭证账务处理程序基本相同。记账凭证可以是通用记账凭证，也可以是分设收款凭证、付款凭证和转账凭证的专用凭证；需要设置现金日记账、银行存款日记账、明细分类账和总分类账，其中现金日记账、银行存款日记账和总分类账一般采用三栏式，明细分类账根据需要采用三栏式、多栏式和数量金额式。

三、科目汇总表账务处理程序的步骤

根据原始凭证编制汇总原始凭证；根据原始凭证或汇总原始凭证，编制记账凭证；根据收款凭证、付款凭证逐笔登记现金日记账和银行存款日记账；根据原始凭证、汇总原始凭证和记账凭证，登记各种明细分类账；根据各种记账凭证编制科目汇总表；根据科目汇总表登记总分类账；期末，现金日记账、银行存款日记账和明细分类账的余额同有关总分类账的余额核对相符，并根据总分类账和明细分类账的记录，编制会计报表。科目汇总表账务处理程序如图 9-2 所示。

四、科目汇总表账务处理程序的优缺点和适用范围

科目汇总表账务处理程序的优点：根据科目汇总表登记总分类账，可以简化登记总账的工作量；可以起到对本期发生额进行试算平衡的作用；会计手续简单、易学易用、使用起来比较方便。

科目汇总表账务处理程序的缺点：科目汇总表不分对应科目进行汇总，不能反映各会计科目之间的对应关系，不便于根据账簿记录进行检查和分析经济业务的来龙去脉；不便于账目核对工作。

科目汇总表财务处理程序一般适用于业务量较多的大、中、小型企业单位。它是一种使

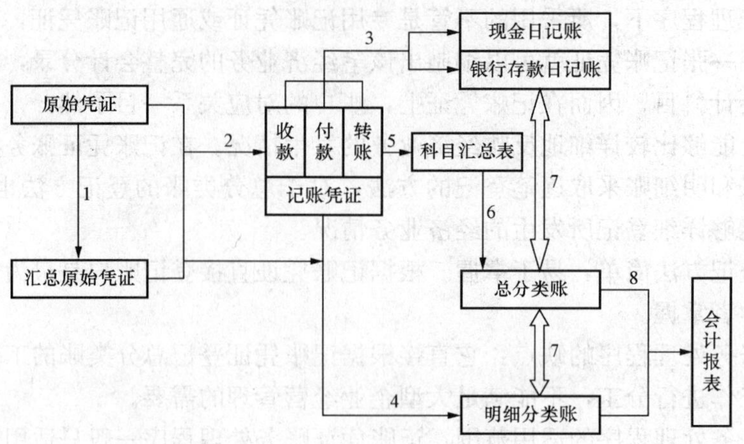

图 9-2 科目汇总表账务处理程序

用最普遍的账务处理程序，实际工作中大多数企业采用该种财务处理程序。

五、科目汇总表账务处理程序举例

为了进一步说明科目汇总表账务处理程序的内容，各种记账凭证（用会计分录代替）和科目汇总表的填制方法，以及现金日记账和银行存款日记账及总分类账的登记方法，举一实例说明如下。

（一）资料

宝利来公司 201×年 6 月 30 日简易资产负债表见表 9-1。

表 9-1 资 产 负 债 表

编表单位：宝利来公司 201×年 6 月 30 日 单位：元

序号	项目	金额	序号	项目	金额
	资产			负债	
1	库存现金	1 300	11	短期借款	5 300
2	银行存款	65 000	12	应付账款	20 000
3	应收票据	3 000	13	应付票据	3 000
4	应收账款	5 000	14	长期借款	80 000
5	预付账款	4 000			
6	存货	80 000		所有者权益	
7	固定资产原值	200 000	15	实收资本	240 000
8	减：累计折旧	20 000	16	盈余公积	10 000
9	固定资产净值	180 000			
10	无形资产	20 000			
	总 计	358 300		总 计	358 300

宝利来公司 201×年 7 月份发生部分有关业务（假设不涉及增值税）如下。

（1）7 月 3 日从银行提取现金 300 元。

（2）7 月 4 日用银行存款 15 300 元偿还银行借款，其中短期借款 5 300 元，长期借款

10 000元。

(3) 7月5日用银行存款4 000元支付以前欠康达公司的货款。

(4) 7月6日购进甲种材料12吨，单价100元，共计货款1 200元，以及采购运杂费50元，均以银行存款支付，材料已验收入库。

(5) 7月6日购进乙种材料6吨，单价200元，共计货款1 200元，以银行存款支付，材料已验收入库。

(6) 7月6日向康达公司购进丙种材料50吨，单价为120元，共计货款6 000元，由该公司代垫运杂费100元，材料已验收入库，货款尚未支付。

(7) 7月7日从银行提取现金30 000元，备发工资。

(8) 7月7日以现金30 000元发放工资。

(9) 7月7日结算出本月应发工资30 000元，其中：生产工人工资20 000元，车间管理人员工资4 000元，企业管理人员工资6 000元。

(10) 7月9日以现金50元支付市内材料运输费。

(11) 7月10日员工王一民借支差旅费200元，以现金支付。

(12) 7月10日向荣兴公司购买丁种材料一批，计1 500千克，单价2元，共计货款3 000元，已由银行存款支付，材料尚未到达。

(13) 7月11日丁种材料1 500千克已全部验收入库。

(14) 7月11日出售产品400件，单价为300元，共计货款120 000元，货款收到存入银行。

(15) 7月12日用现金200元支付销售费用。

(16) 7月12日用银行存款支付销售费用500元。

(17) 7月13日车间购买办公用品一批，计价400元，以银行存款支付。

(18) 7月14日行政科购入办公用品一批，计价500元，以银行存款支付。

(19) 7月15日以银行存款支付报刊费计360元。

(20) 7月16日以银行存款支付房租1 500元。

(21) 7月17日支付银行借款利息300元。

(22) 7月18日王一民报销差旅费150元并退回现金50元。

(23) 7月19日销售产品200件，单价300元，共计货款60 000元，已存入银行。

(24) 7月20日华达公司购买产品100件，单价300元，共计货款30 000元，货款尚未收到。

(25) 7月31日计算车间应付水电费，共计1 800元，其中车间应负担1 000元，管理部门应负担800元。

(26) 7月31日计提固定资产折旧3 000元，其中车间负担2 000元，厂部负担1 000元。

(27) 7月31日结转本月制造费用7 400元。

(28) 7月31日结转生产领用材料共计21 000元，其中甲材料7 000元，乙材料7 000元，丙材料7 000元。

(29) 7月31日结转已完工入库存产品的实际成本45 000元。

(30) 7月31日结转已售产品的实际成本45 000元。

(31) 7月31日计算本月销售产品应付的消费税金4 000元。

（32）7月31日结转本月主营业务收入210 000元。

（33）7月31日结转本月主营业务税金及附加4 000元，管理费用10 360元，营业费用700元，财务费用300元，主营业务成本45 000元。

（34）7月31日按本月实现的利润总额151 290元，以25%所得税率，计算应交所得税37 822.50元。

（35）7月31日按税后利润10%提取盈余公积金11 346.75元。

（36）7月31日用银行存款上交税金41 822.50元，其中消费税4 000元，所得税37 822.50元。

（二）填制记账凭证

记账凭证见表9-2（用会计分录代替）。

表9-2 **会计分录（代记账凭证）**

201×年		记账凭证号数	摘要	借方		贷方	
月	日			会计科目	金额	会计科目	金额
7	3	银付1	提取现金	库存现金	300	银行存款	300
	4	银付2	归还银行借款	短期借款 长期借款	5 300 10 000	银行存款	15 300
	5	银付3	偿还康达公司货款	应付账款	4 000	银行存款	4 000
	6	银付4	购买甲材料12吨	原材料	1 250	银行存款	1 250
	6	银付5	购买乙材料6吨	原材料	1 200	银行存款	1 200
	6	转1	向康达公司购进丙材料	原材料	6 100	应付账款	6 100
	7	银付6	提取现金备发工资	库存现金	30 000	银行存款	30 000
	7	现付1	发放工资	应付职工薪酬	30 000	库存现金	30 000
	7	转2	分配工资	生产成本 制造费用 管理费用	20 000 4 000 6 000	应付职工薪酬	30 000
	8	现付2	支付市内运输费	管理费用	50	库存现金	50
	10	现付3	王一民预借差旅费	其他应收款	200	库存现金	200
	10	银付7	购买丁材料尚未到达	在途材料	3 000	银行存款	3 000
	11	转3	丁材料验收入库	原材料	3 000	在途材料	3 000
	11	银收1	出售产品400件	银行存款	120 000	主营业务收入	120 000
	12	现付4	支付销售费用	营业费用	200	库存现金	200
	12	银付8	支付销售费用	营业费用	500	银行存款	500
	13	银付9	支付车间办公用品款	制造费用	400	银行存款	400
	14	银付10	支付行政科办公品款	管理费用	500	银行存款	500
	15	银付11	支付报刊费	管理费用	360	银行存款	360
	16	银付12	支付房租	管理费用	1 500	银行存款	1 500
	17	银付13	计提借款利息	财务费用	300	银行存款	300

续表

201×年		记账凭证号数	摘　要	借　方		贷　方	
月	日			会计科目	金额	会计科目	金额
	18	转 4	王一民报销差旅费	管理费用	150	其他应收款	150
	18	现收 1	王一民交回现金	库存现金	50	其他应收款	50
	19	银收 2	销售产品 200 件	银行存款	60 000	主营业务收入	60 000
	20	转 5	华达公司购货未付款	应收账款	30 000	主营业务收入	30 000
	31	转 6	计提水电费	制造费用 管理费用	1 000 800	其他应付款	1 800
	31	转 7	提取折旧	制造费用 管理费用	2 000 1 000	累计折旧	3 000
	31	转 8	结转制造费用	生产成本	7 400	制造费用	7 400
	31	转 9	结转领用材料	生产成本	21 000	原材料	21 000
	31	转 10	结转完工产品成本	库存商品	48 400	生产成本	48 400
	31	转 11	结转销售成本	主营业务成本	45 000	库存商品	45 000
	31	转 12	计算应付消费税金	营业 税金及附加	4 000	应交税费	4 000
	31	转 13	结转本月销售收入	主营业务收入	210 000	本年利润	210 000
	31	转 14	结转主营业务成本 营业费用、管理 费用、销售费用 主营业务税金及 附加等	本年利润	96 532.5	主营业务成本 营业税金 及附加 管理费用 营业费用 财务费用 所得税费用	45 000 4 000 10 360 700 300 37 822.50
	31	转 15	计算应交所得税	所得税费用	37 822.50	应交税费	37 822.50
	31	转 16	提取盈余公积	利润分配	11 346.75	盈余公积	11 346.75
	31	银付 14	上交税金	应交税费	41 822.5	银行存款	41 822.5

（三）登记现金日记账和存款日记账

根据记账凭证登记现金日记账和银行存款日记账，见表 9-3 和表 9-4。

表 9-3　　　　现 金 日 记 账

201×年		凭证号	摘　要	对应账户	借方	贷方	余额
月	日						
7	1		上月结余				1 300
	3	银付 1	提取现金	银行存款	300		1 600
	7	银付 6	提现备发工资	银行存款	30 000		31 600
	7	现付 1	发放工资	应付职工薪酬		30 000	1 600

续表

201×年		凭证号	摘　　要	对应账户	借方	贷方	余额
月	日						
	8	现付 2	支付市内运费	管理费用		50	1 550
	10	现付 3	王一民预借差旅费	其他应收款		200	1 350
	12	现付 4	支付销售费用	营业费用		200	1 150
	18	现收 1	王一民报账交回现金	其他应收款	50		1 200
7	31		本月发生额		30 350	30 450	

表 9-4　　**银行存款日记账**

201×年		凭证号	摘　　要	对应账户	借方	贷方	余额
月	日						
7	1		上月结余				65 000
	3	银付 1	提取现金	库存现金		300	64 700
	4	银付 2	归还借款	短期借款		5 300	59 400
				长期借款		10 000	49 400
	5	银付 3	偿还欠款	应付账款		4 000	45 400
	6	银付 4	购买甲材料	原材料		1 250	44 150
	6	银付 5	购买乙材料	原材料		1 200	42 950
	7	银付 6	提现备发工资	库存现金		30 000	12 950
	10	银付 7	购买丁材料	在途材料		3 000	9 950
	11	银收 1	出售产品收货款	主营业务收入	120 000		129 950
	12	银付 8	支付销售费用	营业费用		500	129 450
	13	银付 9	付车间办公用品款	制造费用		400	129 050
	14	银付 10	付行政办公用品款	管理费用		500	128 550
	15	银付 11	支付报刊费	管理费用		360	128 190
	16	银付 12	支付房租费用	管理费用		1 500	126 690
	17	银付 13	支付银行借款利息	财务费用		300	126 390
	19	银收 2	销售产品收货款	主营业务收入	60 000		186 390
	31	银付 14	上交税金	应交税费		41 822.5	144 567.5
7	31		本月发生额		180 000	100 432.5	

（四）明细账登记（省略）

（五）编制科目汇总表

根据各种记账凭证编制科目汇总表，见表 9-5。

表 9-5　　**科 目 汇 总 表**

201×年 7 月份　　编号：科汇 1

会计科目	账页	自 1 日至 10 日		自 11 日至 20 日		自 21 日至 31 日		本月合计	
		借方	贷方	借方	贷方	借方	贷方	借方	贷方
库存现金		30 300	30 250	50	200			30 350	30 450
银行存款			55 050	180 000	3 560		53 925.7	180 000	112 535.7
短期借款		5 300						5 300	
长期借款		10 000						10 000	
应付账款		4 000	6 100					4 000	6 100
原材料		8 550		3 000			21 000	11 550	21 000
应付职工薪酬		30 000	30 000					30 000	30 000
生产成本		20 000				28 400	48 400	48 400	48 400
制造费用		4 000		400		3 000	7 400	7 400	7 400
管理费用		6 050		2 510		1 800	10 360	10 360	10 360
其他应收款		200			200			200	200
在途物资		3 000			3 000			3 000	3 000
主营业务收入					210 000	210 000		210 000	210 000
营业费用				700			700	700	700
财务费用				300			300	300	300
应收账款				30 000				30 000	
其他应付款							1 800		1 800
累计折旧							3 000		3 000
库存商品						48 400	45 000	48 400	45 000
主营业务成本						45 000	45 000	45 000	45 000
营业税金及附加						4 000	4 000	4 000	4 000
应交税费						41 822.5	41 822.5	41 822.5	41 822.5
所得税费用						37 822.5	37 822.5	37 822.5	37 822.5
本年利润						96 532.5	210 000	96 532.5	210 000
利润分配						11 346.75		11 346.75	
盈余公积							11 346.75		11 346.75
合计		121 400	121 400	216 960	216 960	528 124.25	528 124.25	866 484.25	866 484.25

（六）登记总分类账

根据科目汇总表登记总分类账，见表 9-6～表 9-30。

表 9-6 库存现金

账户名称：库存现金 第 页

201×年		凭证号	摘要	借方	贷方	借/贷	余额
月	日						
7	1		期初余额			借	1 300
	10	科汇 1	1 日至 10 日汇总	30 300	30 250	借	1 350
	20	科汇 1	11 日至 20 日汇总	50	200	借	1 200
	31		本期发生额合计	30 350	30 450		

表 9-7 银行存款

账户名称：银行存款 第 页

201×年		凭证号	摘要	借方	贷方	借/贷	余额
月	日						
7	1		期初余额			借	65 000
	10	科汇 1	1 日至 10 日汇总		55 050	借	9 950
	20	科汇 1	11 日至 20 日汇总	180 000	3 560	借	186 390
	31	科汇 1	21 日至 31 日汇总		53 925.7	借	132 464.3
	31		本期发生额合计	180 000	112 535.7		

表 9-8 短期借款

账户名称：短期借款 第 页

201×年		凭证号	摘要	借方	贷方	借/贷	余额
月	日						
7	1		期初余额			贷	5 300
	10	科汇 1	1 日至 10 日汇总	5 300		平	0
	31		本期发生额合计	5 300			

表 9-9 长期借款

账户名称：长期借款 第 页

201×年		凭证号	摘要	借方	贷方	借/贷	余额
月	日						
7	1		期初余额			贷	80 000
	10	科汇 1	1 日至 10 日汇总	10 000		贷	70 000
	31		本期发生额合计	10 000			

表 9-10　　**应 付 账 款**

账户名称：应付账款　　第　页

201×年		凭证号	摘要	借方	贷方	借/贷	余额
月	日						
7	1		期初余额			贷	20 000
	10	科汇1	1日至10日汇总	4 000	6 100	贷	22 100
	31		本期发生额合计	4 000	6 100		

表 9-11　　**原 材 料**

账户名称：原材料　　第　页

201×年		凭证号	摘要	借方	贷方	借/贷	余额
月	日						
7	1		期初余额			借	15 000
	10	科汇1	1日至10日汇总	8 550		借	23 550
	20	科汇1	11日至20日汇总	3 000	200	借	26 550
	31	科汇1	21日至31日汇总		21 000	借	5 550
	31		本期发生额合计	11 550	21 000		

表 9-12　　**应 付 职 工 薪 酬**

账户名称：应付职工薪酬　　第　页

201×年		凭证号	摘要	借方	贷方	借/贷	余额
月	日						
7	10	科汇1	1日至10日汇总	30 000	30 000	平	0
	31		本期发生额合计	30 000	30 000		

表 9-13　　**生 产 成 本**

账户名称：生产成本　　第　页

201×年		凭证号	摘要	借方	贷方	借/贷	余额
月	日						
7	10	科汇1	1日至10日汇总	20 000		借	20 000
	31	科汇1	11日至31日汇总	28 400	48 400	平	0
	31		本期发生额合计	48 400	48 400		

表 9-14　　**制 造 费 用**

账户名称：制造费用　　第　页

201×年		凭证号	摘要	借方	贷方	借/贷	余额
月	日						
7	10	科汇1	1日至10日汇总	4 000		借	4 000
	20	科汇1	11日至20日汇总	400		借	4 400
	31	科汇1	21日至31日汇总	3 000	7 400	平	0
	31		本期发生额合计	7 400	7 400		

表 9-15 **管 理 费 用**

账户名称：管理费用 第 页

201×年		凭证号	摘 要	借方	贷方	借/贷	余额
月	日						
7	10	科汇 1	1 日至 10 日汇总	6 050		借	6 050
	20	科汇 1	11 日至 20 日汇总	2 510		借	8 560
	31	科汇 1	21 日至 31 日汇总	1 800	10 360	平	0
	31		本期发生额合计	10 360	10 360		

表 9-16 **在 途 物 资**

账户名称：在途物资 第 页

201×年		凭证号	摘 要	借方	贷方	借/贷	余额
月	日						
7	10	科汇 1	1 日至 10 日汇总	3 000		借	3 000
	20	科汇 1	11 日至 20 日汇总		3 000	平	0
	31		本期发生额合计	3 000	3 000		

表 9-17 **其 他 应 收 款**

账户名称：其他应收款 第 页

201×年		凭证号	摘 要	借方	贷方	借/贷	余额
月	日						
7	10	科汇 1	1 日至 10 日汇总	200		借	200
	20	科汇 1	11 日至 20 日汇总		200	平	0
	31		本期发生额合计	200	200		

表 9-18 **主 营 业 务 收 入**

账户名称：主营业务收入 第 页

201×年		凭证号	摘 要	借方	贷方	借/贷	余额
月	日						
7	20	科汇 1	1 日至 10 日汇总		210 000	贷	210 000
	31	科汇 1	21 日至 31 日汇总	210 000		平	0
	31		本期发生额合计	210 000	210 000		

表 9-19 **财 务 费 用**

账户名称：财务费用 第 页

201×年		凭证号	摘 要	借方	贷方	借/贷	余额
月	日						
7	20	科汇 1	1 日至 10 日汇总	300		借	300
	31	科汇 1	21 日至 31 日汇总		300	平	0
	31		本期发生额合计	300	300		

表 9-20 应收账款

账户名称：应收账款 第 页

201×年		凭证号	摘 要	借方	贷方	借/贷	余额
月	日						
7	1		期初余额			借	5 000
	20	科汇 1	11 日至 20 日汇总	30 000		借	35 000
	31		本期发生额合计	30 000			

表 9-21 其他应付款

账户名称：其他应付款 第 页

201×年		凭证号	摘 要	借方	贷方	借/贷	余额
月	日						
7	31	科汇 1	21 日至 31 日汇总		1 800	贷	1 800
	31		本期发生额合计		1 800		

表 9-22 累计折旧

账户名称：累计折旧 第 页

201×年		凭证号	摘 要	借方	贷方	借/贷	余额
月	日						
7	1		期初余额			贷	20 000
	31	科汇 1	21 日至 31 日汇总		3 000	贷	23 000
	31		本期发生额合计		3 000		

表 9-23 库存商品

账户名称：库存商品 第 页

201×年		凭证号	摘 要	借方	贷方	借/贷	余额
月	日						
7	1		期初余额			借	20 000
	31	科汇 1	21 日至 31 日汇总	48 400	45 000	借	23 400
	31		本期发生额合计	48 400	45 000		

表 9-24 主营业务成本

账户名称：主营业务成本 第 页

201×年		凭证号	摘 要	借方	贷方	借/贷	余额
月	日						
7	31	科汇 1	21 日至 31 日汇总	45 000	45 000	平	0
	31		本期发生额合计	45 000	45 000		

表 9-25 **营业税金及附加**

账户名称：营业税金及附加　　　　第　页

201×年		凭证号	摘　要	借方	贷方	借/贷	余额
月	日						
7	31	科汇 1	21 日至 31 日汇总	4 000	4 000	平	0
	31		本期发生额合计	4 000	4 000		

表 9-26 **应交税费**

账户名称：应交税费　　　　第　页

201×年		凭证号	摘　要	借方	贷方	借/贷	余额
月	日						
7	31	科汇 1	21 日至 31 日汇总	41 822.50	41 822.50	平	0
	31		本期发生额合计	41 822.50	41 822.50		

表 9-27 **本年利润**

账户名称：本年利润　　　　第　页

201×年		凭证号	摘　要	借方	贷方	借/贷	余额
月	日						
7	31	科汇 1	21 日至 31 日汇总	96 532.5	96 532.5	平	0
	31		本期发生额合计	96 532.5	96 532.5		

表 9-28 **所得税费用**

账户名称：所得税费用　　　　第　页

201×年		凭证号	摘　要	借方	贷方	借/贷	余额
月	日						
7	31	科汇 1	21 日至 31 日汇总	37 822.5	37 822.5	平	0
	31		本期发生额合计	37 822.5	37 822.5		

表 9-29 **利润分配**

账户名称：利润分配　　　　第　页

201×年		凭证号	摘　要	借方	贷方	借/贷	余额
月	日						
7	31	科汇 1	21 日至 31 日汇总	11 346.75		借	11 346.75
	31		本期发生额合计	11 346.75			

表 9-30 盈 余 公 积

账户名称：盈余公积 第 页

201×年		凭证号	摘 要	借方	贷方	借/贷	余额
月	日						
7	1		期初余额			贷	10 000
7	20	科汇1	21日至31日汇总		11 346.75	贷	21 346.75
	31		本期发生额合计		11 346.75		

（七）编制会计报表

根据总账编制会计报表（略）。

第四节 汇总记账凭证账务处理程序

一、汇总记账凭证账务处理程序的含义及特点

汇总记账凭证账务处理程序的特点是：先根据记账凭证定期编制汇总记账凭证；然后根据汇总记账凭证登记总分类账。由于总分类账是根据汇总记账凭证登记的，所以这种财务处理程序被称为汇总记账凭证账务处理程序。

二、汇总记账凭证账务处理程序的凭证及账簿设置

在汇总记账凭证财务处理程序下，除了设置记账凭证外，还要定期根据记账凭证编制汇总记账凭证。记账凭证通常分为收款凭证、付款凭证和转账凭证，相应地，汇总记账凭证也分为汇总收款凭证、汇总付款凭证和汇总转账凭证。

汇总收款凭证应根据现金收款凭证和银行存款收款凭证，分别按“库存现金”、“银行存款”账户的借方设置。根据需要，通常是定期五天或十天汇总填列一次，每月编制一张。月末时，根据每个贷方科目发生额的合计数，登记对应总账的贷方；同时，逐笔过记到“库存现金”、“银行存款”总账的借方。汇总收款凭证的格式见表 9-31。

表 9-31 汇 总 收 款 凭 证

借方科目：库存现金 201×年××月 编号：汇收字 号

贷方科目	金 额				总账页数	
	1日至10日 现收凭证 第×号至第×号	1日至10日 现收凭证 第×号至第×号	1日至10日 现收凭证 第×号至第×号	合计	借方	贷方

会计主管： 记账： 审核： 制单：

汇总付款凭证根据现金付款和银行存款付款凭证，分别按“库存现金”、“银行存款”账户的贷方设置。根据需要，通常是五天或十天定期汇总填列一次，每月编制一张。月末时，根据每个借方科目发生额的合计数，登记对应总账的借方；同时，逐笔过记到“库存现金”、“银行存款”总账的贷方。汇总付款凭证格式见表 9-32。

表 9-32 汇总付款凭证

贷方科目：库存现金　　201×年××月　　编号：汇收字　　号

借方科目	金额				总账页数	
	1日至10日 现付凭证 第×号至第×号	1日至10日 现付凭证 第×号至第×号	1日至10日 现付凭证 第×号至第×号	合计	借方	贷方

会计主管：　　记账：　　审核：　　制单：

汇总转账凭证，习惯上按转账凭证的贷方科目分别设置，根据转账凭证按其借方账户（对应账户）定期归类汇总。同样地，通常五天或十天汇总填写列一次，每月编制一张。月末时，根据汇总转账凭证中的汇总合计数，分别过到总分类账的应贷账户的贷方，以及各个应借账户的借方。由于通常是按转账凭证的贷方科目设置汇总转账凭证，因此为了便于汇总，平时编制记账凭证时应编制一借一贷或多借一贷式的转账凭证，而不宜编制一借多贷的转账凭证。汇总转账凭证格式见表 9-33。

表 9-33 汇总转账凭证

贷方科目：　　201×年××月　　编号：汇收字　　号

借方科目	金额				总账页数	
	1日至10日 转账凭证 第×号至第×号	1日至10日 转账凭证 第×号至第×号	1日至10日 转账凭证 第×号至第×号	合计	借方	贷方

会计主管：　　记账：　　审核：　　制单：

汇总记账凭证账务处理程序采用的账簿种类和格式与记账凭证账务处理程序采用的基本相同。所不同的是，在汇总记账凭证账务处理程序下，总分类账通常要求设置成具有“对方科目”专栏的借、贷、余三栏式，以便清楚地反映科目之间的对应关系。

三、汇总记账凭证账务处理程序的步骤

根据原始凭证或原始凭证汇总表编制收款凭证、付款凭证和转账凭证；根据收款凭证和付款凭证逐日逐笔地登记现金日记账和银行存款日记账；根据原始凭证或原始凭证汇总表、各类记账凭证逐笔登记各种明细分类账；根据收款凭证、付款凭证和转账凭证定期填制汇总收款凭证、汇总付款凭证和汇总转账凭证；根据汇总收款凭证、汇总付款凭证和汇总转账凭证对应账户的合计数登记总分类账；月末，根据现金日记账、银行存款日记账和各种明细账的余额与总分类账的有关余额进行核对；根据总分类账和有关明细分类账的记录编制会计报表。汇总记账凭证账务处理程序的流程图如图 9-3 所示。

四、汇总记账凭证账务处理程序的优缺点和适用范围

汇总记账凭证账务处理程序的优点是：总分类账通常在月末一次性由汇总记账凭证过记而来，这样就极大地简化了总账的登记工作；汇总记账凭证是根据记账凭证，按照会计科目的对应关系汇总编制的，这样就保证了总分类账仍然能够反映账户之间的对应关系，便于核对账目。

汇总记账凭证账务处理程序的缺点是：编制汇总记账凭证的工作量较大，因为部分总分

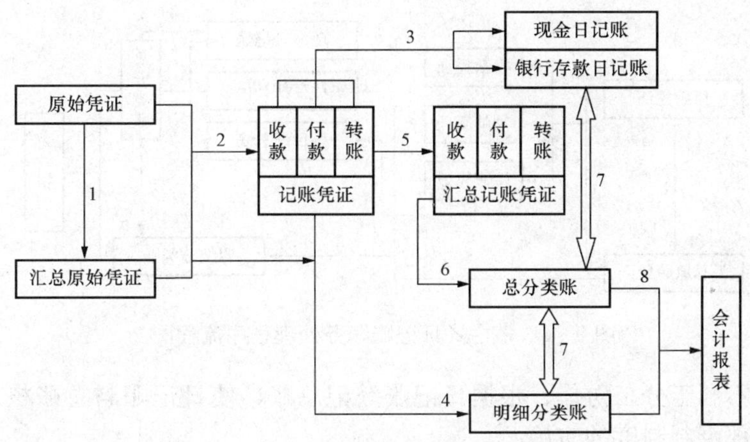

图 9-3 汇总记账凭证账务处理程序流程图

类账的登记工作集中在月末，会计工作节奏不太均衡。

因此，这种核算形式一般适用于经营规模较大、经济业务较多的企业。

第五节 多栏式日记账账务处理程序

一、多栏式日记账账务处理程序的含义及特点

多栏式日记账账务处理程序的特点是：设置多栏式的现金日记账和银行存款日记账，月末根据多栏式日记账登记有关总分类账。对转账业务通常是根据有关转账凭证编制转账科目汇总表，然后根据转账科目汇总表登记有关总分类账，也可以直接根据转账凭证逐笔登记总分类账。由于这种核算形式根据多栏式日记账登记总分类账，所以称为多栏式日记账账务处理程序。

二、多栏式日记账账务处理程序的凭证及账簿设置

采用多栏式日记账账务处理程序，记账凭证一般采用收款凭证、付款凭证和转账凭证；需要设置的账簿有现金日记账、银行存款日记账、总分类账和明细分类账。其中，现金日记账和银行存款日记账采用多栏式，总分类账一般采用三栏式，明细分类账根据需要采用三栏式、多栏式或数量金额式。

三、多栏式日记账账务处理程序的步骤

根据原始凭证编制原始凭证汇总表；根据原始凭证或原始凭证汇总表编制记账凭证；根据原始凭证或原始凭证汇总表及各种记账凭证登记明细分类账；根据收款凭证、付款凭证登记多栏式现金日记账和多栏式银行存款日记账；根据转账凭证编制转账科目汇总表；根据多栏式日记账和转账科目汇总表登记总分类账；月末，将总分类账与明细分类账核对；根据明细分类账和总分类账编制会计报表。多栏式账务程序流程图如图 9-4 所示。

四、多栏式日记账账务处理程序的优缺点和适用范围

多栏式日记账账务处理程序的优点是：根据多栏式日记账登记总账，减少了编制汇总凭证的工作量，简化了总账登记手续；同时在日记账中列示若干对应科目专栏，可以直接反映货币资金的来龙去脉。

多栏式日记账账务处理程序的缺点是：由于日记账设置了专栏，会导致账页过长，使登

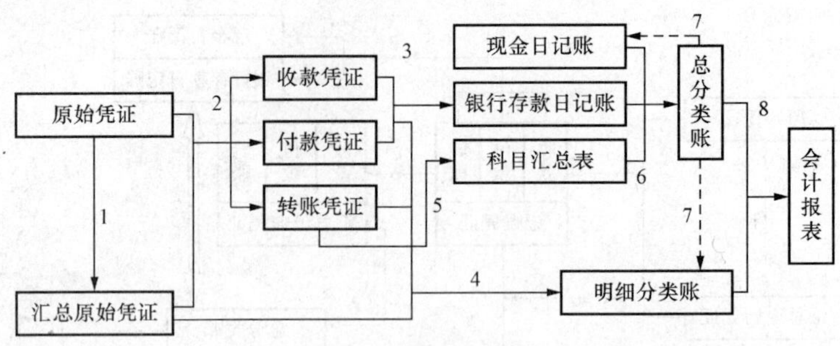

图 9-4　多栏式日记账账务处理程序流程图

记工作不方便，不利于分工协作；根据日记账登记总账，使日记账与总账核对关系不存在，不利于会计的内部牵制制度的实施。

多栏式日记账账务处理程序一般适用于经济业务较多，特别是货币资金收付业务较多，涉及相关科目相对较少的企业单位。

本　章　小　结

财务处理程序是填制会计凭证，根据凭证登记各种账簿，根据账簿记录编制会计报表以提供会计信息这一整个过程的步骤和方法。任何企业、单位都必须从各自的实际情况出发，科学地组织本单位的会计核算，对于提高会计核算工作的效率和质量、简化核算手续、节省核算费用等具有重要的意义。

财务处理程序的种类主要有：记账凭证账务处理程序、汇总记账凭证处理程序、科目汇总表账务处理程序和多栏式日记账账务处理程序。

记账凭证账务处理程序的主要特点是根据记账凭证逐笔登记总分类账，它是会计核算中最基本的一种账务处理程序。

汇总记账凭证账务处理程序的主要特点是根据记账凭证编制汇总记账凭证，然后根据汇总记账凭证登记总分类账。

科目汇总表账务处理程序的主要特点是根据记账凭证定期编制科目汇总表，然后根据科目汇总表登记总分类账。

多栏式日记账账务处理程序的主要特点是设置多栏式现金日记账和多栏式银行存款日记账，并根据它们登记总分类账；对于转账业务，可以根据转账凭证逐笔登记总分类账，也可以根据转账凭证填制转账凭证科目汇总表，据以登记总分类账。

复　习　与　思　考

1. 什么是账务处理程序？合理的、适用的账务处理程序应当符合哪些要求？
2. 记账凭证账务处理程序的特点是什么？它有什么优缺点？适用范围是什么？
3. 汇总记账凭证账务处理程序的特点是什么？它有什么优缺点？适用范围是什么？
4. 科目汇总表账务处理程序的特点是什么？它有什么优缺点？适用范围是什么？
5. 多栏式日记账账务处理程序的特点是什么？它有什么优缺点？适用范围是什么？

第十章　会计信息系统

学习目标

（1）理解并掌握手工会计数据的处理流程。

（2）理解并掌握IT环境下账务处理流程。

第一节　会计信息系统概述

一、会计数据和会计信息

（一）会计数据

数据是对客体属性的记录，它包括数值数据与非数值数据。企业在它的全部活动中涉及的各项活动的记录被称为企业的管理数据，而在会计工作中所获得的各种资料的记录则被称为会计数据，例如，原始凭证、记账凭证、转账凭证等。其中，数量、单价、金额等属于数值数据，而大量的会计数据都是非数值数据，如会计科目、摘要、凭证号、日期等。

（二）会计信息

数据经过加工形成的有用资料称为信息，它是客观世界各种事物的特征及运动状态的描述。人们在不同领域所获取的各种信息分别冠以不同的名称，如在企业经营管理活动中人们所涉及的各种信息，习惯上被称为管理信息。在会计活动中所获取的数据经过加工则称为会计信息。会计信息在经济管理活动中起着极其重要的作用。准确、及时是会计信息的基本要求。某些信息具有很强的时间性和区域性，往往会因时间和空间的变化而失去其意义和价值。根据不准确和错误的信息做出的决策，常会给企业造成严重的损害。

（三）会计数据与会计信息的关系

会计数据与会计信息是既有紧密联系又有区别，它们在一定条件下相互转化，会计数据只有经过加工处理，成为综合反映企业财务状况和经济业务活动指标的会计信息，才能满足管理的需要。会计数据和会计信息并没有十分清晰的界限，有些会计资料对某些管理人员来说是会计信息，但对另外一些管理人员来说则可能是会计数据，需进一步加工处理才能成会计信息。在一个会计信息系统中，会计数据与会计信息既互相变换，又不断地流动，数据流不断变为信息流，信息流又不断变为数据流。所以，会计数据处理一般也称为会计信息处理。

二、会计是一个信息系统的定义

（一）从会计活动来认识会计信息系统

经济越发展，会计越重要。会计的重要性在于它为经济的发展提供信息。企业经营决策离不开信息，信息反映企业经营环境的客观真实情况，要使企业在市场竞争中立于不败之地，必须随时掌握反映客观现实的信息。企业决策所需信息大部分来自会计系统，从而使得在信息分析基础上所做出的决策在很大程度上依赖于会计信息，而会计信息是会计工作的最终成果。

会计工作是由一系列的活动组成的，包括：取得原始凭证、填制和审核凭证、设置账户、复式记账、登记账簿、财产清查、成本计算、编制会计报表、财务检查和核对、会计的管理、财务分析与预测等。从数据处理的角度看，会计的各项活动都体现为对信息的某种作用。填制和审核凭证是收集信息、初步确认信息；设置账户是为了取得某种信息，预先设置好塑造该种信息的模型或框架；复式记账是信息的分类；登记账簿是确认账面信息；成本计算是通过各种分类的方法，把有关成本信息从发生的总费用中分配出来；编制会计报表是汇总信息；财务检查与核对主要是审查和验证会计信息；会计管理是会计信息的使用；财务分析与预测是会计信息的反馈和对未来经济活动的指导。

会计的一系列活动构成一个有秩序的数据处理和信息生成的过程，这一过程又分成若干部分，每一部分都有各自的处理任务，所有部分相互联系、相互配合，服从一个统一的目标，即向利害攸关的各个方面传递一家企业或其他经济个体的以财务信息为主的经济信息，在这一目标的驱动下，所有活动形成一个有机整体，这一整体，我们称之为会计信息系统。

会计作为一个提供经济信息的信息系统，必定要有一定的操作技术来对会计的原始数据进行采集、存储、处理和传递。从会计演变的历史可以看出，随着生产的发展和生产规模的日益社会化，会计也在不断地发展变化。经过人们长期实践经验的积累，会计由简单到复杂，由不完善到完善，逐渐形成了一套完整的体系，在经济管理中发挥着越来越重要的作用。与此同时，随着科学技术的进步和经济管理工作对会计数据处理要求的不断提高，会计操作技术也在不断地发展变化，经历了从手工操作、机械化操作以至目前电子计算机操作的发展过程，从而形成了计算机化的会计信息系统（我国称之为会计电算化）。

（二）会计信息系统基本构成

同其他信息系统一样，会计信息系统也包括输入、处理和输出三个基本构成要素。

输入：它着重于确认企业经营过程中所发生的内、外部交易或事项的资料，确认能够进入会计系统处理的相关资料，并且根据既定的会计原则或准则予以定量化地记录和反映。换言之，会计信息系统并非要处理经营交易或事项所产生的全部资料，而是需要通过确认与衡量、选择可以输入会计系统处理的交易资料。

处理：输入会计系统的交易资料必须经过一系列的会计处理，如计量、记录、分类、汇总、过账、对账与结账等。例如，采购交易的相关资料将被分别登录于存货、应付账款、现金支付等分类明细账户以及有关的总分类账户。又如，对企业在既定期间发生的各种费用支出必须根据既定的费用账户分别记录、汇总、整理和分析，方可把输入会计系统的资料转化为满足特定管理或者其他使用需要的有用的信息。

输出：根据既定的报告格式与时间要求，把已经处理的资料传送给特定的使用者。例如，在各个会计期末，向企业内、外部使用者提供反映企业经营成果的利润表、反映企业期末财务状况的资产负债表，以及反映企业期间财务状况变动的现金流量表。或者根据企业内部管理者的需要，随时提供关于产品的生产与销售、存货变动、费用支出的预算标准和实际绩效的各种报表，为各级管理者规划和控制企业的营运活动提供必要的依据。

（三）会计信息系统的目标

会计信息系统是为企业服务的，是企业会计工作中必不可少的组成部分，因此，会计信息系统的目标可以确定为向企业内、外部的决策者提供需要的会计信息及对会计信息利用有重要影响的其他非会计信息。它确定了会计信息用户可以得到的信息内容和质量。当然，具体到不同的决策者，由于需求不同，所希望获取的会计信息也会不相同。在此目标下，会计信息系统的基本功能，应是利用各种会计规则和方法，加工来自企业各项业务活动中的数据，产生和反映会计信息以辅助人们利用会计信息进行决策。其中，会计规则和方法是由会计人员根据信息用户的需求综合制订的，它们并不是一成不变的，而是随着外界的情况不断调整的。在会计信息系统中，会计规则由会计人员确定，会计方法也由会计人员提出，并与信息管理人员合作将这些规则和方法转化为计算机系统中的程序。当企业出现了新的业务活动或拥有了新的资源需要进行管理时，会计人员应从会计工作的角度确定出相应的解决办法和处理规则，并尽可能地将其转化为计算机系统可处理的内容。

三、会计信息系统的特点

（一）系统的复杂性

会计信息系统是企业管理信息系统的一个子系统，但它也是一个可以独立的整体，由许多职能子系统组成，如账务处理子系统、工资核算子系统、固定资产核算子系统、存货核算子系统、成本核算子系统等，内部结构较为复杂，各子系统在运行过程中进行信息的收集、加工、传送、使用，联成一个有机的整体。

（二）与企业其他管理子系统有紧密的联系

由于会计信息系统全面地反映企业各个环节的信息，它跟其他管理子系统和企业外部的联系也十分复杂。会计信息系统从其他管理信息子系统和系统外界获取信息，也将处理结果供给有关系统，使得系统外部接口较复杂。

（三）确保会计信息的真实、公允、全面、完整和安全

会计信息系统应确保存放在系统中的会计信息的真实、公允、全面、完整、安全和可靠，为此系统应对会计信息的采集、存储、处理、加工等操作提供有关的控制和保护措施。

（四）内部控制要求严格

会计信息系统中的数据不仅在处理时要层层复核，保证其正确性，还要保证在任何条件下以任何方式进行核查核对，留有审计线索，防止犯罪破坏，为审计工作的开展提供必要的条件。

（五）系统的开放性

会计信息系统应是能与企业其他管理子系统和企业的外部环境，例如银行、税收、审计、财政、客户以及其他有业务联系的企业等进行信息交换的开放型系统。为实现此目标，在建立会计信息系统时应注意系统的整体设计，特别是网络技术的应用。

四、会计信息系统的发展

根据不同的数据处理技术，会计信息系统的发展可分为三个阶段，即手工会计信息系统阶段、机械化会计信息系统阶段和电算化会计信息系统阶段。

手工会计信息系统就是利用会计人员的眼、耳等感觉器官当作输入器，用纸和笔把观察到的经济事实做成记录，存储下来，以算盘、计算器作为计算工具，在会计法规的指导下，选择某种会计核算组织程序，进行分类、计算、记录、分析、检查和编表等一系列会计数据处理和会计信息生成的工作。本阶段历史漫长，直到今天，仍有不少企业仍处在该阶段。

机械化会计信息系统就是运用各种机械手段来进行会计数据处理和会计信息生成。初始阶段是单机操作，只运用个别的机器来替代一部分手工操作。例如，收银机是用于记录收入

销售货款的；记账机是机械式计算机与打字机的混合体，用于登记账页。这个阶段的特点是机械化操作和手工操作并举，后来发展为以穿孔卡片制表机为核心的全盘机械操作。机械化会计信息系统阶段经历的历史较短、应用面较小。我国几乎没有经历这一阶段。

电算化会计信息系统是以电子计算机及其网络为手段，来完成会计数据处理和会计信息生成工作。电子计算机是一种运用电子技术，在程序的控制下，按照人们的意图自动进行分析、处理数据，并得到预期结果的计算工具。其特点是：运算速度快、精度高；具有记忆功能；能连续工作；具有选择、判断以及做出合理决定的逻辑功能；具有多功能的输入、输出设备。电算化信息系统使会计核算工作走向自动化，并能准确、高效地完成核算任务，方便地提供管理和决策信息，使会计工作真正能走向事前预测，事中控制、监督和事后分析、决策的境界。

第二节　我国会计电算化的发展

一、会计电算化概念的由来及其含义

1981 年 8 月，在国家财政部、第一机械工业部、中国会计学会支持下，由中国人民大学和一汽联合召开的“财务、会计、成本应用电子计算机专题讨论会”上首次提出了“会计电算化”这一概念，是具有中国特色的计算机应用的专有名词，代表着计算机的一个应用领域，亦可称为电算化会计。当时，计算机主要是运用于记账、算账和报账等会计工作中，即用于会计核算。

从现在的发展和应用状况来看，当初的会计电算化含义有一定的局限性。总结 20 多年来的理论研究成果和实践经验，我们认为会计电算化可以定义为：会计电算化是指利用信息技术，结合现代会计方法，以计算机或计算机网络为工具，对各种会计数据进行收集、加工、处理、存储、传输和报告，并对其过程进行分析、设计、控制和评价，以提供进行会计管理、分析、预测和决策需要的辅助信息，从而充分发挥现代会计职能的人—机系统。但从其本质上看，会计电算化更体现了一个信息系统的特征。因此，也可称为电算化会计信息系统。

从涉及的学科领域来看，会计电算化综合了会计学、管理学、信息技术等学科的知识。它是从会计数据处理的角度出发，在计算机及网络环境中研究会计信息系统分析、设计和评价的方法，研究会计数据的收集、加工、处理、存储和会计信息输出，以及以上各个过程的控制等方法的一门边缘学科。

目前，国内外对计算机及其网络技术在会计领域的应用存在多种称呼，如计算机会计信息系统、计算机在会计中的应用、电脑会计、计算机会计学、自动化会计等。在以美国为代表的一些西方国家，一开始就称其为会计信息系统。他们认为：会计电算化是会计学发展中的一个过程，它是在信息技术高速发展并渗透到社会、经济、文化等各个领域，成为社会进步、经济发展的主要因素的环境下，会计学发展所经历的一个特殊阶段。因此，我们称其为会计信息系统较为合适。

二、计算机在会计领域中的应用与发展

（一）国外的应用与发展状况

在发达国家，计算机在会计领域中的应用起步于 20 世纪 50 年代。1954 年，美国通用

电气公司首次把计算机应用于工资核算并获得成功，开创了计算机在会计领域中应用的先河。到目前为止，世界上比较先进的国家的绝大多数企业都把计算机作为会计数据处理的主要工具，并建立了以管理会计方法和模型为基础的会计决策支持系统。总之，计算机在会计领域中应用的深度和广度是随着计算机技术的发展和管理水平的提高而不断变化的。

20世纪50年代后期至60年代末，随着电子技术的发展，计算机的性能越来越强，管理系统资源的操作系统和高级程序设计语言开始出现并渐趋完美。这一阶段，单项会计数据处理日渐成熟，并逐渐向综合数据处理转变。除了完成基本的账务处理、报表编制等核算外，开始较系统地处理并提供企业生产经营决策过程中所需的会计信息。简单的记账、算账簿记系统被带有一定管理、分析功能的计算机会计信息系统所代替。同时，注重会计系统内各个子系统的数据共享。

20世纪70年代，计算机技术迅猛发展，计算机网络的出现和数据库管理系统的应用，形成了应用计算机的管理信息系统，企业管理全面应用计算机，各个功能系统可以共享计算机存储设备中的关于整个企业生产经营成果的数据库。在管理信息系统的研制开发中，会计部门被吸收参与这一工作，使得计算机会计信息系统成为管理信息系统中的一个重要组成部分，真正实现了会计信息获取中的人—机结合。企业的最高决策也借助计算机提供的信息，极大地提高了工作效率和管理水平。

20世纪80年代，微电子技术蓬勃发展，微型计算机大量涌现，进入社会的各个领域，包括家庭在内。微机、微机通信线路的相互连接，形成了计算机网络，提高了计算机的性能和数据处理的能力，取代了大型计算机。这一时期，一方面开始运用分布式处理方式对大批会计数据进行处理，出现了MRPⅡ；另一方面，由于电子数据交换技术的运用，使得票据传送电子化，实现了会计数据处理的“不落地”。

20世纪90年代初，大、中、小型计算机飞速发展，计算机会计信息系统在中、小型企业得到迅速普及，会计软件被整合到ERP之中，界面友好、方便地面向用户和普通的财会人员，功能由“核算型”向“管理型”发展。

20世纪90年代中期至今，由于计算机局域网、城域网和广域网的飞速发展，特别是Internet的迅速普及化，网络从科研机构、大学、专业领域走向企业和百姓家庭，功能从信息共享转为一种大众化的信息传播工具。应用Internet开展电子商务开始变得容易且成本低廉，并获得长足发展。于是，网络经营成为可能且得到广泛运用，网络经营要求财务网络化，基于Internet的会计信息系统——网络财务由设想变为现实。

（二）我国会计电算化的应用与发展

计算机在我国会计工作中的应用是从20世纪70年代末开始的。由于我国有关财会的规章制度、法令条例规定得比较详细，实践中要求比较严格，而且与国际上发达国家的会计原则有很大的差异，因而不能直接采用外国会计软件，必须在借鉴国际先进经验的基础上，密切结合我国的实际，开发设计具有中国特色的会计软件。从计算机在我国会计工作中的开展程度、组织管理和会计软件开发设计等因素分析，我国会计电算化的发展可分为五个主要阶段。

1. 起步阶段（1982年以前）

我国第一台计算机诞生于1958年，在20世纪70年代中期以前，计算机主要用于科学计算。20世纪70年代中期以后，人们开始研究并积极推动计算机在经济管理领域中的应用，包括用于会计工作中，而且将计算机在经济领域中的应用称为电算化。1979年财政部拨款500元，从当时的西德购入一台小型计算机专门用于长春第一汽车制造厂进行工资核算和材料核算的试点工作，最终获得了较为理想的效果。为了对这次试点进行总结，1981年8月，“财务、会计、成本应用电子计算机的专题研讨会”召开，在有关专家、学者的共同提议下，会计上将电子计算机在会计工作的应用简称为会计电算化。从此，会计电算化在中国得到了蓬勃发展。

2. 推广应用阶段（1983—1988年）

从1983年起，一方面随着经济体制改革的不断深入，企业内部加强管理，划小核算单位，加强内部经济责任制，对会计工作提出了许多新的要求；另一方面，从20世纪80年代开始，世界微型计算机出现并大量涌入我国市场，微型机克服了中、小型计算机价格昂贵、体积庞大、操作不方便、使用不灵活的缺点，为会计电算化发展提供了物质技术基础。尤其在1983年下半年，在新技术革命浪潮的推动下，全国掀起了计算机应用的热潮，微机的应用开始进入国民经济的各个领域，会计电算化也得到了迅速发展。至1988年3月，已有14%的单位开展会计电算化工作，有的部门甚至更高。在此期间，有成百上千家企事业单位联合或自行设计、开发出适合本部门、本单位管理需求的会计软件，并不断地试用、改进和提高；开始了会计电算化人才的专门培养，如许多大专院校、科研单位均开设了会计电算化专业的课程，不断地总结实践经验和理论研究的成果，从而极大地推动了我国会计电算化事业的发展。

3. 普及与提高阶段（1989—1994年）

为了规范有中国特色的会计软件的开发和应用，提高会计电算化工作水平，1988年8月在吉林市召开了“会计电算化学术研讨会”，会上提出了开发通用化会计软件的几项措施。此后，随着几百家专门开发和营销通用化会计软件的专业软件公司的成立和运营，形成了一定规模的会计市场，在市场的激烈竞争中促进了我国会计软件水平的不断提高和计算机在我国会计工作的迅速扩大应用，从而使我国会计软件的应用进入了发展和普及时期。

4. 由“核算型”向“管理型”发展阶段（1995—2000年）

1995年，会计理论和实务界提出引导我国会计软件从“核算型”向“管理型”发展的建议。原因是随着我国社会主义市场经济的发展，“核算型”的会计软件越来越不能满足企事业单位管理上的要求，需要开发和应用事先有预测、决策，事中有规划、控制，事后有核算分析功能的“管理型”会计软件。1996年4月在北京召开了我国“会计电算化发展研讨会”，与会者一致认为，必须推动我国会计软件从“核算型”向“管理型”发展，并就“管理型”会计软件的开发和应用提出了一些具体意见和建议。从此，我国会计电算化的发展又进入了一个新的阶段，相关的“管理型”会计软件在市场上也相继出现，如UFERP、K3ERP、POWERERP、WINERP等。

5. 向着财务集中管理系统的方向发展（2001年至今）

进入21世纪以来，随着经济全球化、信息化趋势的到来，企业规模日益扩大，面临的竞争日趋激烈，迫切需要一种新型的信息系统来整合企业资源、支持企业持续创造价值并提升竞争力，这时出现了财务集中管理系统。

财务集中管理，是指为了保证企业经营活动与战略目标、经营目标一致，防范管理漏洞，而对企业的决策权和资源配置权、管理控制、业务处理规范的集中。集中管理的实质是控制，其任务就是通过调节、沟通和合作，使个别的、分散的行动统一起来，追求企业短期或长期的整体目标。这是一种新型的会计信息系统，其作用体现在以下几个方面。

（1）保障集团财务信息的准确与及时。财务集中管理能够保证全集团财务核算统一，使得内部各分支机构间财务数据可比。同时，使得集团与分支机构财务信息纵向同步，当经济活动发生时，以该经济事件驱动管理软件中的业务处理模块对经济业务进行实时处理，并将结果存放在数据库中，做到“数出一门，信息集中”，从而极大地保障了企业财务信息的准确性与及时性。

（2）提高集团的整体运行效率。财务集中管理模式实现了集团总部与内部分支机构财务信息和业务的协同。集中管理对企业经济业务数据从最底层或源头进行实时、垂直采集，解决由于中间层的加工而导致的领导与业务层信息不对称和控制力度不足的问题。当经济业务发生时，总部财务可以进行实时跟踪，从而缩短了信息统计的周期，提高了运行效率，为实时控制和管理决策提供最全面、真实的数据。

（3）提升集团的风险管理能力。财务集中能实现全集团有效的财务管理与监控，摆脱由于集团资源分散、监控力度不够所带来的经营风险，降低由于集团企业大型化、发展高速化、地域分散化所带来的经营风险；同时，通过资金集中管理，还可以达到降低资金成本、提高资金使用效率、有效规避资金风险的目的。

（4）降低了集团总体的运营成本。资金集中管理缩短了业务对周转资金的占用周期，增强了集团成员间资金统筹管理的能力，可以实现在途资金零占用，在总体上降低企业资金运作成本。同时，不同管理人员为了满足不同管理的需要，可以采用不同的规则，从同一数据源获取信息并通过报告工具从不同视角生成管理所需的结果。

（5）转变管理模式。将传统核算管理模式转变为数据高度集中，信息安全、可靠的会计集中核算模式，协助集团本部转变为对下属单位的监控模式，由单纯的资产监管模式转变为计划控制模式。另外，如果把信息集中的范围扩大到整个供需链，只要所有的合作伙伴都有基于网络的应用平台和开放的体系结构，同样可以实时地共享信息，实现“协同商务”，体现准确、迅捷的“虚拟企业”精神。

鉴于信息技术的飞速发展和广泛应用，电子商务开始成为商业活动的主要方式以及在市场需求的多样化和可变性的驱使下，使得会计信息的使用者对会计信息的依赖性不断增强。近几年来，人们又提出了“会计频道”与“网络财务”的设想，旨在要求会计信息在满足可靠性的要求下提高相关性，对信息时代的会计理论及实务提出挑战，以实现会计信息化的目标。

第三节　会计信息系统的数据处理流程

一、手工会计数据处理流程图及其特点

会计数据处理指采用各种处理方式（人工、机械、计算机），按照会计制度的规定和一定的会计核算程序，将会计数据加工成会计信息的过程。

（一）手工会计数据处理流程图

手工条件下，为了减轻财会人员的记账工作量，不同规模、不同业务量和不同业务属性的

企业可能采用不同的账务处理流程。现以记账凭证账务处理程序为例加以说明，如图 10 - 1 所示。

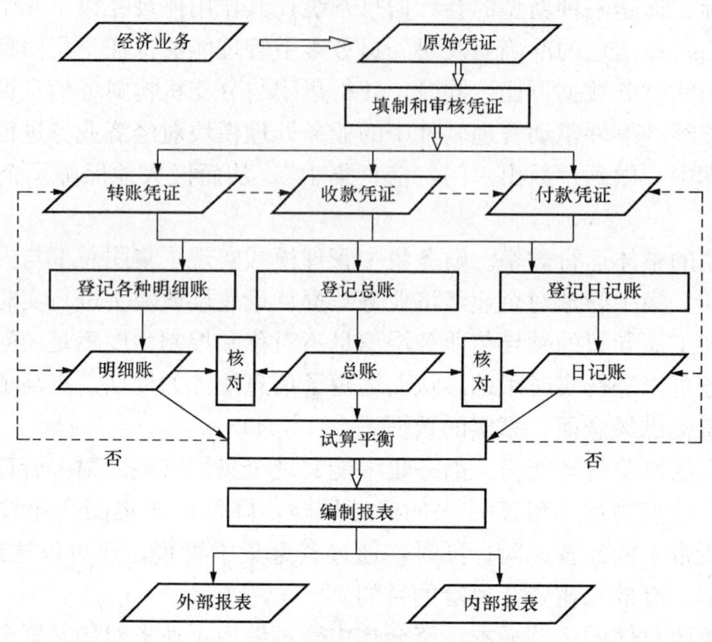

图 10 - 1 手工会计数据处理流程图

（二）手工会计数据处理的缺点

手工会计信息系统中，会计数据的收集、加工处理、会计报告的编制等都是人工完成的，会计数据存储在纸张上，有以下缺点：数据大量重复；信息提供不及时；准确性差；工作强度大等。

二、计算机会计信息系统的数据处理流程及特点

（一）计算机会计信息系统的数据处理流程

计算机环境下，只要将会计数据输入计算机，会计数据的存储、加工和传递将在会计人员的控制下，由计算机来完成，实现会计数据处理和会计信息生成过程的人—机结合。由于计算机数据处理的特点，在此过程中，就不再考虑会计核算组织程序。会计数据处理流程可划分为收集、存储、处理（加工）、输出（传递）四个步骤，每一步都在人的控制下完成。会计数据处理流程如图 10 - 2 所示。

（二）计算机会计信息系统数据处理的特点

会计数据的收集：人工与计算机混合收集方式、自动收集方式。

会计数据的处理：由计算机自动完成，采用成批处理方式与实时处理方式。

会计信息的输出：按财会人员需要的形式提取会计数据，其方式有显示输出、打印输出、软盘输出和网络传输等。

会计数据的存储：凭证、账簿、报表都是以数据库文件的形式保存在磁、光介质中。

为了避免错误，在会计软件的开发中内嵌多种控制手段。

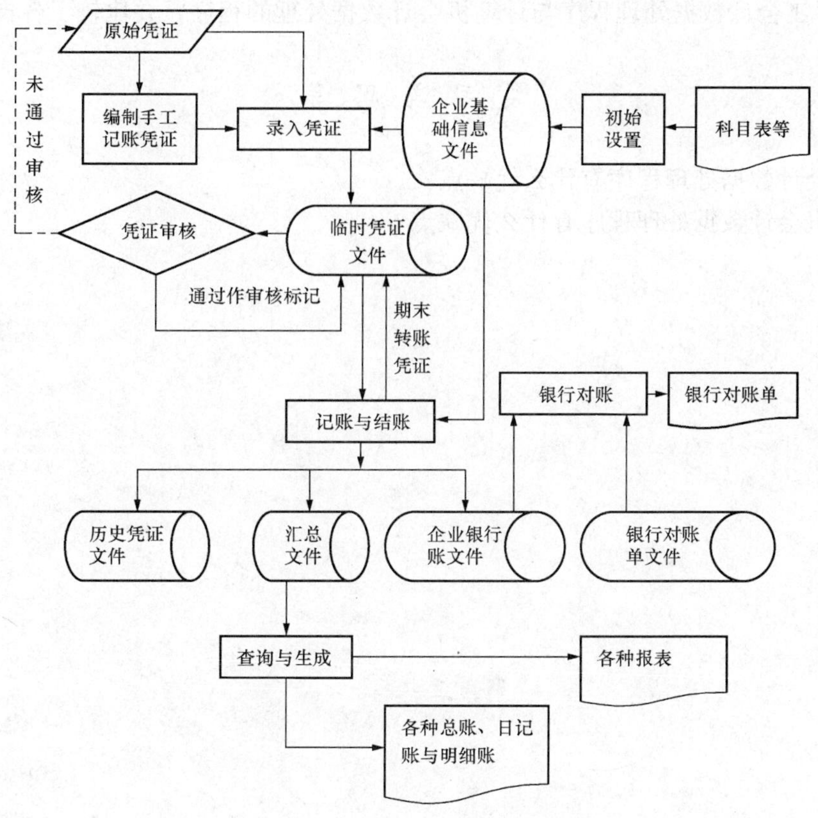

图 10-2　IT 环境下账务处理流程图

本 章 小 结

数据是对客体属性的记录，它包括数值数据与非数值数据。数据经过加工形成的有用资料称为信息，它是客观世界各种事物的特征及运动状态的描述。二者既有紧密联系又有区别。会计的一系列活动构成一个有秩序的数据处理和信息生成的过程，这一过程又分成若干部分，每一部分都有各自的处理任务，所有部分相互联系、相互配合，服从一个统一的目标，即向利害攸关的各个方面传递一家企业或其他经济个体的以财务信息为主的经济信息，在这一目标的驱动下，所有活动形成一个有机整体，这一整体，称为会计信息系统。它包含输入、处理和输出三个基本构成要素。它经历了手工会计信息系统阶段、机械化会计信息阶段和电算化信息系统阶段。

会计电算化是会计学发展中的一个过程，它是在信息技术高速发展并渗透到社会、经济、文化等各个领域，成为社会进步、经济发展的主要因素的环境下，会计学发展所经历的一个特殊阶段。它在我国经历了起步阶段、推广应用阶段、普及与提高阶段、由“核算型”向“管理型”发展阶段和向着财务集中管理系统的方向发展五个阶段。

会计信息系统的数据处理流程在手工处理环境下与计算机处理环境下，具有各自不同的处理流程和特点。

本章讲述了会计信息系统的定义，介绍了会计信息系统在国外和国内发展的历史及趋势。描述了手工会计数据处理程序与计算机会计数据处理的程序，并比较了各自的优缺点。

复习与思考

1. 手工会计数据处理程序有什么优缺点?
2. 计算机会计数据处理程序有什么优缺点?

第十一章　会 计 工 作 组 织

学习目标

（1）理解合理组织会计工作的意义。

（2）理解并掌握会计人员职业道德的内容。

（3）掌握我国会计规范体系包括的内容。

（4）掌握需要办理会计交接工作的情况。

（5）掌握各类会计档案的保管期限。

（6）理解会计委派制的意义。

第一节　会计工作组织的意义和要求

一、会计工作组织的意义

会计工作组织就是为完成会计任务、发挥会计作用而对会计工作所做出的科学安排和管理。主要包括会计机构的设置、会计人员的配备、会计核算和会计监督的具体内容、内部会计管理制度的制订和执行、会计档案的管理等方面的内容。

会计是一项复杂、细致的综合性经济管理活动，科学地组织会计工作具有十分重要的意义。会计人员掌握了会计专业知识和技能，对于一个单位开展好会计工作，还只是一个基本条件。会计工作是一项系统工作，有系统就必然存在着系统的组织问题。只有在这个系统中各部分都组织得合理有序，相互协调，才能使整个会计工作得以顺利地进行。合理组织会计工作的意义可以归纳为以下几个方面。

（1）有利于提高会计工作的质量和效率。科学合理地组织会计工作，能使会计工作按照预先规定的手续和处理程序有条不紊地进行，就能有效地、最大限度地防止错漏的发生，也易于尽快查找和纠正，这样就可以提高会计工作的质量和效率。

（2）有利于加强同其他经济管理工作的分工协作，相互配合，提高企业整体经营管理水平。会计工作既独立于其他经济管理工作，又同它们存在着十分密切的联系。会计工作一方面能够促进其他经济管理工作，另一方面也需要其他经济管理工作的配合。会计工作必须服从国家财政税收工作的管理，加强与金融工作的密切合作，还要与各单位的计划、统计工作之间，保持口径一致，相互协调。只有这样，才能相互促进，充分发挥会计工作的作用。

（3）有利于贯彻执行单位的内部控制制度。会计工作是一项政策性很强的工作，发挥会计监督的作用，认真执行国家有关法律法规，监督内部控制制度的执行，也是会计工作的一项重要任务。科学地组织会计工作，可以促进企业中的相关部门用好资金，增收节支，提高管理水平，提高经济效益。

二、会计工作组织应遵循的要求

会计工作的组织主要包括会计机构的设置、会计人员的配备、会计法律法规的制定和执行、会计档案的保管等。要组织好会计工作，应符合以下三方面的要求。

（1）应遵循国家财政部门对会计工作的统一要求。会计工作是一项重要的经济管理工作，为了充分发挥会计的作用，保证会计信息的真实、完整，国家对会计工作中的重要问题都有统一规定。因此，在组织会计工作时，必须严格遵守国家财政部门对会计工作的统一领导，严格执行各项规定。

（2）应适应本单位的生产经营特点和管理需要。由于各单位生产经营特点和规模大小不相同，因此，会计机构的设置、会计人员的分工、账簿的设置、成本计算方法的选择、会计核算形式的确定，都要结合本单位的具体要求，做出切合实际的安排。

（3）应在保证会计工作质量的前提下精简节约。在组织会计工作时，应该在保证会计工作质量的前提下，根据单位的实际情况，力求精简节约；在会计机构的设置和会计人员的配备上，力求科学合理，避免机构重设；在会计凭证、账簿及报表的设计、使用和各种手续、规定上，都要尽量简化，以讲求经济效益。

第二节 会 计 机 构

一、会计机构

会计机构是指从事会计工作、领导和管理会计事务的具体职能部门，它是组织会计工作的首要前提。

1．单位会计机构的设置

各企业、事业、机关和其他单位为了正确组织会计工作，保证本单位的正常经济核算，原则上应单独设置专职的会计机构，但在实际中，由于各单位的规模大小、业务繁简和管理体制要求各有不同，因此设置的会计机构也各异。在实际工作中，由于会计工作和财务工作都是综合性的经济管理工作，而且相互之间的关系非常密切，所以在实际工作中，往往会计机构和财务机构合二为一，设置一个财务会计机构，统一办理财务和会计工作。

一般来说，在大、中型单位会设置会计部、处或科（或者财务部、处或科），负责整个单位的会计工作。在会计机构内部，可以根据会计业务的需要设置会计工作岗位。会计工作岗位一般可以分为：会计机构负责人或者会计主管人员、出纳、财产物资核算、工资核算、成本费用核算、财务成果核算、资金核算、往来核算、总账报表、稽核、档案管理等。开展会计电算化和管理会计的单位，可以根据需要设置相应的工作岗位，也可以与其他工作岗位相结合。会计工作岗位可以一人一岗，也可以一人多岗或者一岗多人。但出纳人员不得兼任稽核、会计档案保管和收入、费用、债权债务账目的登记工作。会计人员的工作岗位应该有计划地进行轮换，这样，可以使会计人员全面了解和熟悉各项会计工作，提高业务水平，便于相互协调配合，提高工作效率，更好地完成工作任务。

各单位会计机构内部应设立稽核制度。稽核是稽查和复核的简称。会计稽核是会计机构本身对于会计核算工作进行的一种自我检查。建立会计机构内部稽核制度，其目的在于防止会计核算工作上的差错和有关人员的舞弊。通过稽核，对日常会计核算工作中出现的疏忽、错误等及时加以纠正或者制止，以提高会计核算工作的质量。会计稽核是会计工作的重要内容，也是规范会计行为、提高会计资料质量的重要保证。

在规模较小、会计业务不多的单位，可以不设专门的会计机构，但也应当在有关机构中设置会计人员并指定会计主管人员，负责和办理会计工作。

对不具备设置会计机构和会计人员的单位，应当委托经批准设立从事会计代理记账业务的中介机构代理记账。这主要是针对民营经济和个体经济的。

在我国从事代理记账业务的机构应具备下列条件：至少有三名持有会计从业资格证书的专职从业人员，同时聘用一定数量相同条件的兼职从业人员；主管代理记账业务的负责人必须具备会计师以上专业技术资格；代理记账机构要有健全的代理记账业务规范和财务会计管理制度；代理机构的设立依法经过工商行政管理部门或者其他管理部门核准登记。申请成立代理记账机构，必须经过县级以上财政部门审查批准，并领取由财政部门统一印制的《代理记账许可证》才能从事代理记账。

2. 会计师事务所

为了适应改革开放的需要，充分发挥会计在国民经济建设中的作用，1993 年国务院颁布了《中华人民共和国注册会计师法》，在我国实行注册会计师制度，并由注册会计师组成会计师事务所。

会计师事务所是注册会计师依法设立承办业务的机构。会计师事务所主要有独资、普通合伙、有限责任公司制、有限责任合伙制四种组织形式。在我国，只有有限责任会计师事务所和合伙会计师事务所两种形式，不准个人设立独资会计师事务所。

有限责任会计师事务所是指由注册会计师发起设立的、承办注册会计师业务并负有有限责任的社会中介机构。其设立条件如下。

(1) 不少于人民币 30 万元的注册资本。

(2) 有 10 名以上在国家规定的职龄以内的专职人员，其中至少有 5 名注册会计师。

(3) 有 5 名以上符合规定条件的发起人。

(4) 有固定的办公场所。

(5) 审批机关规定的其他条件。

合伙会计师事务所是指由注册会计师合伙设立的，合伙人按照出资比例或者协议的约定，以各自的财产承担债务责任，合伙人对会计师事务所的债务承担连带责任，承办注册会计师业务的社会中介机构。其设立条件如下。

(1) 有 2 名以上符合规定的注册会计师为合伙人，由合伙人聘用一定数量符合规定条件的注册会计师和其他专业人员参加会计师事务所工作。

(2) 有固定的办公场所和必要的设施。

(3) 有能够满足执业和其他业务工作所需要的资金。

合伙会计师事务所的合伙人应具备的条件如下。

(1) 必须是中华人民共和国公民。

(2) 持有中华人民共和国注册会计师有效证书，有 5 年以上独立审计业务的经验和良好的道德纪录。

(3) 不在其他单位从事谋取工资收入的工作。

(4) 至申请日止在申请地连续居住 1 年以上。

注册会计师办理业务，必须由会计师事务所统一接受委托。其业务范围主要是审计、会计咨询和会计服务业务。

二、企业会计工作组织形式

1. 独立核算与非独立核算

企业单位中的会计核算工作，可以按其内容是否完整、独立，分为独立核算和非独立核算两种。

独立核算是指企业单位对本身的生产经营活动过程及其结果，进行全面、系统、独立的记账、算账、定期编制会计报表。实行独立核算的单位，必须在银行独立开设账户，并对外办理结算业务。

非独立核算是指单位向上级机构领取一定量的物资和备用金从事业务活动，平时只进行原始凭证的填制、整理以及现金、实物明细账的登记等一系列具体的会计工作，不单独编制会计报表，不能在银行单独开设账户。

2. 集中核算和非集中核算

在实行独立核算的企业里，会计工作的组织形式一般分为集中核算和非集中核算两种。

集中核算就是在实行独立核算的单位里，企业经济业务的明细分类核算、总分类核算、会计报表的编制和各有关项目的分析考核等会计工作，集中在公司或工厂的一级会计部门进行。会计部门以外的其他职能部门和车间等会计人员，只对该部门发生的经济业务，填制原始凭证或者原始凭证汇总表，经初步整理后，定期送交公司或者工厂的一级会计部门，为公司或者工厂的一级会计部门进一步核算提供资料。集中核算的优点是：可以集中使用财会人员，减少人员占有；有利于企业财会部门的内部分工，提高工作效率；有利于会计部门集中掌握有关资料，便于了解企业全面经济活动的情况，减少核算层次。集中核算的缺点是：限制了单位内部各部门对其经济业务的了解、分析和监督；不利于他们对会计资料的运用；削弱了他们的责任心，影响他们搞好本单位经济管理和经济核算的积极性，从而也不利于贯彻实施经济责任制。因此，集中核算一般适用于规模不大，对资金、财产实行集中管理的企业。

非集中核算又称分散核算，就是会计部门以外的其他职能部门和车间在一级会计部门的指导和监督下，就单位发生的某些业务所涉及的凭证的整理、明细账的分类核算、有关的会计报表，尤其是适应企业内部管理需要的内部报表的编制和分析，分散到直接从事该项业务的职能部门、车间进行，比如原材料的明细核算由供应部门和仓库进行。采用非集中核算时，总分类核算和公司或者工厂一级会计报表的编制和分析仍由公司或者工厂的一级会计部门进行。非集中核算的优点是：有利于形成各个责任中心，有利于把干、管、算结合在一起；有利于贯彻实施经济责任制，调动各部门的积极性去努力提高经济效益。非集中核算的缺点是：占用财会人员较多，财会人员分散，不利于财会部门的分工。因此，非集中核算一般适用于大型企业。

一个单位实行集中核算还是非集中核算，主要取决于经营管理上的需要。集中核算与非集中核算是相对的。在一个单位内部，对各个业务部门可以根据管理上的需要，分别实行集中核算或非集中核算。此外，集中核算或非集中核算的具体内容和方法也不一定完全相同。但是，无论采取哪一种组织形式，各单位对外的现金收支、银行存款上的往来，应收和应付款项的结算，都应由会计部门集中核算。

第三节 会 计 人 员

会计人员是指在企事业及会计师事务所等单位从事会计工作的人员。会计人员作为会计工作的主体，其职责权限是否明确，能否依法行使职权，决定着能否做好会计工作。

一、会计人员的从业资格

会计从业资格简称会计证，是会计人员从事会计工作的准入证，从事会计工作必须持证上岗。会计证是鉴定会计人员业务技术的证明，会计人员必须按照规定的条件考核或考试取得会计证。会计证一经取得，在全国范围有效。会计证管理主要实行属地原则，由县级以上财政部门的会计主管机构按照属地原则进行所辖范围内的会计人员从业资格管理，包括发证、年检、继续教育等。

取得会计从业资格的条件分为以下几个方面。

（1）取得会计从业资格的基本条件。即坚持原则，具备良好的道德品质；遵守国家法律、法规，具备一定的会计专业知识和技能；热爱会计工作，秉公办事。

（2）具备规定学历的，可以直接取得会计证。具备中专及中专以上会计类专业学历，同时符合基本条件的，可以直接申请获得会计证。

（3）不具备规定学历的，应通过考试取得会计证。考试实行全国统一考试科目、考试大纲。考试科目主要包括：财经法规、会计基本知识、会计实务、初级会计电算化或珠算，由各省、市组织命题、考试和评卷。

会计证实行注册登记和年检制度。注册登记制度是指取得会计证的人员，被单位聘用从事会计工作时，应由本人或本人所在单位提出申请，到财政部门进行注册登记。年检制度原则上两年进行一次。会计人员每年必须参加必要学时的继续教育，包括培训和自学。会计人员应当遵守和执行继续教育的有关规定，完成每年规定的继续教育学时。

二、会计人员的职业道德

职业道德是就职人员的职业品质、工作作风和工作纪律的统一。会计人员职业道德是会计人员在会计职业活动中应当遵守的、体现职业特征的、调整会计职业关系的职业行为准则和规范。它是会计工作要遵守的行为规范和行为准则，也是衡量会计人员工作好坏的道德标准。建立会计人员职业道德规范是提高会计人员职业道德水平的有效途径，是防止和杜绝会计工作中的不道德行为的必要措施，是建立社会主义精神文明的基本要求。

会计人员职业道德的内容主要包括以下几个方面。

（1）敬业爱岗。热爱本职工作，这是做好一切工作的出发点，只有建立了这个出发点，才会勤奋努力钻研业务技术，使自己的知识和技能适应从事会计工作的需要。

（2）熟悉法规。会计人员不只是单纯地记账、算账、报账，会计人员应当熟悉财经法规和国家统一的会计制度，做到自己在处理各项经济业务时知法、依法，同时还要进行法规宣传，提高法制观念。

（3）依法办事。要保证会计资料的真实、完整，会计人员必须依法办事，树立自己职业形象和人格的尊严，敢于抵制歪风邪气，同一切违法乱纪行为作斗争。

（4）客观公正。会计人员在办理会计事务中应当实事求是、客观公正，这是一种工作态度。做好会计工作，不仅要有过硬的技术，也要有客观公正的态度。否则，就会把知识和技能用错地方，甚至参与弄虚作假、协同作弊。

（5）搞好服务。会计人员应当积极运用所掌握的会计信息和会计方法，为改善单位的内部管理，提高经济效益服务。

（6）保守秘密。会计人员应保守本单位的商业秘密，除法律规定和单位负责人同意外，不能私自向外界提供或者泄露本单位的会计信息。会计人员由于会计工作性质的原因，有机会了解本单位财务状况和经营成果，有可能了解或者掌握重要商业机密，因此，必须保守秘密。泄密是一种不道德行为，会计人员应当确立泄密为大忌的观念。

三、会计人员的职责

1. 进行会计核算

会计人员应按照会计制度的规定，切实做好记账、算账、报账工作。要认真填制和审核会计凭证，编制记账凭证，登记账簿，正确计算各项收入、支出、成本、费用、财务成果。按期计算、核对账目，进行财产清查，编制和报出会计报表，保证账证相符，账实相符，账账相符，手续完备，数据真实。

2. 实行会计监督

通过会计工作，要对本单位的各项经济业务和会计手续的合法性、合理性进行监督。对不真实、不合法的原始凭证不予受理；对账簿记录与实物、款项不符的问题，应按照有关规定进行处理或者及时向本单位领导人报告；对违反国家统一的财政制度，财务规定的收支不予办理。此外，各单位必须按照法律和国家有关规定，接受财政、审计、税务机关的监督，如实提供会计凭证、会计账簿、会计报表和其他会计资料以及有关情况，不得拒绝、隐匿和谎报。

3. 拟定本单位办理会计事务的具体办法

根据国家的会计法规，财政经济政策和本单位的具体情况，拟定本单位办理会计事务的具体办法。如：会计人员岗位责任制度、钱账分管制度、内部稽核制度、财产清查制度和成本计算方法等。

4. 参与制订经济计划、业务计划，编制预算和财务计划并考核、分析其执行情况

财会部门应负责制订财务计划和财务预算。会计人员应根据会计资料结合统计资料、业务资料等有关资料，考核分析财务计划、预算的执行情况。查明成本、费用升降和盈亏形成的原因，总结经验、揭露问题，并提出改进的措施和建议，促使有关部门改进经营管理。此外，会计人员还应参与拟定本单位的其他经济计划和业务计划，如：生产、供销、新产品试制、基本建设、固定资产更新改造、大修理等计划。会计人员应以本身掌握的系统的会计数据资料，为加强经济核算提供重要依据。在计划制订、增收节支、杜绝浪费等发面发挥重要作用。

5. 办理其他会计事项

其他会计事项指上述各项尚未包括的其他会计业务。比如，提供关于企业改制、合并、分立等方面有关的会计信息，搞好企业、单位管理人员财会知识的培训等。

四、单位会计人员的层次结构

单位会计人员是指在企业、行政事业单位从事会计工作的人员。一般来讲，单位会计人员的层次结构包括：总会计师、会计机构负责人或者会计主管人员、一般会计人员。

1. 总会计师

根据《会计法》和国务院1990年颁发的《总会计师条例》规定，国有和国有占控股地位或者占主导地位的大、中型企业设置总会计师；事业单位和业务主管部门根据需要，经批准可以设置总会计师。企业的总会计师是单位行政领导人员，在厂长或者经理的领导下全面负责企业的财务和会计工作，并协助厂长或经理组织领导企业建立和健全经济核算制度，监督、检查生产经营的各个环节，讲求经济效益。

总会计师的职责是：直接领导企业会计机构；参与生产、物资供应、产品销售、技术措施、基本建设等计划和主要经济合同的审查，检查计划、经济合同的执行情况，考核生产经营成果；组织有关部门编制财务计划、落实完成计划的措施，对执行存在的问题提出改进措施；组织群众性的经济核算工作，建立各级经济活动分析制度，挖掘增产节约潜力；监督本单位执行国家的各项方针政策和财经政策、法令、制度，遵守财经纪律。

总会计师的工作权限是：参加企业重要的生产、经营管理和其他有关会议；签署企业的财务计划、信贷计划和会计报表；会签企业的生产、技术措施、基本建设等计划和重要经济合同；对不符合国家财经方针、政策，不讲求经济效益，不执行计划、经济合同和违反财经纪律的事项，有权制止。如果制止无效，应报告厂长（或者经理）或者上级机关及财政部门处理。

2. 会计机构负责人、会计主管人员

会计机构负责人、会计主管人员，是指在一个单位内部具体负责会计工作的中层领导人员。现行的有关法规对会计机构负责人、会计主管人应该具备的条件做了规定。主要有以下几个方面。

(1) 遵纪守法、坚持原则，廉洁奉公，具备良好的职业道德。

(2) 具备必要的专业知识和专业技能。根据《会计法》的规定：“担任会计机构负责人、会计主管人员的，除取得会计从业资格证书外，还应具备会计师以上专业职务职称或者从事会计工作三年以上经历。”

(3) 熟悉国家财经法律、法规、规章制度，掌握财务会计理论及本行业的业务管理知识。

(4) 有较强的组织能力。

(5) 身体状况能适应本职工作的需要。

3. 一般会计人员

各单位应根据本单位会计业务的需要，配备具备会计从业资格的会计人员。未取得会计从业资格证书的人员，不得从事会计工作。会计从业资格的取得实行考试制度，考试科目为：会计基础、财经法规与会计职业道德、初级会计电算化。

为了充分调动会计人员的积极性，不断提高其业务水平，发挥其在会计工作中的作用，国家在单位的会计人员中实行会计专业职务制度。会计专业职务制度是区分会计人员业务技能的技术等级。会计专业职务分为会计员、助理会计师、会计师、高级会计师。高级会计师为高级职务，会计师为中级职务，助理会计师和会计员为初级职务。

(1) 会计员。大学专科或中等专业学校财经专业毕业生，担任财务会计工作，见习一年期满，或具有同等学力，具备会计从业资格证书；具有会计核算和财务管理的基础知识，掌握一般计算技术；熟悉有关的财务会计制度；能够担负一般财务会计工作的人员可以确定为会计员。

（2）助理会计师。见习一年期满的高等院校财经专业本科毕业生，或具有同等学力的人员以及会计员；具备一定的财务会计专业的基础理论和专业知识；熟悉有关的知识、政策、法令和财务会计法规制度；熟悉本职业和有关的生产经营管理知识，并能担负某方面主要财务会计工作的人员确定或晋升为助理会计师。

（3）会计师。会计师应比较系统地掌握财务会计专业的基础理论和专业知识；具有一定的政策水平，能够正确贯彻执行有关的方针、政策、法令和财务会计制度；具有较丰富的财务会计工作经验和有关生产经营管理知识，能够独立组织和指导一般企业、单位的财务会计工作或一个部门的主要财务会计工作，能正确处理业务中较为复杂的问题，在工作上有一定成绩；掌握一门外国语言；具备规定学历和专业工作经验。

（4）高级会计师。高级会计师应系统掌握经济和财务会计的基础知识，对财务会计专业或某个领域有较深的研究和造诣，并取得较大成果，有较高水平的学术论著或工作报告；具有较高的政策水平，能够对本部门或本单位的经济活动进行全面分析，提出有价值的政策性的改进意见；具有丰富的财务会计工作经验，能够组织和指导一个部门或一个大型经济单位的经济核算和财务会计工作，能够解决有关业务中的重大问题，在加强经济核算、提高经济效益和培养人才方面，成绩显著；熟练掌握一门外国语言；具备规定学历和专业工作经历。

另外，会计专业技术资格分为初级资格、中级资格和高级资格三个级别。初级会计资格、中级会计资格的取得实行全国统一考试制度。高级会计师资格实行考试与评审相结合的制度。

五、注册会计师

1. 注册会计师的资格要求

对注册会计师的资格要求，《注册会计师法》有以下规定。

（1）凡热爱中华人民共和国，拥护社会主义制度，具有大专学历或中级职称的人员，可以申请参加注册会计师考试。

（2）注册会计师考试，应当在财政部批准组成的全国考试委员会统一领导、组织和监督下进行，由省级财政厅（局）批准组成的考试委员会负责具体实施。

（3）经注册会计师考试合格的，由其申请加入的会计师事务所报财政部或者省级财政厅（局）批准注册。经批准注册的注册会计师，由财政部统一制发注册会计师证书。

2. 注册会计师的工作规则

注册会计师必须遵守以下工作规则。

（1）注册会计师执行业务，应当遵守国家法律、行政法规，以有关协议、合同、章程为依据。

（2）注册会计师应当恪守公正、客观、实事求是的原则，对所出具报告书内容的正确性、合法性负责。

（3）注册会计师与委托人或者其他当事人有利害关系的，应当向会计师事务所申明，实行回避。委托人或者其他当事人有权要求回避。

（4）注册会计师队在执行业务中取得和了解的资料、情况，应当严格保守秘密。

（5）注册会计师在执行业务中，发现有弄虚作假、营私舞弊等违反国家法律、行政法规的，应当在出具的报告书中明确指出；委托人示意做不实或者不当证明的，应当予以拒绝。

第四节 会 计 规 范 体 系

一、会计规范体系概述

会计规范体系是保证会计工作正常进行所必须遵守的准绳和依据，它是组织和从事会计工作的基本规范。我国现行会计规范体系的内容，从制定级别和约束力大小方面看，有五个层次，即“会计法律”、“会计行政法规”、“会计规章”、“地方性会计法规”及“单位内部会计制度”。

1. 会计法律

会计法律是一种泛称，这里所说的会计法律是指狭义的会计法律，即《中华人民共和国会计法》(以下简称《会计法》)。《会计法》是最高规格的会计法规，是会计法规的基本法，它对其他层次的法规、制度起着统驭作用，是制定各项会计法规、制度的依据。它是全国人大委员会制定、以国家主席令的形式颁布实施的。现行的《会计法》最初是1985年1月21日第六届全国人民代表大会常务委员会第九次会议通过的，1993年12月29日第八届全国人民代表大会常务委员会第五次会议《关于修订〈中华人民共和国会计法〉的决定》进行第一次修订；1999年10月31日第九届全国人民代表大会常务委员会第十二次会议第二次修订为现在的《会计法》，并于2000年7月1日起施行。

2. 会计行政法规

会计行政法规是指由国务院制定的会计法律规范。会计行政法规是依据《会计法》制定，是《会计法》的具体化。会计行政法规在法律效力上仅次于《会计法》。国务院于1990年12月31日发布的《总会计师条例》、2000年6月21日发布的《企业财务会计报告条例》；1992年11月30日财政部发布的《企业会计准则——基本准则》是经国务院批准的，也应作为会计行政法规。

3. 会计规章

会计规章主要是指由主管全国会计工作的行政部门——财政部以及其他相关部门制定的会计方面的法律规范，它是依据《会计法》和会计行政法规的规定而制定的，在法律效力上低于《会计法》和会计行政法规。

为了便于设计和操作，不同会计规章按其内容可分为综合性会计规章、业务性会计规章和会计人员方面的会计规章三类。

(1) 综合性会计规章是指规范全国会计工作的规章制度。例如，《会计基础工作规范》、《会计档案管理办法》等。这类会计规章制度充分考虑了各单位的现实条件，所提出的各项要求都是各单位能做到或经努力能够做到的，因而具有高度的概括性和普遍的适应性，各单位都必须贯彻执行，如违背将受到一定的制裁，负一定的法律责任。

(2) 业务性会计规章是指规范会计核算业务的处理方法和程序方面的制度。例如，财政部2000年制定、要求2001年执行的《企业会计制度》及具体会计准则。这类会计规范，适用于非金融业的各行业的大中型企业。同时，作为这种“统一企业会计制度”的补充部分，财政部还公布一些特殊业务的专业核算办法。例如，进出口业务核算办法、房地产商品开发业务核算办法等。

(3) 会计人员方面的会计规章是规范会计工作者行为和会计人才选拔、管理方面的制度。例如，《会计人员职权条例》、《会计干部技术职称暂行规定》、《高级会计师评审办法》、《会计证管理办法》等。目前，我国推行的是会计人员技术资格考试和聘任制度（在某些单位试行会计委派制，详细内容见本章第六节），使我国会计人员管理体制得到了彻底改变，强化了会计监督，保证了会计工作有序进行。

4. 地方性会计法规

地方性会计法规是指与会计法律、会计行政法规、会计规章不抵触的前提下，由各省、自治区、直辖市的人民代表大会及其常委会结合本地区的实际情况制定的，在本行政区域内实施的地方性会计制度。

5. 单位内部会计制度

单位内部会计制度是指各会计主体根据统一的会计制度，结合自身特点自行制定或委托中介机构制定的会计制度。

二、会计法

2000 年 7 月 1 日起实施的《会计法》对于规范会计行为，建立、健全会计秩序，保证会计资料真实、完整，充分发挥会计职能，起着重要作用。《会计法》对企业的会计核算作了基本规定。该法要求企业根据实际发生的经济业务事项，按照规定确认、计量和记录资产、负债、所有者权益、收入、费用、成本和利润。同时，还对企业容易发生的会计信息失真作了禁止性规定。例如，《会计法》规定企业不得虚列、多列、不列或少列资产、负债和所有者权益；不得虚列或隐瞒收入，不得提前或延迟确认收入等。

《会计法》共七章五十二条，对会计工作的各个方面做出了法律规定。

第一章，总则。本章主要规定制定《会计法》的目的、《会计法》的适用要求、《会计法》的执行要求，国家对会计工作的领导，会计制度的制定。

第二章，会计核算。本章主要规定会计核算的范围，会计年度的计算，会计记账单位，会计核算的手续制度，以及会计档案的建立、保管和销毁。

第三章，公司、企业会计核算的特别规定。本章主要规定企业、公司在会计核算中应该做和不应该做的行为。

第四章，会计监督。本章主要规定各单位的会计机构、会计人员要对本单位实行会计监督和会计监督的内容。此外，本章还规定各单位必须接受审计机关、财政机关和税务机关依照法律和国家规定进行的监督。

第五章，会计机构和会计人员。本章主要规定会计机构的设置要求和会计人员的配备，会计机构、会计人员的主要职责，会计人员的任免，会计人员调动工作或者离职时的交接手续。

第六章，法律责任。本章主要规定会计人员、单位行政领导人、上级主管部门行政领导以及其他人员违反《会计法》的有关规定，以及因会计人员依法履行职责而对其进行打击报复的，所应该承担的法律责任。

第七章，附则。本章主要规定《会计法》的实施日期是 2000 年 7 月 1 日。

三、会计准则

《会计法》作为基本法，概括性地规范了会计核算的内容和要求、会计监督的原则等内容。根据《会计法》还难以具体规范会计人员的行为，必须依据《会计法》制定会计准则。会计准则是会计人员从事会计工作的规范和指南，按其使用单位的经营性质可分为营利组织的会计准则和非营利组织的会计准则；按其所起的作用可以分为基本准则和具体准则。基本准则概括组织会计核算工作的基本前提和基本要求，说明会计核算工作的指导思想和基本依据、一般原则和一般程序。具体准则设计会计核算的具体业务。具体准则必须体现基本准则的要求才能保证各具体准则之间的协调性、严密性和科学性。

近几年，随着我国经济体制改革的深入，会计改革取得了关键性的突破。财政部对1992年颁布的《企业会计准则——基本准则》以及原先的16项具体会计准则进行了修订，并制定了一些新的具体会计准则。到目前为止，共1项基本准则和38项具体会计准则。2006年2月，财政部已经正式对外颁布所有的会计准则，并于2007年1月开始实施。

1.《企业会计准则——基本准则》

1992年11月30日财政部颁布的《企业会计准则——基本准则》，自1993年7月1日起实施；2005年，财政部对《企业会计准则——基本准则》进行第一次修订，修订后的基本准则于2006年2月15日颁布。《企业会计准则——基本准则》属于营利组织的基本准则。

《企业会计准则——基本准则》主要内容如下。

第一章，总则。本章说明了《企业会计准则——基本准则》的性质、制定的依据、适用范围、会计工作的前提条件、会计确认计量基础和会计要素等。

第二章，会计信息质量要求。本章提出会计信息应当达到的八条质量要求：真实可靠性与内容完整性、相关性、清晰性、可比性、实质重于形式、重要性、谨慎性和及时性。

第三章，资产。本章规定资产的定义、确认标准以及资产列入资产负债表的要求。

第四章，负债。本章规定负债的定义、确认标准以及负债产列入资产负债表的要求。

第五章，所有者权益。本章规定所有者权益的定义、内容、计量以及所有者权益应列入资产负债表。

第六章，收入。本章规定收入的定义、内容和确认标准以及收入列入利润表的要求。

第七章，费用。本章规定费用的定义、内容和确认标准以及费用列入利润表的要求。

第八章，利润。本章规定利润的定义和内容以及利润应列入利润表。

第九章，会计计量。本章主要规定会计要素的计量属性。会计要素的计量属性有历史成本、重置成本、可变现净值、现值和公允价值。企业对会计要素进行计量时，一般应当采用历史成本，采用重置成本、可变现净值、现值、公允价值计量的，应当保证所确定的会计要素金额能够取得并可靠计量。

第十章，财务会计报告。本章规定财务会计报告的定义和内容。

第十一章，附则。本章规定财政部负责解释本准则以及本准则的施行日期是2007年1月1日。

2. 具体会计准则

具体会计准则是按照基本会计准则的内容要求，针对各种经济业务做出的具体规定，可以根据具体准则组织具体业务的核算。到目前为止，我国已经颁布并修订的具体会计准则共38项，内容如下。

企业会计准则第1号——存货

企业会计准则第2号——长期股权投资

企业会计准则第3号——投资性房地产

企业会计准则第4号——固定资产

企业会计准则第 5 号——生物资产

企业会计准则第 6 号——无形资产

企业会计准则第 7 号——非货币性资产交换

企业会计准则第 8 号——资产减值

企业会计准则第 9 号——职工薪酬

企业会计准则第 10 号——企业年金基金

企业会计准则第 11 号——股份支付

企业会计准则第 12 号——债务重组

企业会计准则第 13 号——或有事项

企业会计准则第 14 号——收入

企业会计准则第 15 号——建造合同

企业会计准则第 16 号——政府补助

企业会计准则第 17 号——借款费用

企业会计准则第 18 号——所得税

企业会计准则第 19 号——外币折算

企业会计准则第 20 号——企业合并

企业会计准则第 21 号——租赁

企业会计准则第 22 号——金融工具确认和计量

企业会计准则第 23 号——金融资产转移

企业会计准则第 24 号——套期保值

企业会计准则第 25 号——原保险合同

企业会计准则第 26 号——再保险合同

企业会计准则第 27 号——石油天然气开采

企业会计准则第 28 号——会计政策、会计估计变更和差错更正

企业会计准则第 29 号——资产负债表日后事项

企业会计准则第 30 号——财务报表列表

企业会计准则第 31 号——现金流量表

企业会计准则第 32 号——中期财务报告

企业会计准则第 33 号——合并财务报表

企业会计准则第 34 号——每股收益

企业会计准则第 35 号——分部报告

企业会计准则第 36 号——关联方披露

企业会计准则第 37 号——金融工具列报

企业会计准则第 38 号——首次执行企业会计准则

以上的 38 项具体会计准则自 2007 年 1 月 1 日起在上市公司范围内执行，鼓励其他企业执行。执行以上 38 项具体会计准则的企业不再执行原有准则、《企业会计制度》和《金融企业会计制度》。

四、会计制度

会计制度按照其制定权限可以分为统一会计制度和单位会计制度两类。本部分内容主要

是阐述统一的会计制度，单位会计制度在下一部分阐述。

统一的会计制度是指由国家权利机关和业务主管部门制定的会计制度。我国统一的会计制度是指财政部根据《企业会计准则》制定的为适应各行业特点和要求，使《企业会计制度》得以实施、操作所做出的具体化规定，即财政部颁发的《企业会计制度》、《小企业会计制度》，以及根据国家制定的统一会计制度，结合特定行业的特殊情况所作的补充性规定和办法。这类会计制度适用面广，规范的是会计业务处理的共性问题。

2000 年 12 月 29 日，财政部颁布了《企业会计制度》，并规定从 2001 年 1 月 1 日开始暂在股份有限公司等范围内执行。该会计制度的制定依据是《会计法》、企业会计基本准则和具体准则，其主要内容包括以下两部分。

(1) 企业会计制度。本部分通过 14 个方面的内容说明会计处理的具体原则和处理方法。①总则，说明制定企业会计制度的目的、依据，会计核算的基本前提，会计核算的记账方法和会计核算的一般原则；②资产，说明资产的定义、分类和计价原则；③负债，说明负债的定义、分类和计价原则；④所有者权益，说明所有者权益的定义、分类和核算原则；⑤收入，说明收入的定义、分类，各项收入的确认、计量标准；⑥成本和费用，说明成本和费用的定义、分类，各项成本和费用的确认、计量标准；⑦利润和利润分配，说明利润的构成、所得税会计的核算方法和利润分配的原则；⑧非货币性交易，说明非货币性交易的定义，判别非货币性交易的标准，转入资产入账价值和收益的确定；⑨外币业务，说明外币业务的内容和核算方法；⑩会计调整，说明会计政策变更、会计估计变更的条件、内容、会计处理方法和披露原则，会计差错的更正方法，资产负债表日后事项的范围及会计处理原则；⑪或有事项，说明或有事项的定义、内容，会计处理的原则和披露要求；⑫关联方关系及其交易，说明关联方的判别标准、内容，关联方关系及其交易的披露原则；⑬财务会计报告，说明企业财务会计报告体系所包括的内容，编制财务会计报告的基本要求；⑭附则，说明该会计制度的执行时间。

(2) 会计科目和会计报表。该部分主要规定企业进行会计核算时应设置的会计科目以及每一会计科目核算的内容，企业财务会计报告的编制基础、编制依据、编制原则和方法。

五、单位会计制度

各企业单位应当根据《会计法》和统一的会计制度的规定，结合单位性质和管理需要，建立健全相应的单位会计制度。各企业单位在制定单位会计制度时，应遵循以下原则：应当遵守法律法规和统一的会计制度；应当体现本单位生产经营、业务管理的特点和要求；应当规范本单位的各项会计工作，建立健全会计基础制度，保证会计工作的有序进行；内部会计管理制度应当科学、合理，便于操作和执行；应当定期检查执行情况；应当根据管理需要和执行中的问题不断加以完善。

一般地，单位会计制度应包括以下内容。

(1) 内部会计管理体系。主要包括的内容有：单位领导人、总会计师对会计工作的领导职责；会计部门及其会计机构负责人、会计主管人员的职责和权限；会计部门与其他职能部门的关系；会计核算的组织形式等。

(2) 会计人员岗位责任制度。主要包括的内容有：会计人员的工作岗位设置；各会计工作岗位的职责和标准；各会计工作岗位的人员和具体分工；会计工作岗位轮换办法；各会计工作岗位的考核办法。

（3）财务处理程序制度。主要包括的内容有：会计科目及其明细科目的设置和使用；会计凭证的格式和审核要求以及传递程序；会计核算方法；会计账簿的设置；编制会计报表的种类和要求；单位会计指标体系。

（4）内部牵制制度。主要包括的内容有：内部牵制制度的原则、组织分工；出纳岗位的职责和限制条件；有关岗位的职责和权限。

（5）稽核制度。主要包括的内容有：稽核工作的组织形式和具体分工；稽核工作的职责、权限；审核会计凭证和复核会计凭证、会计报表的方法。

（6）原始记录管理制度。主要包括的内容有：原始记录的内容和填制方法；原始记录的格式；原始记录的审核；原始记录填制人的责任；原始记录签署、传递及汇集要求。

（7）定额管理制度。主要包括的内容有：定额管理的范围；制定和修订定额的依据、程序和方法；定额的执行；定额考核和奖惩办法。

（8）计量验收制度。主要包括的内容有：计量检测手段和方法；计量验收管理的要求；计量验收人员的责任和奖惩办法。

（9）财产清查制度。主要包括的内容有：财产清查的范围；财产清查的组织；财产清查的期限及方法；财产清查中发现问题的处理办法；对财产清查人员的管理及奖惩办法。

（10）财务收支审批制度。主要包括的内容有：财务收支审批人员和审批权限；财务收支审批程序；财务收支审批人员的责任。

（11）成本核算制度。主要包括的内容有：成本核算的对象；成本核算的方法和程序；成本分析。

（12）财务会计分析制度。主要包括的内容有：财务会计分析的主要内容、基本要求和组织程序；财务会计分析的具体方法；财务会计分析报告的编写要求。

第五节　会计人员工作交接和会计档案保管

一、会计人员工作交接

会计人员工作交接是指会计人员工作调动或者离职时，与接管人员办理交接手续的活动。做好会计交接工作，可以促使会计工作前后衔接，保证会计工作连续进行；可以防止由于会计人员的更换出现账目不清、财务混乱；会计交接是分清移交人员和接管人员责任的有效措施。

以下情况下需要办理会计交接工作。

（1）会计人员在调动工作或者离职时必须办理会计工作交接。

（2）临时离职或因病不能工作需要接替或代理的，应与接替人员或代理人员办理交接手续。

（3）临时离职或因病不能工作的会计人员恢复工作时，应与接替人员或代理人员办理交接手续。

（4）移交人员因病或其他原因不能亲自办理移交手续的，经单位负责人批准，可由移交人委托他人代办交接。委托人应对移交的会计资料的真实性、完整性承担相应的法律责任。

会计人员在办理交接手续前，必须及时将未了的会计事项办理完毕，主要包括：对已经受理的经济业务尚未填制会计凭证的，应当填制完毕；尚未登记账目的，应当登记完毕，并在最后一笔余额后加盖经办人员印章；整理应当移交的各项资料，对未了事项写出书面证明等。同时，编制移交清册，列明应当移交的会计凭证、会计账簿、会计报表、现金、有价证券、印章、支票簿、发票、文件以及其他会计资料和会计用品等。

实行会计电算化的单位，从事该项工作的移交人员还应当在移交清册中列明会计软件及密码、会计软件数据磁盘（磁带等）及有关资料、实物等内容。

会计机构负责人、会计主管人员移交时，还应将全部财务会计工作、重大财务收支问题和会计人员等情况，向接替人员介绍清楚；需要移交的遗留问题，应当写出书面材料。

会计移交人员在办理移交时，要按照移交清册逐项移交。交接双方要按照移交清册列明的内容，进行逐项交接，接替人员要逐项核对点收。

现金要根据会计账簿记录余额进行点交，不得短缺；有价证券的数量要与会计账簿记录一致。由于一些有价证券，如债券、国库券等面额与发行价格可能会不一致，因此，在对这些有价证券的实际发行价格、利息（股息）等按照会计账簿余额进行交接的同时，应当对上述有价证券的数量也按照有关会计账簿记录点交清楚。现金、有价证券与会计账簿记录不一致时，移交人员必须限期清查。

会计凭证、会计账簿、会计报告和其他会计资料应该完整无缺。如有短缺，必须查明原因，并在移交清册中注明，由移交人员负责。

银行存款账户余额要与银行对账单所列余额核对，如不一致，应当编制银行存款余额调节表调节相符；各种财产物资和债权债务的明细账余额要与总账余额核对相符；必要时，可以抽查个别账户的余额，与实物进行核对相符，或者与往来单位、个人核对清楚，才能交接。

移交人员经管的票据、印章及其他会计用品等，也必须交接清楚，特别是实行会计电算化的单位，对有关电子数据应当在电子计算机上进行实际操作，以检查电子数据的运行和有关数据的情况。

在办理会计交接工作时，单位要有专人负责监交，以保证交接工作顺利进行。

一般会计人员办理交接手续时，由单位会计机构负责人、会计主管人员负责监交。

会计机构负责人、会计主管人员办理交接手续，由单位领导人负责监交，必要时可由上级主管部门派人会同监交。所谓必要时由上级主管部门派人会同监交，是指交接双方需要上级主管单位监交或者上级主管单位认为需要参与监交，通常有三种情况：一是所属单位领导人不能监交，需要由上级主管单位派人代表主管单位监交的，如因单位撤并而办理交接手续等；二是所属单位领导人不能尽快监交，需要由上级主管单位派人督促监交的，如上级主管单位责成所属单位撤换不合格的会计机构负责人、会计主管人员，所属单位领导人以种种借口拖延不办理交接手续时，上级主管单位就应该派人督促会同监交等；三是不宜由所属单位领导人单独监交，而需要上级主管单位会同监交的，如所属单位领导人与办理交接手续的会计机构负责人、会计主管人员有矛盾，交接时需要上级主管单位派人会同监交，以防止可能发生的单位领导人借机刁难等情况。

此外，上级主管单位认为交接中存在某些问题需要派人监交的，也可以派人会同监交。

会计工作交接后，应注意以下事宜。

(1) 会计工作交接完毕后，交接双方和监交人在移交清册上签名或盖章，并在移交清册上注明：单位名称，交接日期，交接双方和监交人的职务、姓名，移交清册页数以及需要说明的问题和意见等。

(2) 接管人员应继续使用移交前的账簿，不得擅自另立账簿，以保证会计记录前后衔接，内容完整。

(3) 移交清册一般应填制一式三份，由交接双方以及单位各执一份，以供备查。

会计工作交接中，合理公正地区分移交人和接替人的责任非常必要。交接工作完成后，移交人员所移交的会计凭证、会计账簿、财务会计报告和其他会计资料是在其经办会计工作期间发生的，应当对这些会计资料的真实性、完整性负责，即便接替人员在交接时因疏忽没有发现所接会计资料在真实性、完整性方面的问题，如事后发现仍由原移交人员负责，原移交人员不能因为会计资料已经移交而推脱责任。

二、会计档案及其保管

（一）会计档案及其具体内容

会计档案是指归档保管的会计凭证、会计账簿和财务会计报表及其他会计核算的专业资料。它是记录和反映经济业务的重要史料和证据，是日后了解和审查经济活动情况，明确经济责任，具有法律效力的重要经济档案。具体包括会计凭证类档案、会计账簿类档案、财务报告类档案和其他会计档案。

会计凭证类档案包括原始凭证、记账凭证、汇总凭证和其他会计凭证。会计凭证类档案一般可以按月立卷、装订成册，并由有关人员填写凭证年度、月份、卷号、每卷起讫号数等。年末以前各月份已立卷的会计凭证，可以放在安全的地方，等本年结束，再统一归档存放。对于数量过多的原始凭证，可以另行装订成册，单独保管，但是应在记账凭证中注明。

会计账簿类档案包括总账、明细账、日记账、固定资产卡片、辅助账簿、其他会计账簿等。一般来说，每个会计年度应更换一次账簿，对于上年度的会计账簿应分类装订成册，保证账页不能被抽去。

财务报告类档案包括月度、季度、年度财务报告（财务报告包括会计报表、附表、附注及文字说明）。年度终了，应把一个会计年度内各月份的会计报表分类按月归档。

其他会计档案包括银行存款余额调节表、银行对账单、其他应当保存的会计核算专业资料、会计档案移交清册、会计档案保管清册、会计档案销毁清册。

（二）会计档案的保管、使用和销毁

根据《中华人民共和国会计法》和《中华人民共和国档案法》的规定，国家机关、社会团体、企业、事业单位、按规定应当建账的个体工商户和其他组织（以下简称各单位），都应当依照《会计档案管理办法》对会计档案进行管理。各级人民政府财政部门和档案行政管理部门共同负责会计档案工作的指导、监督和检查。

拥有会计档案的单位必须加强对会计档案管理工作的领导，建立会计档案的立卷、归档、保管、查阅和销毁等管理制度，保证会计档案妥善保管、有序存放、方便查阅，严防毁损、散失和泄密。

各单位对每年形成的会计档案，应当由会计机构按照归档要求，负责整理立卷，装订成册，编制会计档案保管清册。对当年形成的会计档案，在会计年度终了后，可暂由会计机构保管一年，期满之后，应当由会计机构编制移交清册。移交本单位档案机构保管的会计档案，原则上应当保持原卷册的封装，以免散落、丢失、毁损。个别需要拆封重新整理的，档案机构应当会同会计机构和经办人员共同拆封整理，以分清责任。

对于移交本单位档案机构保管的会计档案，以后如需查阅应办理严格的手续，在“会计档案调阅登记簿”中详细登记。本单位调阅，应经主管会计人员同意；外单位调阅，应有正式介绍信并经单位领导批准，但档案原件原则上不得外借，如有需要，报经单位负责人批准，可以复印。查阅或者复印会计档案的人员，严禁在会计档案上涂画、拆封和抽换。各单位应当建立健全会计档案查阅、复印登记制度。

各种会计档案的保管期限，应从会计年度终了后第一天算起，根据其特点分为永久和定期两类。定期保管期限分为 3 年、5 年、10 年、15 年、25 年五类。各种会计档案的具体保管期限见表 11 - 1。

表 11 - 1　　会计档案保管期限表

序号	档案名称	保管期限	备注
一	会计凭证类		
1	原始凭证	15 年	
2	记账凭证	15 年	
3	汇总凭证	15 年	
二	会计账簿类		
4	总账	15 年	包括日记总账
5	明细账	15 年	
6	日记账	15 年	现金、银行存款日记账保管 25 年
7	固定资产卡片		固定资产报废清理后保管 5 年
8	辅助账簿	15 年	
三	财务报告类		包括各级主管部门汇总财务报告
9	月、季度财务报告	3 年	包括文字分析
10	年度财务报告（决算）	永久	包括文字分析
四	其他类		
11	会计移交清册	15 年	
12	会计档案保管清册	永久	
13	会计档案销毁清册	永久	
14	银行存款余额调节表	5 年	
15	银行对账单	5 年	

保管期满的会计档案，一般可以按照以下程序销毁。

由本单位档案机构会同会计机构提出销毁意见，编制会计档案销毁清册，列明销毁会计档案的名称、卷号、册数、起止年度和档案编号、应保管期限、已保管期限、销毁时间等内容。单位负责人在会计档案销毁清册上签署意见。

销毁会计档案时，应当由档案机构和会计机构共同派员监销。国家销毁会计档案时，应当由同级财政部门、审计部门派员参加监销。财政部门销毁会计档案时，应当由同级审计部门派员参加监销。

监销人在销毁会计档案前，应当按照会计档案销毁清册所列内容清点核对所要销毁的会计档案；销毁后应当在会计档案销毁清册上签名盖章，并将监销情况报告本单位负责人。下列会计档案不得销毁。

一是保管期满但未结清的债权、债务原始凭证和涉及其他未了事项的原始凭证。这类会计事项，应当单独抽出立卷，保管到未了事项完结时为止。单独抽出立卷的会计档案，应当在会计档案销毁清册和会计档案保管清册中列明。

二是正在项目建设期间的建设单位，其保管期满的会计档案不得销毁。建设单位在项目建设期间形成的会计档案，应当在办理竣工决算后移交建设项目的接受单位，并按规定办理交接手续。

需要指出，采用电子计算机进行会计核算的单位，应当保存打印出的纸质会计档案。具备采用磁带、磁盘、光盘、微缩胶片等磁性介质保存会计档案条件的，由国务院业务主管部门统一规定，并报财政部、国家档案局备案。

单位因撤销、解散、破产或者其他原因而终止的，在终止和办理注销登记手续之前形成的会计档案，应当由终止单位的业务主管部门或财产所有者代管或移交有关部门。法律、行政法规另有规定的，从其规定。

单位分离后原单位续存的，其会计档案应当由分离后的存续方统一保管，其他方可查阅、复制与其业务相关的会计档案；单位分离后原单位解散的，其会计档案应当经各方协商由其中一方代管，各方可查阅、复制与其业务相关的会计档案、单位分立中未结清的会计事项所涉及的原始凭证，应当单独抽出由业务相关方保存，并按规定办理交接手续。

单位因业务移交其他单位办理所涉及的会计档案，应当由原单位保管，承接业务单位可查阅、复制与其业务相关的会计档案，对其中未结清的会计事项所涉及的会计凭证，应当单独抽出由业务承接单位保存，并按规定办理交接手续。

单位合并后原单位解散或一方续存、其他方解散的，原各单位的会计档案应当由合并后的单位统一保管；单位合并后原各单位仍续存的，其会计档案仍由原单位保管。

单位之间交接会计档案的，交接双方应当办理会计档案交接手续。移交会计档案的单位，应当编制会计档案移交清册，列明应当移交的会计档案名称、卷号、册数、起止年度和档案编号、应保管年限、已保管年限等内容。交接会计档案时，交接双方应当按照会计档案移交清册所列内容逐项交接，并由交接双方的单位负责人负责监交。交接完毕后，交接双方经办人和监交人应当在会计档案移交清册上签名或盖章。

依据我国《会计档案管理办法》的规定，我国境内所有单位的会计档案不得携带出境。驻外机构和境内单位在境外设立的企业的会计档案应当按照《会计档案管理办法》和国家相关规定进行管理。

第六节 会计委派制

近年来，为整顿会计秩序，促进社会主义市场经济健康发展，许多地区和部门相继推行以会计委派制为主要形式的会计人员管理体制改革的尝试。试点工作引起了各级党政部门的高度重视和社会各方面的关注，也在会计界引起了热烈的讨论。

一、会计委派制试点的背景

改革开放无疑给我国的社会政治、经济生活的各个方面带来了巨大的变化。但是，在新旧经济体制转轨的时期，由于新的体制未完全确立，适应市场经济需要的法律体系尚不完备，社会监督体系还不健全，致使社会经济生活中出现了一系列有待解决的问题。有些国有企业，由于所有者主体的缺位，国有投资代表人的不具体，对经营者缺乏必要的监督和约束，导致国有资产流失现象日益严重，引起了社会各方面的关注。在一些行政事业单位，由于内部控制制度和监督机制不健全，导致预算外资金管理混乱，“乱罚款、乱收费、乱摊派”以及私设“小金库”的问题十分突出，不但造成国家财政收入的流失，而且为各种贪污腐败等经济犯罪提供了便利。这些问题反映在会计工作中，突出地表现为“信息失真，秩序混乱，造假严重”。

对上述问题的产生原因进行深刻的分析，人们普遍认为，监督机制不健全是产生问题的重要因素，因此，建立有助于强化会计监督的会计人员管理体制自然成为人们关注的焦点。

而我国的会计人员管理体制如何呢？目前是“用人单位自己管理为主”，即由各单位自主地设置会计机构，任免会计人员并对会计人员进行日常管理，政府有关部门（如财政部门或企业主管部门等）仅仅对会计人员的从业资格、专业技术资格等进行间接管理。在这一体制下，会计人员隶属于所服务的单位，并对本单位的行政领导负责。因此，尽管《会计法》赋予会计人员监督本单位经济活动的职责，但由于现行管理体制的局限性，法律赋予会计人员的监督职能实际上难以履行。

从以上分析可以看出，一方面解决经济生活中的问题需要强化会计监督，而另一方面现行的会计人员管理体制又使会计人员行使会计监督有诸多的困难，于是人们提出要进行会计人员管理体制的改革，会计委派制也正是在这样的背景下应运而生。

二、会计委派制的意义

（一）会计委派制的概念

会计委派制是指由政府监督部门和产权管理部门以所有者身份，委派会计人员代表政府和产权管理部门监督国有单位或集体企业资产经营和财务会计情况的一种制度。其实质是对会计管理人员管理体制的改革，即把现行的会计“单位委派制”改为“国家委派制”。

（二）实施会计委派制的必要性

多年来，经过贯彻《会计法》、《企业会计准则》、《企业财务准则》及有关的会计法规规章，虽在完善财务管理体制、规范会计工作、加强会计管理方面发挥了极大作用，但随着市场经济的发展和国际经济的相互融合，现行会计管理体制日益暴露出严重的缺陷，主要表现在：①会计监督职能弱化。会计人员依附于单位领导的管理形式，削弱了会计监督职能的发挥，许多会计人员对单位领导人的经济违法行为和不正之风，很难坚持原则、照章办事，往往存在着“顶得住的站不住，站得住的顶不住”，导致了一些会计人员唯领导意见是从，个别人甚至出谋划策，进行技术处理，隐瞒真相，逃避检查。最近几年，打击报复会计人员的，表面上是看少了，实际上是更隐蔽、更狡猾、更阴险。出现这些问题的根本原因是会计人员管理体制问题。②会计工作秩序混乱。经济的运行情况，通过会计反映出来。在经济有秩序发展的前提下，通过会计反映、协调各方利益的合理分配，促进经济健康地、有序地发展。但是当经济运行出现混乱局面时，会计工作秩序也必然发生混乱，一些单位缺少严格的会计管理制度，或虽有制度却形同虚设，为了实现单位和个人的经济利益，任意制造会计信息，而且从会计信息到会计核算、会计报告的各个环节无一不被利用，使得会计信息严重失真。会计信息失真导致经济秩序更加混乱，给国家造成巨大经济损失，也给宏观调控造成许多困难和失误。③会计人员法制观念薄弱。由于一些会计人员职业道德观念、法制观念不强，对存在的违法违纪问题既不敢管也不愿管。

会计工作存在上述问题，主要原因在于现行会计人员管理体制存在弊端，而实行会计委派制是解决这一弊端的有效措施。实行会计委派制的范围一般限于行政事业单位和国有企业或国有控股公司。现代企业制度的根本特征是两权分离。在两权分离的情况下，所有者有权监督经营者的经营活动。所有者关心自己财产的安全和投资收益，采取的必然措施之一就是实行会计委派制。

（三）实行会计委派制的意义

实行会计委派制的重要意义体现在以下几个方面。

(1) 有利于保证会计信息质量，巩固会计秩序，整顿工作成果。实行会计委派制能够加大会计资料的公开程度，避免和减少会计核算失真问题。

(2) 有利于会计人员正确行使职权，遏制各种经济犯罪和腐败现象的滋生。

(3) 通过竞争机制、培训机制以及学习交流机制的引入，有利于提高会计人员的素质。

(4) 会计委派制下的会计人员从被动管理走向主动管理，从事后监督走向事中或事前监督，有利于提高单位会计监督的水平。

(5) 有利于提高财政支出有效性，促进财政收入的增长，避免和减少单位侵占国家利益的发生。

本 章 小 结

合理组织会计工作有利于提高会计工作的质量和效率，有利于加强同其他经济管理工作的分工协作，相互配合，提高企业整体经营管理水平，有利于贯彻执行单位的内部控制制度。

会计人员职业道德的内容主要包括：①敬业爱岗；②熟悉法规；③依法办事；④客观公正；⑤搞好服务；⑥保守秘密。

会计人员的职责主要是：①进行会计核算；②实行会计监督；③拟定本单位办理会计事务的具体办法；④参与制订经济计划、业务计划，编制预算和财务计划并考核、分析其执行情况；⑤办理其他会计事项。

会计规范体系是保证会计工作正常进行所必须遵守的准绳和依据，它是组织和从事会计工作的基本规范。我国现行会计规范体系的内容，从制定级别和约束力大小方面看，有五个层次，即“会计法律”、“会计行政法规”、“会计规章”、“地方性会计法规”及“单位内部会计制度”。

以下情况下需要办理会计交接工作。

(1) 会计人员在调动工作或者离职时必须办理会计工作交接。

(2) 临时离职或因病不能工作需要接替或代理的，应与接替人员或代理人员办理交接手续。

(3) 临时离职或因病不能工作的会计人员恢复工作时，应与接替人员或代理人员办理交接手续。

(4) 移交人员因病或其他原因不能亲自办理移交手续的，经单位负责人批准，可由移交

人委托他人代办交接。委托人应对移交的会计资料的真实性、完整性承担相应的法律责任。

复 习 与 思 考

1. 会计人员职业道德的内容主要包括哪几方面？
2. 会计人员的主要职责是什么？
3. 我国的会计规范体系主要包括哪些内容？
4. 需要办理会计交接工作的具体情况有哪些？

练习题参考答案

第三章

1. 答：
（1）资产项目和所有者权益项目等额增加，等式仍然保持平衡，但总额增加。
（2）资产项目和负债项目等额增加，等式仍然保持平衡，但总额增加。
（3）资产项目和负债项目等额减少，等式仍然保持平衡，但总额减少。
（4）资产项目之间等额有增有减，等式仍然保持平衡，且总额不变。
（5）资产项目之间等额有增有减，等式仍然保持平衡，且总额不变。
（6）资产项目之间等额有增有减，等式仍然保持平衡，且总额不变。
（7）资产项目之间等额有增有减，等式仍然保持平衡，且总额不变。
（8）负债项目之间等额有增有减，等式仍然保持平衡，且总额不变。
（9）所有者权益项目之间等额有增有减，等式仍然保持平衡，且总额不变。
（10）资产项目和负债项目等额增加，等式仍然保持平衡，但总额增加。

2. 答：

资产类	原材料、应收账款、预付账款、库存商品、固定资产
负债类	预收账款、应付账款、应付票据
所有者权益类	实收资本、资本公积
成本类	生产成本、制造费用
损益类	主营业务成本、财务费用、管理费用

3. 答：

表 3-14　　某公司 201×年 12 月 31 日账户余额及发生额表　　单位：元

账户名称	期初余额		本期发生额		期末余额	
	借方	贷方	借方	贷方	借方	贷方
长期股权投资	400 000		220 000	10 000	(610 000)	
银行存款	60 000		(110 000)	80 000	90 000	
应付账款		80 000	70 000	60 000		(70 000)
短期借款		45 000	(25 000)	10 000		30 000
应收账款	(40 000)		30 000	50 000	20 000	
实收资本		350 000	—	(270 000)		620 000
其他应收款		25 000	25 000	—		(0)

4. 答：

(1) 从银行提取现金 500 元备用。

这笔提现业务引起资产要素中银行存款、库存现金这两个具体项目发生增减变动：库存现金增加 500 元，银行存款减少 500 元。对会计等式的影响表示如下。

资产＝负债＋所有者权益

500 000＝200 000＋300 000

＋500

－500

500 000＝200 000＋300 000

该项经济业务发生后，会计等式保持平衡。

(2) 以银行借款 10 000 元偿付所欠供应单位账款。

这笔业务引起负债要素中的银行借款及应付账款这两个具体项目发生增减变动：银行借款增加 10 000 元，应付账款减少 10 000 元。对会计等式的影响如下。

资产＝负债＋所有者权益

500 000＝200 000＋300 000

＋10 000

－10 000

500 000＝200 000＋300 000

该项经济业务发生后，会计等式仍保持平衡。

(3) 将 50 000 元的盈余公积金转增资本，有关手续已经办妥。

这笔业务引起所有者权益要素中实收资本及盈余公积两个具体项目发生增减变动：实收资本增加 50 000 元，盈余公积减少 50 000 元。对会计等式的影响如下。

资产＝负债＋所有者权益

500 000＝200 000 ＋300 000

＋50 000

－50 000

500 000＝200 000＋300 000

该项经济业务发生后，会计等式仍保持两边平衡。

(4) 赊购材料 8 000 元入库。

这笔业务同时引起资产要素中的材料及负债要素中的应付账款发生同增变动：材料增加 8 000 元，应付账款增加 8 000 元。对会计等式的影响如下。

资产＝负债＋所有者权益

500 000＝200 000＋300 000

＋8 000　＋8 000

508 000＝208 000＋300 000

该项经济业务发生后，会计等式仍保持平衡。

(5) 以银行存款 5 000 元偿付前所欠货款。

这笔业务同时引起资产要素中银行存款和负债要素中应付账款发生同减变动：银行存款减少 5 000 元，应付账款减少 5 000 元。对会计等式的影响如下。

资产＝负债＝所有者权益

508 000＝208 000＝300 000

－5 000　－5 000

503 000＝203 000＋300 000

此项经济业务发生后，会计等式仍是平衡的。

（6）接受一台捐赠的机器设备，确认的资产价值为 40 000 元。

这笔业务同时引起资产要素中的固定资产和所有者权益要素中的资本公积金发生同增变动：固定资产增加 50 000 元，资本公积增加 50 000 元。对会计等式的影响如下。

资产＝负债＋所有者权益

503 000＝203 000＋300 000

＋50 000　　　　＋50 000

553 000＝203 000＋350 000

该项经济业务发生后，会计等式两边仍然平衡。

（7）企业依法以银行存款退回 W 公司原投资额 2 000 元。

企业退回原股东投资，将会减少所有者权益。因此，这笔业务引起资产要素中银行存款减少 2 000 元，所有者权益（实收资本）减少 2 000 元。对会计等式的影响如下。

资产＝负债＋所有者权益

553 000＝203 000＋350 000

－2 000　　　　－2 000

551 000＝203 000＋348 000

该项经济业务发生后，会计恒等式仍然成立。

（8）核算本期应缴销售税费 20 000 元。

这笔业务涉及销售税费项目及负债要素中的应交税费项目，它导致应交税费增加 20 000 元，销售税费增加 20 000 元。产品销售税费是产品销售收入的扣减项目，因此，发生产品销售税费必然减少本期利润，引起所有者权益的减少。对会计等式的影响如下。

资产＝负债＋所有者权益

551 000＝203 000＋348 000

＋20 000－20 000

551 000＝223 000＋328 000

该项经济业务发生后，会计等式两边仍然平衡。

（9）将一笔 80 000 元的长期借款转为对企业投资。

这笔业务引起债要素中的长期借款和所有者权益要素中的实收资本发生增减变动，长期借款减少 80 000 元，实收资本增加 80 000 元。对会计等式的影响如下。

资产＝负债＋所有者权益

551 000＝223 000＋328 000

－80 000＋80 000

551 000＝143 000＋408 000

该项经济业务发生后会计等式两边仍保持平衡。

5. 答：

(1)

库 存 现 金

期初余额	100 000		
发生额（增加数）		发生额（减少数）	2 000
期末余额	98 000		

(2)

银 行 存 款

期初余额	1 500 000		
发生额（增加数）	2 000	发生额（减少数）	50 000
	10 000		
	100 000		
期末余额	1 562 000		

(3)

应 付 账 款

		期初余额	320 000
发生额（减少数）	50 000		
		期末余额	270 000

(4)

应 收 账 款

期初余额	200 000		
		发生额（减少数）	10 000
期末余额	190 000		

(5)

实 收 资 本

		期初余额	2 000 000
		发生额（增加数）	100 000
		期末余额	2 100 000

6. 答：

(1) 借：库存现金　　10 000
　　贷：银行存款　　10 000

(2) 借：银行存款　　100 000
　　贷：短期借款　　100 000

(3) 借：银行存款　　200 000
　　贷：实收资本　　200 000

(4) 借：原材料　　50 000
　　贷：应付账款　　50 000

（5）借：应付账款 50 000
　　贷：银行存款 50 000

7. 答：

（1）借：银行存款 150 000
　　贷：主营业务收入 150 000

（2）借：短期借款 50 000
　　贷：银行存款 50 000

（3）借：应交税费 80 000
　　贷：银行存款 80 000

（4）借：银行存款 50 000
　　贷：实收资本 50 000

（5）借：银行存款 40 000
　　贷：应收账款 40 000

第四章

1. 答：

（1）借：银行存款 120
　　固定资产 60
　　无形资产 20
　　贷：实收资本——B 120
　　——C 80

（2）借：银行存款 240
　　贷：实收资本——D 200
　　资本公积——资本溢价 40

（3）借：资本公积 60
　　贷：实收资本——B 18
　　——C 12
　　——D 30

2. 答：

（1）取得借款时：

借：银行存款 500 000
　　贷：短期借款 500 000

（2）1、2月份预提利息时：

借：财务费用 2 500（500 000×6%÷12）
　　贷：应付利息 2 500

（3）3月份实际支付利息时：

借：财务费用 2 500
　　应付利息 5 000（2 500×2）

（10）本月发生的制造费用＝200＋700＋2 500＋5 500＋7 000＝15 900（元）
制造费用的分配率＝15 900÷(5 000＋2 500)＝2.12
A产品应分配的制造费用＝5 000×2.12＝10 600（元）
B产品应分配的制造费用＝2 500×2.12＝5 300（元）
借：生产成本——A产品 10 600
　　　　　——B产品 5 300
　贷：制造费用 15 900
（11）A产品本期生产成本＝10 000＋5 000＋700＋10 600＝26 300（元）
B产品本期生产成本＝8 000＋2 500＋350＋5 300＝16 150（元）
借：库存商品——A产品 26 300
　　　　　——B产品 16 150
　贷：生产成本——A产品 26 300
　　　　　　——B产品 16 150
11. 某企业编制会计分录如下。
（1）借：银行存款 117 000
　　　贷：主营业务收入——A产品 100 000
　　　　　应交税费——应交增值税（销项税额） 17 000
（2）借：应收账款——新华公司 140 400
　　　贷：主营业务收入——B产品 120 000
　　　　　应交税费——应交增值税（销项税额） 20 400
（3）借：银行存款 140 400
　　　贷：应收账款——新华公司 140 400
（4）
①收到预收货款时：
借：银行存款 150 000
　贷：预收账款——乙公司 150 000
②交货时：
借：预收账款——乙公司 150 000
　银行存款 435 000
　贷：主营业务收入 500 000
　　应交税费——应交增值税（销项税额） 85 000
（5）借：银行存款 2 340
　　　贷：其他业务收入 2 000
　　　　　应交税费——应交增值税（销项税额） 340
（6）借：主营业务成本 740 000
　　　　其他业务成本 1 200
　　　贷：库存商品——A产品 500 000
　　　　　　　　　——B产品 240 000
　　　　　原材料 1 200

(7) 借：销售费用 2 000
　　贷：银行存款 2 000
(8) 借：营业税金及附加 28 800
　　贷：应交税费——应交消费税 28 800
(9) 借：营业税金及附加 5 000
　　贷：应交税费——应交城市维护建设税 3 500
　　　　　　　——应交教育费附加 1 500

12. 某企业编制会计分录如下。

(1) 借：应收账款——国贸公司 66 690
　　贷：主营业务收入——A 产品 57 000
　　　　应交税费——应交增值税（销项税额）9 690
(2) 借：销售费用 3 600
　　贷：银行存款 3 600
(3) 借：银行存款 93 366
　　贷：主营业务收入——A 产品 79 800
　　　　应交税费——应交增值税（销项税额）13 566
(4) 借：销售费用 3 850
　　贷：银行存款 3 850
(5) 借：银行存款 37 440
　　贷：预收账款——大华工厂 37 440
(6) 借：应收账款——大华工厂 72 072
　　　　预收账款——大华工厂 37 440
　　贷：主营业务收入——B 产品 93 600
　　　　应交税费——应交增值税（销项税额）15 912
(7) 借：销售费用 1 962
　　贷：银行存款 1 962
(8) 借：银行存款 30 000
　　贷：应收账款——大华工厂 30 000
(9) 借：销售费用 28 000
　　贷：银行存款 28 000
(10) 借：银行存款 1 000
　　贷：其他业务收入 1 000
(11) 借：主营业务成本 194 000
　　贷：库存商品——A 产品 116 000
　　　　　　　——B 产品 78 000
(12) 借：营业税金及附加 1 691.5
　　贷：应交税费——应交城市维护建设税 1 184.05
　　　　　　　——应交教育费附加 507.45